유아교사를 위한

학교폭력 예방과
학생의 이해

양명희 · 김희정 · 임유경 공저

학지사

머리말

『유아교사를 위한 학교폭력 예방과 학생의 이해』는 교육현장에서 발생하는 폭력을 이해하고 예방하기 위한 방법을 설명한 책이다. 이 책은 크게 ① 학교폭력의 이론적 이해, ② 학교폭력 예방을 위한 교사의 준비, ③ 학교폭력 예방의 실제적 적용으로 나뉘어 있다. 구체적으로 살펴보면, 1장에서 4장까지는 학교폭력의 개념과 종류, 학교폭력 관련자(가해학생, 피해학생, 목격학생), 학교폭력 관련 법(「학교폭력예방 및 대책에 관한 법률」)과 제도(학교폭력 전담기구와 학교폭력대책자치위원회)에 대해 설명하였다. 그리고 5장에서 7장까지는 유아교사가 교육현장의 폭력 예방을 위해 알아야 할 유아의 발달특성과 유아교사 자신의 정서조절 방법, 교사와 유아들의 효과적인 대화방법에 대해 설명하였다. 8장에서 11장까지는 유아교육기관 차원에서 폭력 예방을 위해 적용할 수 있는 유아교육기관 운영체제, 유아교육기관의 환경적 지원 방법, 기대행동 지도 방법, 사회적 기술 지도 방법을 소개하였고, 마지막 12장에서는 유아교육과정에 폭력 예방을 어떻게 적용할 수 있는지 설명하였다.

이 책은 예비유아교사로서 교육현장의 폭력 예방 방법을 공부하는 학부 학생들을 위한 것이다. 유아교사는 한 개인의 삶에서 가장 중요한 기초를 형성하는 유아 시기를 다루는 막중한 책임을 지니고 있다. 그러므로 유아를 둘러싼 중요한 사회적 환경이 되는 유아교사는 폭력 예방에 필요한 유아의 공감능력과 사고력, 문제해결능력에 직접적인 영향을 줄 수 있는 사람이다. 따라서 영유아기라는 결정적 시기에 유아에게 긍정적 영향을 줄 수 있는 유아교사가 인성교육을 포함한 폭력 예방 교육을 하는 것의 중요성은 아무리 강조해도 지나치지 않을 것이다. 교육현장의 폭력이 갈수록 심각하고 복잡해지며 폭력의 발생 연령이 점점 낮아지고 있는 이때에, 현장으로 나갈 예비유아교사는 폭력 예방에 대한 이론과 실제를 겸비해야 할 필요가 있다. 폭력 예방에 필요한 인성과 지성을 고루 갖춘 유아교사는 평화로운 교육현장을 만들어 갈 수 있을 뿐 아니라 모두가 함께 어울려 살아가는 사회의 초석을 닦게 될 것이다. 부족하나마 이 책이 그러한 기초 준비에 도움이 되기를 바라며, 이 책으로 공부한 학생들이 교육현장에 나가서 폭력 문제에 직면했을 때 이 책을 다시 찾아보고 그 내용을 적용할 수 있게 되기를 감히 소망해 본다. 1~4장과 8~11장은 양명희, 5~7장은 김희정, 12장은 임유경이 각각 집필하였다. 8~11장은 양명희의 『행동수정이론에 기초한 행동지원』(2판, 학지사, 2016)의 내용을 인용하거나 수정한 부분이 많음을 밝힌다.

집필과정 동안 바쁜 시간을 쪼개어 서로를 격려한 필자들에게 감사하며, 세심한 손길로 기꺼이 지원해 준 가족들에게 깊이 감사한다. 또한 이 책의 출판을 허락한 학지사의 관계자 분들과 이 책을 갖고 싶고 읽기 쉽도록 세련되고 편안하게 디자인하고 편집해 준 편집부 직원들에게 진심으로 감사한다.

복 있는 사람은 악인의 계획을 따르지 아니하고,

죄인들의 길에 서지 아니하며, 오만한 자의 자리에 앉지 아니하고,

오직 여호와의 율법을 기뻐하며 그분의 율법을 밤낮으로 묵상한다.

그는 시냇가에 심겨진 나무와 같아 제때에 열매를 맺으며,

그 잎이 시들지 않으니, 그가 하는 모든 일이 형통할 것이다.

악인은 그렇지 않으니, 오직 바람에 흩날리는 겨와 같다.

(시편 1:1-4)

2018년 새 학년도를 열면서

양명희, 김희정, 임유경

차례

제1장

학교폭력의 이해

1. 일반폭력과 학교폭력의 차이

학교폭력을 이해하기 위해서는 먼저 학교폭력을 포함하는 더 넓은 의미의 '폭력'에 대한 개념을 이해하는 것이 우선되어야 할 것이다. 사전적 의미로 폭력이란 '남을 거칠고 사납게 제압할 때에 쓰는, 물리적인 수단이나 힘' 또는 '다른 개체에 대해 파괴적인 행동을 하거나 고통스러운 자극을 줄 목적으로 행하는 행동'을 뜻한다. 이렇듯 폭력을 강제로 타인의 생명이나 신체나 재산에 위협을 가하는 행위로 볼 때, 폭력은 사용 목적에 따라 도구적 폭력(다른 목적을 달성하기 위해 도구로 사용하는 폭력), 표현적 폭력(분노나 공포, 좌절을 행동으로 표현하는 폭력), 공격적 폭력(타인을 괴롭힘으로써 쾌감이나 뭔가를 얻고자 하는 폭력), 방어적 폭력(공격적 폭력에 맞서기 위한 폭력)으로 구분하기도 하고(Crick & Grotpefer, 1995), 폭력 대상에 따라 대인폭력, 대물폭력, 피해자가 없는 폭력으로 나누기도 한다(서울특별시 자녀안심운동 서울협의회, 2000).

학교폭력의 정의에 대해서는 다음 절에서 구체적으로 살펴보겠지만, 여러 가지 면에서 일반폭력과 구분되는 다음과 같은 특징들이 있다(송재홍 외, 2013; 조운주, 최일선, 2016; 황혜경 외, 2014).

- 일반폭력은 어디에서나 발생할 수 있지만, 학교폭력은 주로 학교 주변이나 학교교육과 관련 있는 장소에서 발생한다. 주로, 교내의 교실 안, 복도, 화장실이나 교외의 오락실, 놀이터, 학원, PC방 근처에서 발생한다.
- 일반폭력은 대상의 범위가 정해져 있지 않으나, 학교폭력은 폭력의 대상이 정신적으로 발달이 이루어지지 않은 학생으로 제한된다.

- 일반폭력은 일회성으로 끝날 확률이 많지만, 학교폭력은 주로 같은 공간에서 오랫동안 함께 생활하는 친구나 선후배 사이에서 발생하기 때문에 일정 기간 그 관계가 유지되고 폭력이 장기화될 수 있다.
- 일반폭력에 비해 학교폭력은 같은 학교 학생들이 보는 가운데 행해지는 경우가 많아서 가해 사실이나 피해 사실이 타인에게 알려질 가능성이 매우 높기 때문에, 남들이 알고 있다는 사실로 인한 정신적 고통까지 더해진다.
- 학교폭력은 일반폭력과 달리 피해자와 가해자가 같은 공간에 머물러 지내는 시간이 많기 때문에 폭력이 계속될 것에 대한 피해자의 두려움과 불안이 일반폭력보다 훨씬 더 높다.

외국에서는 학교에서 발생하거나 학생과 관련하여 발생하는 폭력에 대해서는 일반폭력과 구별하여 '괴롭힘(bullying)'이라는 용어를 흔히 사용한다. 세계적으로 인정받고 있는 학교폭력 예방 프로그램을 개발한 노르웨이의 Olweus(1993)가 제시한 집단 괴롭힘의 정의는 다음과 같다.

> "집단 괴롭힘이란 한 명 이상의 학생들로부터 반복적이며 지속적인 부정적 행동에 노출되는 것이다. 부정적 행동이란 공격적 행동으로서 상대에게 상해를 입히거나 불편을 주는 것을 의미한다. 여기에 포함되는 것은 협박, 위협, 놀림, 별명 부르기 등의 언어적 폭력, 때리기, 밀기, 차기, 감금하기 등의 신체적 폭력 그리고 언어적 폭력이나 신체적 폭력에는 해당되지 않지만 상대를 자극하려는 의도로 인상 찌푸리기, 혐오감을 일으키는 몸짓하기, 따돌리기, 무시하기 등이다."(Olweus, 1993)

위의 정의를 살펴보면 집단 괴롭힘의 정의에는 힘의 불균형과 반복성과 의도성이라는 다음 세 가지 특징이 있다.

- **힘의 불균형**: 나이, 힘, 능력, 지위, 신체 크기 또는 숫자 등에서 나타난다. 가해학

생들이 피해학생들에 비해 나이가 더 많거나, 힘이 더 세거나, 등치가 더 크거나, 언어 능력이 더 뛰어나거나, 사회적 지위가 더 높거나, 수가 더 많다면 힘의 불균형이 있다고 볼 수 있다.

- ✚반복성: 피해학생이든 가해학생이든 서로가 이런 폭력이 다시 발생할 것을 알고 있고, 실제로 반복되는 것으로 나타난다. 즉, 추가 공격의 위협이 있다는 것이다.
- ✚의도성: 폭력의 목적에서 드러난다. 우연히 또는 실수로 폭력을 행사하는 것이 아니라, 피해학생에게 고통을 줄 목적으로 폭력을 행사하며, 더 나아가서 피해학생이 고통스러워하는 모습을 보는 것을 즐기기 위해 폭력을 행사하기도 한다.

집단 괴롭힘에는 이러한 세 가지 특징 외에 공포감, 즉 극심한 두려움이 또 하나의 특징으로 추가될 수 있다(김규태 외, 2013; Coloroso, 2013). 힘의 불균형 속에서 상대를 괴롭히려는 의도와 자신의 우월성을 유지하려는 목적과 함께 집단 괴롭힘이 추가 공격의 위협과 함께 발생할 때 피해학생은 극심한 공포감을 갖게 된다. 피해학생에게 공포감이 조성되고 나면, 가해학생은 비난이나 보복의 염려 없이 폭력을 행사하게 된다.

괴롭힘에 대한 사회적으로 잘못된 통념들이 있다. 이를 바로잡기 위해 〈표 1-1〉에 Beane과 Beane(2008)이 밝힌 괴롭힘에 대한 잘못된 통념과 바른 개념을 제시했다.

■▶〈표 1-1〉 괴롭힘(학교폭력)에 대한 잘못된 통념과 바른 개념

잘못된 통념	바른 개념
• 괴롭힘은 장난일 뿐이다.	• 장난은 서로 동등한 위치에서 하는 것이다. 힘의 불균형이 존재하면 괴롭힘이다.
• 어떤 사람은 괴롭힘 당해 마땅하다.	• 괴롭힘 당해 마땅한 사람은 없다. 누구나 존중받아야 한다.
• 괴롭힘에 대해 불평하는 사람은 어리다.	• 어린 것이 아니다. 자신을 옹호하고 존중받기 위해 노력하는 것이다.

• 남자아이들만 괴롭힘 가해를 한다.	• 누구나 사람을 괴롭힐 수 있다.
• 괴롭힘은 성장 과정에서 정상적인 일이다.	• 괴롭힘은 정상적인 것이 아니고 당장 멈춰야 할 행동이다.
• 가해자들은 모르는 척하면 물러나기 마련이다.	• 관심 끌고 싶어 하는 가해자는 무시되면 더 화내는 경우도 있다.
• 가해를 하는 모든 아이들은 자존감이 낮으며 그 때문에 다른 아이들을 괴롭힌다.	• 지나치게 우월감이 높은 경우도 있다.
• 괴롭힘 당한 사실을 어른들에게 알리는 것은 고자질이다.	• 괴롭힘을 알리는 것은 고자질이 아니라 보고이다.
• 괴롭힘에 대해 맞서 싸우거나 보복하는 것이 최상의 방법이다.	• 맞서 싸우면 더 심하게 해치려 할 수 있다.
• 괴롭힘 당한 사람은 스스로 이를 극복해 낼 것이다.	• 극복하지 못하고 오랜 상처를 남기며, 학교를 떠나거나 자살을 하는 극단적 경우가 있다.

2. 학교폭력의 정의

학교폭력의 정의에 대한 이해를 돕기 위해 먼저 여러 학자들이 제안한 학교폭력에 대한 정의를 〈표 1-2〉에 제시하였다.

〈표 1-2〉에서와 같이 학자별 학교폭력에 대한 정의는 조금씩 다름을 알 수 있다. 폭력이 발생했을 때 교육현장의 교사가 학교폭력인지 아닌지 구별할 수 있기 위해서는 학교폭력의 대상과 발생 장소와 폭력 내용(누가, 누구에게, 어디서, 무엇을)에 대해 구체적으로 합의된 정의가 필요함을 알 수 있다.

학교폭력을 예방할 목적으로 2004년에 제정되고 몇 차례 개정된 우리나라의 2017년 현행「학교폭력예방 및 대책에 관한 법률(이하 학교폭력예방법)」에서는 학교폭력을 다음과 같이 정의하고 있다.

'학교폭력'이란 학교 내외에서 학생을 대상으로 발생한 상해, 폭력, 감금, 협박,

■▶〈표 1-2〉 학자별 학교폭력의 정의

학자	정의
김종미 (1997)	학교를 중심으로 발생하는 것으로 정신적 · 신체적으로 나약하여 외부의 압력에 대해 스스로를 방어할 능력이 없는 아동에 대하여 힘이 강한 개인이나 집단이 고의적으로 단기간 또는 장기간에 걸쳐 가하는 물리적 · 심리적 공격
안선욱 (1997)	학교 내에서 마주쳐서 관계를 맺는 대상들 간의 폭력 혹은 그 관계에 영향을 받아 일어나는 폭력
박경아 (2003)	학교나 학교 주변에서 학생 개인 및 집단에 의해 발생하는 신체적 폭력, 금품 갈취, 괴롭힘, 협박, 따돌림
문용린 외 (2006)	학교 교내, 주변, 등하굣길, 집 주변, 학원 주변 등 물리적인 장소는 물론이고 교육과 관련된 장소 및 현장에서 부모와 교사를 제외한 모든 사람이 학생에게 행사한 정도가 상당히 심각한 유 · 무형의 모든 폭력
한국청소년상담원 (2009)	타인에게 해를 입히기 위하여 힘 · 무력 · 언어적 공격 혹은 집단 따돌림 등 다양한 수단을 통하여 심리적 혹은 육체적 피해를 입히는 행위로, 학교를 중심으로 맺어지는 관계들이 인간적이고 온정적이며 정상적인 성격을 띠지 못하고, 비인간적이고 난폭하며 잔인하고 비정상적인 성격을 띨 때 학교폭력이라 함
박범규 (2009)	폭력의 발생 원인이 학교 내 또는 학생 사이에 있어야 하고, 그 폭력의 발생 장소가 학교 내 혹은 학교 주변 그리고 학교교육의 연장선상에 있는 장소이어야 하며, 피해자는 학생이어야 하고, 그 유형은 피해학생의 의사에 반하는 일련의 행동을 포함함
이혜원 외 (2009)	학교와 학교 주변에서 학생과 학생 사이에 힘이 불균형한 상태로 의도적이고 반복적으로 일어나는 공격 행위
김종운 (2013)	학교나 학교 주변에서 학생 상호 간에 발생하는 의도성을 가진 신체적 또는 정서적 가해행동
송재홍 외 (2013)	교내 또는 교외에서 학생을 대상으로 발생하는 부정적인 의도를 지닌 신체적 · 물리적 · 심리적 공격 및 폭력행동으로, 한 명 또는 여러 명의 학생이 힘의 불균형 상황에서 자기보다 약한 상대나 집단의 암묵적인 규칙을 어긴 자를 폭행, 협박, 따돌림 등을 통해 신체적 · 정신적 또는 재산상의 피해를 수반하는 행동
이순례 (2012)	타인에게 해를 입히기 위하여 힘, 무력, 언어적 공격, 상징적 · 심리적 강제 및 집단적 따돌림 등 다양한 수단을 사용하여 학교나 학교 주변에서 심리적 혹은 신체적 피해를 입히는 행위

약취 · 유인, 명예훼손 · 모욕, 공갈, 강요 · 강제적인 심부름 및 성폭력, 따돌림, 사이버 따돌림, 정보통신망을 이용한 음란 · 폭력 정보 등에 의하여 신체 · 정신 또는 재산상의 피해를 수반하는 행위를 말한다. '따돌림'이란 학교 내외에서 2명 이상의 학생들이 특정인이나 특정집단의 학생들을 대상으로 지속적이거나 반복적으로 신체적 또는 심리적 공격을 가하여 상대방이 고통을 느끼도록 하는 일체의 행위를 말한다. '사이버 따돌림'이란 인터넷, 휴대전화 등 정보통신기기를 이용하여 학생들이 특정 학생들을 대상으로 지속적, 반복적으로 심리적 공격을 가하거나, 특정 학생과 관련된 개인정보 또는 허위사실을 유포하여 상대방이 고통을 느끼도록 하는 일체의 행위를 말한다(「학교폭력예방법」 제2조 제1항).

「학교폭력예방법」은 그 동안 수차례 개정되었는데, 그중에서 학교폭력에 대한 정의가 어떻게 개정되었는지 그 내용을 연도별로 정리하면 〈표 1-3〉과 같다.

〈표 1-3〉의 내용을 살펴보면, 2008년에 개정된 「학교폭력예방법」에서는 2004년 제정 당시의 정의에서 '추행'과 '재물손괴'가 삭제되었고, '강요' '성폭력' '정보통신망을 이용한 음란 · 폭력 정보'가 추가되었음을 알 수 있다. 2012년 1월 개정에서는 '강제적인 심부름'이 추가되었는데, 이는 학생들 사이에서 일명 '셔틀'로 불리는 행위를 학교폭력으로 규정한 것이다. 또한 2012년 1월 개정에서는 따돌림을 '학교 내외에서 2명 이상의 학생들이 특정인이나 특정집단의 학생들을 대상으로 지속적이거나 반복적으로 신체적 또는 심리적 공격을 가하여 상대방이 고통을 느끼도록 하는 일체의 행위'라고 구체적으로 정의하였다. 2012년 3월 개정에서는 '사이버 따돌림'을 추가하면서 이를 '인터넷, 휴대전화 등 정보통신기기를 이용하여 학생들이 특정 학생들을 대상으로 지속적, 반복적으로 심리적 공격을 가하거나, 특정 학생과 관련된 개인정보 또는 허위사실을 유포하여 상대방이 고통을 느끼도록 하는 일체의 행위'라고 구체적으로 정의하였다. 살펴본 바와 같이 「학교폭력예방법」에서 학교폭력에 대한 정의의 변화는 대부분 학교폭력 유형의 추가적 변화라고 할 수 있는데, 2012년 3월 개정에서는 학교폭력의 적용대상에 대한 부분을 개정하였다. 즉, 학교폭력의

■▶⟨표 1-3⟩「학교폭력예방법」에서 학교폭력 정의의 변화

2004. 7. 30. 제정	"학교폭력"이라 함은 학교 내외에서 학생 간에 발생한 폭행·협박·따돌림 등에 의하여 신체·정신 또는 재산상의 피해를 수반하는 행위로서 대통령령이 정하는 행위를 말한다. "대통령령이 정하는 행위"라 함은 상해·폭행, 감금, 협박, 약취·유인, <u>추행</u>, 명예훼손·모욕, 공갈, <u>재물손괴</u> 및 집단 따돌림, 그 밖에 피해자의 의사에 반하는 행위를 가하거나 하게 한 행위를 말한다.
2008. 3. 14. 전부 개정	"학교폭력"이란 학교 내외에서 학생 간에 발생한 상해, 폭행, 감금, 협박, 약취·유인, 명예훼손·모욕, 공갈, <u>강요 및 성폭력</u>, 따돌림, <u>정보통신망을 이용한 음란·폭력 정보</u> 등에 의하여 신체·정신 또는 재산상의 피해를 수반하는 행위를 말한다.
2012. 1. 26. 일부 개정	"학교폭력"이란 학교 내외에서 학생 간에 발생한 상해, 폭행, 감금, 협박, 약취·유인, 명예훼손·모욕, 공갈, 강요·<u>강제적인 심부름</u> 및 성폭력, 따돌림, 정보통신망을 이용한 음란·폭력 정보 등에 의하여 신체·정신 또는 재산상의 피해를 수반하는 행위를 말한다. "따돌림"이란 학교 내외에서 2명 이상의 학생들이 특정인이나 특정집단의 학생들을 대상으로 지속적이거나 반복적으로 신체적 또는 심리적 공격을 가하여 상대방이 고통을 느끼도록 하는 일체의 행위를 말한다.
2012. 3. 21. 일부 개정	"학교폭력"이란 학교 내외에서 <u>학생을 대상으로</u> 발생한 상해, 폭행, 감금, 협박, 약취·유인, 명예훼손·모욕, 공갈, 강요·강제적인 심부름 및 성폭력, 따돌림, <u>사이버 따돌림</u>, 정보통신망을 이용한 음란·폭력 정보 등에 의하여 신체·정신 또는 재산상의 피해를 수반하는 행위를 말한다.⟨신설⟩ "사이버 따돌림"이란 인터넷, 휴대전화 등 정보통신기기를 이용하여 학생들이 특정 학생들을 대상으로 지속적, 반복적으로 심리적 공격을 가하거나, 특정 학생과 관련된 개인정보 또는 허위사실을 유포하여 상대방이 고통을 느끼도록 하는 일체의 행위를 말한다.

정의를 '학생 간에 발생한'을 '학생을 대상으로 발생한'으로 변경하였는데, 이는 학교폭력의 가해자가 학생이 아니어도 학교폭력이 성립되도록 적용대상을 확대한 것임을 알 수 있다. 현재 우리나라에서 시행되고 있는「학교폭력예방법」에 따른 학교폭력 정의에서 좀 더 고려해야 할 사항은 다음과 같다.

첫째, 학교폭력 적용대상 범위를 검토해야 한다.「학교폭력예방법」에 따르면 '학

교란 「초ㆍ중등교육법」 제2조에 따른 초등학교ㆍ중학교ㆍ고등학교ㆍ특수학교 및 각종 학교와 동 법 제61조에 따라 운영하는 학교를 말한다. 그러므로 학생이란 초등학교나 중학교 또는 고등학교에서 학생의 신분을 갖고 있는 자를 의미한다. 그러면 유치원생, 대학생, 취학의무 유예자, 취학의무 면제자, 정원 외 학적관리 대상자 등은 학생에 포함되지 않음을 알 수 있다. 따라서 현재로서는 학령 전 유아들을 대상으로 하는 폭력에 대해서는 「학교폭력예방법」을 적용할 수 없다. 그런데 학교폭력의 발생 연령이 계속 낮아지고 있고, '학교 밖 아이들'이라고 불리는 대안학교 학생 등의 정원 외 학적관리 대상자가 늘고 있는 현 상황을 고려할 때 학교폭력 적용 대상 범위에 대한 검토가 필요하다고 하겠다.

둘째, 학교폭력의 가해자와 피해자의 범위를 검토해야 한다. 「학교폭력예방법」에서는 학교폭력을 '학생 간'에 이루어진 행위에서 '학생을 대상으로' 행해진 행위로 규정하여 그 범위를 확대하였다. 이는 가해자가 학생이 아니어도 피해학생에 대한 보호조치를 할 수 있도록 하기 위한 것이지만, 「학교폭력예방법」의 가해조치는 모두 학교에서 시행할 수 있는 내용이기 때문에 가해자가 학생이 아닌 경우는 적용하기 어렵다. 또한 피해자가 학생이 아닌 경우, 즉 학생이 학생 아닌 사람을 폭행한 경우는 학교폭력에 해당하지 않는다는 한계가 남아 있다. 예를 들어, 초등학생이 유치원생을 상대로 폭력을 행사한 경우나 고등학생이 대학생을 상대로 폭력을 행사한 경우는 「학교폭력예방법」에 따라 사안을 처리할 수 없다는 문제가 있다.

셋째, 학교폭력이 성립되는 장소의 범위를 구체화해야 한다. 「학교폭력예방법」에서는 학교 내외에서 발생한 사안을 학교폭력으로 규정하고 있으므로, 학교폭력은 교내뿐 아니라 학교 주변이나 학교교육이 이루어지고 있는 교외활동 장소(예: 체험학습지, 수학여행지, 야외활동지)에서 발생한 사안까지 포함하는 것임을 알 수 있다. 그런데 이때 상대적으로 학교교육과 관련이 멀다고 할 수 있는 가정이나 시내와 같은 지역까지 포함하는 것인지 검토해야 할 필요가 있다.

넷째, 「학교폭력예방법」에서 제시하는 학교폭력 유형에 대한 정의를 명확히 해야 한다. 「학교폭력예방법」에서는 따돌림과 사이버 따돌림에 대해서는 구체적으로 그 의미를 밝히고 있지만, 학교폭력에 포함되는 다른 유형에 대해서는 의미를 밝히고 있지 않다. 동일 용어를 사용하고 있는 형법에서 밝히고 있는 정의와 완전히 일치하지 않다면, 유형에 대한 명확한 정의가 필요하다.

다섯째, 학교폭력이 성립되는 기준이 제시되어야 한다. 「학교폭력예방법」에 따른 학교폭력에 대한 정의는 학교폭력의 유형에 중점을 두고 있어서 교육법적 개념보다는 형사법적 개념을 따를 우려가 있다. 이와 관련하여 이종근(2013)은 학교폭력의 개념은 교육의 대상인 학생뿐 아니라 교사와 교직원까지 포함하여 교육의 주체가 되는 모든 사람들이 두려움과 위협을 느끼는 환경을 조성시키는 모든 행위를 학교폭력으로 보아야 한다고 주장했다. 이는 학교폭력이란 학교라는 장을 통하여 맺어진 관계들을 중심으로 발생한 폭력으로 보아야 한다는 안선욱(1997)의 주장과 일치한다고 할 수 있다. 앞에서 살펴본 것처럼 Olweus의 집단 괴롭힘에 대한 정의에는 힘의 불균형과 반복성과 의도성이라는 세 가지 특징을 구체적인 인정 기준으로 제시하고 있는 반면에, 우리나라 학교폭력의 정의는 학교폭력에 포함될 수 있는 기준을 제시한 것이 아니라 학교폭력의 종류를 밝히고 있음을 볼 수 있다. 즉, 우리나라의 학교폭력에 대한 법적 정의는 개념적 정의가 아니라 열두 가지의 다양한 폭력의 종류를 포함하고 있어 상당히 범위를 넓게 보고 있는 편이다. 그런데 우리나라 법의 학교폭력의 하위 유형에 해당하는 따돌림의 정의는 위에서 밝힌 집단 괴롭힘의 정의와 유사함을 알 수 있다. 또한 실제로 따돌림이라는 용어는 집단 괴롭힘이라는 용어의 동의어로 사용되기도 한다. 따라서 우리나라의 학교폭력의 범위는 상당히 넓어서 힘의 불균형, 반복성, 의도성이라는 기준이 성립되지 않아도 법률이 정하는 종류에 해당하면 학교폭력이 될 수 있음을 알 수 있다.

3. 학교폭력의 최근 경향

학교폭력이 증가하고 있으며 그 정도 또한 심해지고 있다는 것은 누구나 쉽게 접하고 있는 사실이다. 최근 학교폭력의 발생 경향에 대한 특징은 다음과 같이 정리할 수 있다(김혜원, 2013; 법무부, 교육과학기술부, 2012; 송재홍 외, 2013; 정종진, 2012).

1) 학교폭력 발생 저연령화

과거에는 학교폭력 발생 빈도가 중학생이 가장 많았으나, 최근 설문 조사에서 최초로 학교폭력을 경험한 것이 초등학생 때라고 응답하는 경우가 50%를 훨씬 넘어섰으며, 일진에 가담하고 싶다는 초등생이 늘고 있다(청소년폭력예방재단, 2012). 또한 유아교육기관의 교사들을 대상으로 한 조사에서도 담당하고 있는 유아들의 따돌림 현상을 보았다고 응답한 교사가 50%를 넘는다는 보고들이 있다(김은설, 최은영, 조아라, 2013; 육아정책연구소, 2014). 미국의 경우, 공격적 행동을 보이는 유아들이 공립 유치원에서 중도 탈락하는 비율이 초 · 중 · 고 학교에서 퇴학당하는 학생의 수를 능가한다는 충격적인 사실이 보고된 바 있다(Dobbs, 2005; Lewin, 2005). 이런 현상들은 학교폭력은 나이 어린 유아를 대상으로 하는 유아교육 현장과는 거리가 멀다는 안일한 생각에 경각심을 불러일으키기에 충분하다. 뿐만 아니라 유아 시절의 공격적 행동이 청소년기의 비행이나 성인기의 범죄와 상관관계가 높다는 사실은 유아를 양육하고 지도하는 자들에게 어떻게 하면 유아들에게 비폭력적 삶을 교육할 수 있을지 심각하게 고민하고 준비해야 함을 알려 주는 정보라고 할 수 있다.

2) 피해자와 가해자 구분의 모호함

학교폭력에서 피해자와 가해자를 구분하기 어려운 이유는 피해학생이 폭력을 당하지 않기 위해 폭력을 행사하게 되는 폭력의 악순환이 발생하기 때문이다. 그런 학생들은 폭력을 정당화하게 되고 문제의 원인을 남의 탓으로만 돌리게 되는 또 다른 문제를 낳게 된다. 폭력의 고리를 끊어야 하는 이유가 거기에 있다. 뿐만 아니라 학교폭력이 집단으로 발생한 경우에는 가해자의 범위를 구분하기 어려운 경우도 있다. 거기에다가 학교폭력 현장에서 방관하고 있던 학생의 경우도 학교폭력이 유지되도록 도와준 것이라고 본다면 방관자도 가해자에 포함시켜야 할 것이다.

3) 정신적 · 정서적 폭력의 증가

과거의 학교폭력은 주로 폭행이나 금품갈취 같은 물리적 폭력이 대부분을 차지했으나, 최근에는 언어폭력, 성폭력, 강요, 따돌림, 사이버 폭력 등 다양한 방법으로 심리적 고통을 주는 폭력이 늘고 있다. 이러한 종류의 폭력들이 갖고 있는 특징은 가해방법이 손쉽다는 것이고 피해 결과가 겉으로 드러나지 않는다는 것이다. 결과가 밖으로 드러나지 않지만 피해학생에게는 모멸감과 자괴감을 느끼게 하고 자아정체성을 흔들어 놓을 만큼 심각할 수 있다. 이는 피해학생들의 자살 생각이나 자살시도와 밀접한 관련을 갖는다. 특히, 언어로 이루어지는 정신적 · 정서적 학대는 아직 자아개념이 발달하지 않은 어린 유아에게는 더욱 치명적이다. 그런데 이러한 폭력 유형의 변화는 학교폭력의 목적이 변한 것과 관련이 있다. 과거에는 학교폭력이 물리적 이득을 얻으려는 것이 주된 목적이었으나, 최근에는 또래 간의 우월성을 나타내고 또래에 대한 지배력을 유지하기 위해 폭력을 행사하는 경우가 많아지고 있기 때문에 정신적 또는 정서적 폭력이 증가하는 것이다. 또한 가해학생의 연령이 높아질수록 직접적이고 신체적인 폭력은 줄어들지만, 간접적이고 언어적이거나 관계적인 폭력은 줄어들지 않거나 증가하는 경향을 보인다(Boulton & Underwood, 1992).

4) 학교폭력의 집단화와 조직화

학교폭력은 일진과 같은 폭력서클에 의한 폭력뿐 아니라 다수의 일반 학생이 참여하는 집단 괴롭힘의 형태도 증가하고 있다. 이와 관련하여, 과거에는 같은 학교 학생은 보호하고 주로 다른 학교 학생들을 대상으로 폭력이 이루어졌다면, 최근 학교폭력은 같은 학교 내에서 발생하는 경향이 있다. 또한 그 수법도 점점 대담해지고 잔혹해지며 비인간적인 방법을 사용하고 있어 심각성이 커지고 있다. 학교폭력의 집단화와 심각성 문제와 관련해서는 깨진 유리창 하나를 방치하면 그 지점을 중심으로 범죄가 확산된다는 '깨진 유리창 실험'(Kelling & Willson, 1982)을 생각해 볼 수 있다.

깨진 유리창 실험

1960년대 미국 스탠퍼드 대학의 필립 짐바르도라는 심리학자는 골목에 보존 상태가 비슷한 자동차 두 대를 보닛을 열어 둔 채로 일주일간 방치해 두고 관찰하는 실험을 했다. 그는 자동차 한 대는 보닛만 열어 두었고, 다른 한 대는 창문을 조금 깬 채로 보닛을 열어 두었다. 그런데 보닛만 열어 둔 자동차는 그대로 있었지만, 창문을 깬 채로 놓아 둔 자동차는 10분 만에 배터리와 타이어가 없어졌다. 그리고 낙서와 파괴가 일어나기 시작했고 일주일 후에는 자동차가 심하게 파손되었다.

위 실험의 결과 이후, 유리창을 조금 깨진 채로 둔 것과 같이 사소한 것을 방치하면 더 큰 문제로 이어질 수 있다는 의미를 '깨진 유리창의 법칙'이라고 한다. 마찬가지로 학생들 사이에서 발생하는 폭력도 아무리 사소하고 가벼운 것처럼 보이더라도 처음부터 근절하지 않으면 평범한 다수의 학생들이 점점 더 심각한 학교폭력을 행사하게 되는 결과를 가져올 수 있을 것이다.

5) 가해학생들의 학교폭력에 대한 인식의 둔감화

많은 학생들은 어떤 행동이 학교폭력인지에 대한 인식이 부족하고, 집단으로 폭력이 이루어지는 경우에 무리 중 한 사람으로 가담한 학생은 그 책임감이 분산된다고 느끼기 때문에 죄책감이 감소하게 되고 자기 행동을 정당화하게 된다. 뿐만 아니라 보통 학생들 사이에서도 폭력을 장난으로 여기며 일상화하는 경향이 있고, 심지어는 폭력을 스트레스 해소 수단으로 사용하기도 한다. 과거에는 학교폭력이 일탈

학생에 의한 것이었다면, 최근에는 누구나 가해자와 피해자가 될 수 있는 일상화된
폭력 양상을 보인다.

6) 폭력의 지속화

과거에는 일회성의 폭력이 많았으나, 최근에는 특정 대상에게 집중적이고 계속적
으로 반복해서 폭력을 행사하는 경우가 많다. 이것 또한 폭력의 목적이 금품갈취 같
은 물리적 이득에서 힘의 과시를 통한 지배력 획득 등으로 변화한 것과 관련 있다.

이 밖에도 과거와 달리 학교폭력의 뚜렷한 원인을 밝히기 어려운 경우도 많아지
고 있는데, 실제로 이유 없이 폭력을 행사했다고 답변하는 가해자가 늘고 있다. 또
한 학교폭력은 점점 많아지고 심각해져 가고 있는데도 피해를 신고하는 경우는 증
가하지 않는 경향을 보이는 것도 해결해야 할 큰 문제이다.

4. 학교폭력에 영향을 미치는 요인

학교폭력에 영향을 미치는 요인이 반드시 학교폭력의 원인을 의미하는 것은 아
니다. 어떤 요인들은 학교폭력의 원인인지 결과인지 명확히 밝혀지지 않는 것들도
있기 때문이다. 다만 여기에서 제시하는 요인들은 학교폭력과 관련이 있다는 의미
로 해석하는 것이 바람직하다. 학교폭력에 영향을 미치는 요인으로 생각해 볼 수 있
는 것은 크게 개인 요인, 가정 요인, 사회문화적 환경 요인, 학교 요인이다.

1) 개인 요인

학교폭력에 영향을 미치는 개인 요인으로 가장 먼저 살펴볼 수 있는 것은 생물학
적 요인이다. 다른 사람들에 비해 공격적 행동을 더 많이 하는 사람들은 자율신경계

의 반응이 낮고, XYY염색체를 가진 경우가 많으며, 뇌의 변연계가 더 쉽게 흥분되고, 충동성과 관련 있는 노르에피네프린 수준이 더 높고 세로토닌 수준이 더 낮다는 연구결과가 있다(김혜원, 2013). 성별 차이를 살펴보면 많은 연구에서 여학생보다는 남학생이 공격적이고 폭력적인 행동을 할 위험이 높으며, 남학생은 직접적인 폭력을 사용하는 반면에, 여학생은 간접적이고 관계적인 폭력을 사용하는 경우가 많다고 보고한다(김동현, 서미, 2014; 송재홍 외, 2013). 또한 신체적으로 왜소하거나 장애가 있는 경우에 학교폭력의 피해자가 될 가능성이 높다는 연구결과도 있다(Berger, 2007).

개인의 생물학적 요인뿐 아니라 성격적 요인도 학교폭력과 관련이 있는데, 특히 자아개념은 학교폭력 가해학생이나 피해학생 모두에게서 부적 상관을 보였다(이은희, 강은희, 2003; 최윤자, 김아영, 2003). 즉, 부정적인 자아개념이 학교폭력과 관련이 있다는 것이다. 학교폭력 가해자가 자존감이 높다는 연구결과도 있지만, 그것은 자신에 대해 지나치게 긍정적이고 자기중심적이며 자기만을 특별히 여기는 자기애적 성격을 보여 주는 것이라고 볼 수 있다. 그런 경우 우월감을 추구하게 되는데, 자기과시적으로 다른 사람에게 힘을 나타내려는 과정에서 공격성이 나타날 수 있다.

개인의 인지적 또는 정서적 요인도 학교폭력에 영향을 미친다(김혜원, 2013). 학교폭력 피해학생은 지속적인 부정적 또래관계 때문에 사건의 원인을 외적으로 돌리는 외적 귀인을 많이 하고, 그 결과 또래관계에서 더 고립되게 된다. 학교폭력 가해학생은 타인의 입장을 고려할 수 있는 조망수용능력이 떨어지고, 다른 사람의 행동을 과잉지각하거나 적대적으로 해석하며, 결과를 예측하지 못하는 경향이 있다. 또한 학교폭력 가해학생들은 타인에 대한 공감능력과 수용능력이 부족하고, 자신의 감정을 적절하게 표현하는 능력도 부족하다.

학교폭력과 관련 있는 개인 요인 중에서 성격, 인지, 정서 요인들은 유아들의 생활지도와 사회정서 교육에서 교사들이 무슨 내용을 다루고 지도해야 할지 알려 주는 것이라고 볼 수 있다.

2) 가정 요인

학교폭력과 관련이 높은 가정 요인으로는 폭력적인 가정환경과 부모의 양육방식으로 나누어 생각해 볼 수 있다. 가정에서 폭력을 자주 목격하거나 경험한 아동들은 학교폭력의 가해자가 되기 쉽다(김성일, 2005; 조춘범, 조남홍, 2011). 폭력적인 가정환경에서 자란 아이들은 부모로부터 욕설이나 고함과 같은 부정적인 정서적 표현과 체벌을 자주 경험하고, 아이가 가정에서 공격적 행동을 보일 때 부모가 적절히 개입하는 것을 경험하지 못한다. 그러므로 아이들은 가정에서 습득한 내용을 교육현장에서 재현하는 것이다. 우리나라 가정폭력 발생률이 이미 심각한 수준임을 고려할 때 교육현장에서 폭력이 자주 발생하는 것은 당연한 결과라고 할 수 있다.

부모가 가정에서 보여 주는 폭력의 정도뿐 아니라 아이를 양육하는 방법도 폭력의 가해자나 피해자가 될 가능성을 예측할 수 있게 해 준다(김동현, 서미, 2014; 김종운, 2013; 존 가트맨, 남은영, 2007). 강압적이거나 방임적 양육을 받은 아이는 학교폭력의 가해자가 되기 쉽고, 지나치게 온정적이거나 냉담한 양육을 받은 아이들은 학교폭력의 피해자가 되기 쉽다. 부모의 강압적이거나 억압적인 양육태도는 아동이 다른 사람들의 행동을 적대적으로 해석하는 경향을 증가시키므로 아동의 폭력적 성향을 증가시키게 된다. 부모의 방임적인 양육태도는 아동에게 지켜야 할 경계 설정을 해 주지 못하기 때문에 아이는 타인과의 관계에서 폭력적이 되기 쉽다. 반면, 부모의 지나치게 온정적인 양육태도는 아이를 과잉보호하고 부정적인 정서를 올바르게 경험하지 못하게 하므로 아이로 하여금 자신감을 잃게 하고 학교폭력의 피해자가 되기 쉽게 한다. 특히, 냉담한 양육을 받은 여자아이는 바람직한 방법으로 온정을 주고받은 경험이 부족하므로 학교폭력의 피해자가 되기 쉽다.

부모의 양육태도와 학교폭력의 관계를 연구한 Macklem(2003)은 학교폭력 가해학생은 부모의 비일관적인 양육태도 때문에 자신의 감정이나 행동에 대한 규제를 경험하지 못해서 또래관계에서도 쉽게 화를 내고 공격적 행동을 하게 된다고 했다. 또한 그는 학교폭력 피해학생은 부모의 과잉보호 때문에 또래들에게 쉽게 다가가지 못하고 거부당했을 때는 심하게 불안해하여 관계를 피하거나 고립되는 경우가 많다고 했다. 학교폭력과 관련하여 부모의 양육태도를 고려해 보면 노르웨이의 학교폭력 전문가인 Olweus(1993)가 지적한 대로 유아 시절에 주어지는 너무 적은 사랑과 관심 그리고 너무 많은 자유가 학교폭력의 요인이 될 수 있음을 알 수 있다.

가정폭력이나 부모의 양육태도 외에도 학교폭력과 관련 있는 가족 요인으로는 자녀와 부모의 갈등 관계, 부모의 자녀에 대한 관리 감독이나 가족 규칙의 부재, 부모의 이혼이나 별거와 같은 가정 해체나 불화 같은 역기능 가족, 가족의 반사회적 가치규범, 가정의 경제적 빈곤 등이 있다. 학교폭력과 관련된 가정 요인은 부모교육에서 어떤 내용을 다루어야 할지 시사하는 바가 크다고 할 수 있다.

3) 사회문화적 환경 요인

학교폭력에 영향을 미칠 수 있는 사회문화적 환경 요인으로는 물리적 환경, 사회적 환경, 대중매체 등이 있다(이상균, 1999). 먼저, 아동이 생활하는 물리적 환경은 폭력성에 영향을 줄 수 있다. 아동의 주변 주거 환경이 범죄가 자주 발생하는 곳이거나, 여가활동 시설이 부족하거나, 아동이 유해 환경에 자주 노출되는 경우에 학교폭력에 연루될 가능성이 높아진다. 그 이유는 아동이 유해 환경에 자주 노출되면 규범의식이 점점 약화되어 반규범적 가치를 갖게 될 가능성이 높아지기 때문이다.

그리고 학교폭력에 영향을 미치는 사회적 환경으로는 급속한 경제성장과 도시화로 인해 약화된 전통문화나 도덕규범, 지역 차나 빈부 격차로 인한 상대적 박탈감, 물질주의 가치관, 출세 지향적 가치관, 퇴폐적인 향락과 소비문화 등이 있다. 이러한 사회 환경 때문에 폭력에 대한 사회의 민감성이 낮아지고 있다.

다음으로는 대중매체가 있다. 폭력 장면을 담은 텔레비전, 영화, 동영상, 웹툰 등의 미디어 매체가 학교폭력을 증가시킬 수 있다(Bushman & Huesmann, 2001). 그 이유는 미디어 매체를 통한 프로그램을 통해 아동들이 폭력 장면을 목격하게 될 뿐 아니라 그러한 프로그램이 전달하는 메시지가 아동들의 폭력성을 더 강화시키기 때문이다. 폭력 장면을 담은 프로그램을 분석해 보면, 폭력을 미화하거나 정당화하는 경우가 많아서 아동들에게 문제해결 방법으로 폭력을 수용하도록 학습시키고 있다. 그 내용을 살펴보면, 아동들이 흉내 내며 닮고 싶어 하는 좋은 역을 맡은 매력적인 주인공이 폭력을 행사하거나, 폭력을 저지른 출연자가 아무런 제재나 벌을 받지 않거나, 폭력으로 인한 피해자의 고통(신체적 또는 정신적)을 다루지 않거나, 프로그램에서 폭력을 장난으로 처리하면서 유머와 연결 짓거나, 폭력을 폭력으로 해결하는 것 등이다. 뿐만 아니라 다른 사람들의 외모나 행동을 비웃고 비하하며 웃음거리로 삼는 프로그램을 통해 아동들은 친구들을 놀리는 것을 학습하게 된다. 또한 매체를 통해 반복해서 폭력에 노출되는 아동들은 폭력에 대해 둔해지고 다른 사람에 대한 공감능력이 떨어질 수 있다. 우리나라의 아이들에 대한 스마트폰 보급률을 생각해 보면 미디어 매체를 통한 폭력의 영향은 참으로 심각하다고 할 수 있다. 스마트폰의 폐해와 올바른 사용법에 대한 지도는 모든 연령에서 끊임없이 반복되어야 할 것이다.

4) 학교 요인

학교폭력에 영향을 미치는 것으로 학교 요인을 빼놓을 수 없다. 학교의 크기가 지나치게 큰 과대 학교나 학급 인원이 너무 많은 과밀 학급도 학교폭력과 관련이 있다. 또한 학교의 공간 중에서 성인의 관리 감독이 소홀한 비구조화된 장소나 한 명의 성인이 감독해야 할 학생 인원이 너무 많은 상황도 학교폭력에 영향을 미친다. 그뿐 아니라 교사들이 학교폭력에 대한 관심과 인식이 부족하거나, 학교 당국이 학교폭력에 대해 민감하고 적절하게 반응하지 못하거나, 학교 분위기가 폭력을 암묵적으로 허용하는 부정적인 분위기이거나 안전을 위협하는 경우도 학교폭력의 요인이 될 수 있다.

〈표 1-4〉는 2012년 2월 6일에 관계부처가 합동으로 발표한 '학교폭력근절 종합대책'에서 학교폭력의 주요 원인으로 제시한 내용이다(학교폭력근절 종합대책, 2012. 2. 6.).

■▶ 〈표 1-4〉 '학교폭력근절 종합대책'에서 제시하는 학교폭력 원인

학교폭력 원인	내용
• 학생의 인성 및 사회성 함양을 위한 교육적 실천의 미흡	• 높은 학업성취 수준에 비해 학생들이 타인과 관계를 원만히 맺고 협력하는 사회적 상호작용 능력은 부족한 상태임
• 학업 스트레스를 해소할 수 있는 감성교육이나 신체활동 참여 기회 부족	• 학생들이 과도한 스트레스를 받으면, 감정을 관장하는 뇌의 민감성이 둔화되고 소통과 감성의 능력이 약화되는 것으로 밝혀지고 있음
• 교사가 적절한 생활지도를 하기 어려운 교육 여건	• 학교폭력의 양상이 지속적으로 변화하고 있으나, 이에 대응하여 학생을 효과적으로 지도할 수 있는 수단과 관련 제도가 미흡한 상태임 • 교사 양성-임용-연수 단계에서 생활지도에 대한 실천적 전문성을 키울 수 있는 프로그램이 부족한 상태임
• 학부모의 자녀교육에 대한 관여 부족	• 자녀와의 대화 및 학교교육 참여 기회가 부족하여, 학교폭력으로 인한 이상 징후를 즉각 발견하지 못하는 경우가 빈번함 • 형제가 없는 한 자녀 가구, 맞벌이 부부가 증가하고 한국 사회에 만연한 야근문화 등으로 인해 가정에서 돌봄 기능이 약화되고 있음
• 인터넷 · 게임 · 영상매체의 부정적 영향력 증가	• 인터넷을 통한 폭력 영화, 만화 등 유해 영상매체에 대한 접근이 용이하여 청소년들의 폭력에 대한 인식이 무뎌지는 경향이 있음 • 인터넷 게임 산업을 경제적 · 산업적 관점으로만 접근하여 교육적 시각에서 심의 · 규제하고 유해성을 자율 자정하려는 노력이 미흡한 상태임

출처: 학교폭력근절 종합대책(2012. 2. 6.).

〈표 1-4〉를 살펴보면, 학교에서 교과교육이 지나치게 강조되고 있어서 다양한 활동이 제한되고, 생활지도 등의 인성교육이 우선순위에서 밀리는 현상이 문제로 지적되고 있음을 알 수 있다. 즉, 입시위주의 학교 분위기가 만들어 내는 이기적이고 경쟁적이며 여유 없는 학교문화가 학교폭력과 관련이 있다는 것이다. 교과목 외의 활동이 제한된 학교생활에서 스트레스가 쌓이거나 학력 경쟁에서 이길 수 없다

는 좌절감을 마땅히 분출할 곳이 없는 학생들이 자기보다 약한 학생들을 대상으로 공격성을 표출하며 잘못된 우월감을 맛보려 하는 경우가 있을 수 있다. 그러나 이러한 학교폭력과 관련된 학교 요인의 현실적 문제들이 있음에도 불구하고, 교사가 학생에 대한 관심이 높고 교사와 학생 사이의 친밀감이 높을수록 문제행동 발생률이 낮다는 사실은 교사들이 학교폭력에 있어서 중요한 보호요인이 될 수 있음을 시사한다.

◈ 나는 학교폭력을 어느 정도 이해하는가 ◈

※ 다음 자가 진단표는 법에 근거한 학교폭력 개념을 어느 정도 이해하고 있는지 살펴보기 위한 것입니다. 내용을 읽어 보시고 학교폭력이라고 생각하면 Y(yes)에, 아니면 N(no)에 체크해 주세요.

	내용	Y	N
1	A와 B가 싸움을 한 후 B가 겉으로 보기에는 멀쩡했으나 정신을 잃음		
2	복도를 걸어가고 있는 학생의 얼굴에 일부러 침을 뱉음		
3	싫다고 하는데도 강제로 손이나 옷을 잡아당김		
4	학생들이 보는 앞에서 단순한 욕('지랄' '재수 없어' '깝치지 마' 등)을 함		
5	동아리 선배가 후배들에게 기합을 준 다음 동아리방의 문을 잠그고 밤 10시까지 나오지 못하게 함		
6	학생들이 보는 앞에서 아무 이유 없이 장난으로 '바보' '생긴 게 역겨워'라고 계속 놀림		
7	A가 B를 툭툭 치다가 팔에 멍이 살짝 듦		
8	동성에게 포르노 비디오를 보여 주면서 움직이지 못하게 한 후 일부러 손을 만지작거려서 상대방이 창피하다는 생각과 짜증 난다는 기분을 경험하게 함		
9	학생들이 보는 앞에서 '미친년' '개새끼' '병신새끼' '또라이 같은 년'이라고 욕을 함		
10	A가 B에게 돈을 빼앗는 것을 보고 C가 A에게 그 돈을 요구함		
11	30분 동안 기합을 줌		
12	하의를 벗고 성기를 노출하게 한 후 휴대전화로 사진을 찍어서 다른 친구들에게 전송함		
13	남학생이 좋아하는 여학생에게 '뽀뽀해 줘.'라고 문자를 보내 여학생이 불쾌감을 느낌		
14	화장실로 끌고 가서 때림		
15	친구들끼리 한 학생을 때리기로 한 후, 친구들이 때릴 때 옆에서 망을 봄		
16	집단으로 타 학교 학생들과 싸움을 함		
17	방과 후 같은 반 학생이 노래방에 같이 가자고 해서 갔는데, 다른 학교 학생들이 같이 있었고 노래방에서 폭행을 당함		
18	돈을 요구하고 심부름을 시켜서 하지 않으면 때림		
19	A는 B를 때릴 생각이 없었는데, C가 A에게 'B를 때리지 않으면 너를 죽여 버릴 거야.'라는 말을 하여 A가 B에 대하여 폭력을 행사함		
20	A학생이 자신들의 험담을 했다며 4명 중 3명이 A학생에게 동시에 말을 안 함		

정답: 모두 Y(예스)
출처: 교육과학기술부(2012).

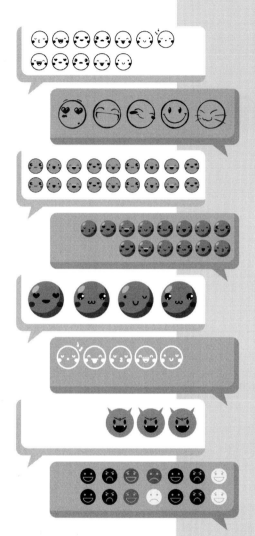

제2장

학교폭력의 종류

1. 학교폭력의 분류

학교폭력은 어떤 기준을 취하느냐에 따라 다양하게 분류될 수 있다. 〈표 2-1〉에 여러 학자들이 학교폭력을 분류한 내용을 제시하였다.

■▶ 〈표 2-1〉 학자별 학교폭력의 유형 분류

학자	폭력의 분류	내용
Olweus (1993)	직접적 폭력	피해 대상에 대해 외부적으로 공격을 가하는 것
	간접적 폭력	피해 대상을 사회적으로 소외시키거나 외적으로 배제하는 것
김용태 · 박한샘 (1997)	적극적 폭력	별명을 부르거나 욕을 하면서 조롱하는 것과 같이 개인적 차원에서 보다 적극적인 방식을 취해 괴롭히는 방식
	은밀한 폭력	전혀 말을 걸지 않거나 상대하지 않는 것과 같이 괴롭힘의 주체가 개인이기보다 집단적으로 상대를 소외시키거나 고립시키는 등의 은밀한 방식
	공격적 폭력	따로 불러서 집단적으로 구타하는 것과 같이 집단적인 방식으로 상대를 공격하는 방식
가우디 (1999)	소외	전혀 말을 걸지 않거나 상대를 하지 않는 것과 같은 행동
	욕 · 협박	재수 없다고 하거나 심한 욕을 하는 것과 같이 말로 협박하거나 빈정거리는 형태
	조롱	신체적 특징이나 외모에 대해 놀리는 것과 같은 행동
	장난	꼬집거나 심한 장난을 하는 것과 같이 다른 사람의 입장은 고려하지 않은 채 자신이 하고 싶은 일을 하는 유형
	강제적 폭력	숙제를 강제로 시키거나 물건을 빼앗는 것과 같은 유형
Berger (2007)	신체적 폭력	피해자 자신뿐 아니라 성인들에게 가장 잘 인식되는 행동 유형(폭행, 때리기, 차기, 밀치기)으로 이루어지는 폭력

Berger (2007)	언어적 폭력	반복해서 험담하기, 별명 부르기 등 말로 이루어짐
	관계적 폭력	피해자와 또래 간의 사회적 관계를 방해하거나 단절시키는 형태
	사이버 폭력	이메일, 문자 등을 통해 괴롭히는 것

〈표 2-1〉을 살펴보면, 학교폭력을 분류하는 기준이 다양함을 알 수 있다. Olweus (1993)는 학교폭력이 신체적이냐 사회적이냐에 따라 직접적 폭력과 간접적 폭력으로 구분했다. 김용태와 박한샘(1997)은 학교폭력의 주체에 따라 개인적인 것과 집단적인 것으로 구분했다. 그들은 개인적이면서 직접적인 폭력을 적극적 폭력으로, 집단적이면서 간접적인 경우는 은밀한 폭력, 집단적이면서 직접적인 경우는 공격적 폭력으로 분류했다. 가우디(1999)는 학교폭력의 구체적 내용에 따라 소외, 욕·협박, 조롱, 장난, 강제적 폭력으로 구분했다. Berger(2007)는 학교폭력이 표현되는 형태에 따라 신체적 폭력, 언어적 폭력, 관계적 폭력, 사이버 폭력으로 분류했는데, 이는 직접적 폭력, 간접적 폭력, 사회적 폭력, 사이버 폭력으로 분류한 김혜원(2013)의 분류와 매우 유사하다.

「학교폭력예방 및 대책에 관한 법률(이하 학교폭력예방법)」에서는 학교폭력을 신체폭력, 언어폭력, 금품갈취, 강요, 성폭력, 따돌림, 사이버 폭력 등 7가지로 분류하였다(교육과학기술부, 2012). 교육과학기술부(2012)에서 제시한 학교폭력의 7가지 유형별 종류는 〈표 2-2〉와 같다.

〈표 2-2〉 학교폭력의 유형과 종류

학교폭력 유형	학교폭력의 종류
신체폭력	상해, 폭행, 감금, 약취·유인
언어폭력	명예훼손·모욕, 협박
금품갈취	공갈
강요	강요·강제적 심부름
성폭력	성폭력
따돌림	따돌림
사이버 폭력	사이버 따돌림, 정보통신망을 이용한 음란·폭력 정보

2. 「학교폭력예방 및 대책에 관한 법률」에 의한 학교폭력의 종류

「학교폭력예방법」에서 제시한 학교폭력의 7가지 유형별 종류는 모두 합하면 12가지이다. 교사는 발생한 어떤 사안에 대하여 그 사안이 법률적으로 학교폭력인지 아닌지 판단할 수 있는 기준을 명확히 알고 있어야 하므로, 예비유아교사들이 12가지 학교폭력에 관한 법률적 의미를 이해하는 것은 중요하다. 물론 학교폭력 여부를 판단할 때 반드시 형법의 판단기준을 그대로 적용하지는 않지만, 「학교폭력예방법」에서 제시하는 12가지 학교폭력은 대부분 형법 용어와 동일하다. 따라서 여기에서는 그 12가지 학교폭력의 종류에 대해 형법의 법률적 의미를 제시하여 개념적 이해를 돕고, 교육과학기술부(2012)에서 밝힌 폭력의 예시 상황을 제시하여 학교폭력 종류의 실제적 이해를 돕고자 한다. 이를 위해 『법률용어사전』(이병태, 2016), 『학교폭력 · 성폭력 관련 법령의 이해』(김용수, 2012)와 네이버 지식백과(두산백과)를 참고하였다.

1) 신체폭력

(1) 상해

상해란 법률적으로 사람의 신체에 손상을 주거나 건강 상태를 불량하게 하는 등 신체의 생리적 기능에 장해를 주는 일을 의미한다. 대체로 폭행을 수단으로 하지만, 변질한 음식을 먹여 설사를 하게 한 경우 따위도 신체의 건강 상태를 불량하게 했으므로 이에 해당한다. 그러나 사람의 머리카락을 자른 것은 신체에 폭력을 행사한 것이지만 신체 기능이나 건강에 손상을 준 것이 아니므로 상해가 아니라 폭행에 해당한다. 상해는 신체 손상에 대한 고의성이 있어야 성립하는 것이므로 상해에 대한 고의 없이 다만 뺨을 한 번 때렸는데 의외로 상처를 입히게 된 경우는 상해가 아니라 폭행에 해당한다. 정리하자면, 상해란 의도적으로 사람의 생리적 기능을 훼손하여서 육체적 병적 상태(예: 타박, 골절, 구토, 치아의 탈락) 또는 정신적 병적 상태(예: 수면장애, 섭식장애)를 야기하거나 증가시키는 것을 의미한다. 즉, 고의로 다른 사람의 신체의 완전성을 해하는 것이다. 또한 상해의 수단과 방법에는 제한이 없다. 형법에 의한 상해죄에는 신체 상처(피하출혈, 종창, 찰과상, 처녀막 파열 등), 일부 박리(치아 탈락, 머리카락이나 손톱의 뽑힘), 성병 전염(임질, 매독 등의 성병 감염), 기능장애(보행 불능, 수면장애, 식욕 감퇴 등) 등이 포함된다.

(2) 폭행

폭행은 사람의 신체에 대한 직접적 유형력의 행사를 의미하며, 반드시 상해의 결과를 초래할 필요는 없다. 폭행은 사람의 신체에 대한 모든 불법적인 유형력의 행사를 의미하는데, 유형력이란 넓은 의미에서 모든 물리력을 의미한다. 도구나 흉기와 같은 물건으로 때리는 것뿐 아니라 장난을 빙자해서 고의로 꼬집고, 때리고, 발을 걸고, 힘껏 밀치는 행동 등도 사람의 신체에 대해 직접 물리력을 행사한 것이므로 상대가 폭력으로 인식하면 폭행에 해당한다. 또 다른 예로, 담배 연기를 일부러 상대에게 내뿜는 것이나 상대의 얼굴에 침을 뱉는 것도 상해의 결과는 가져오지 않지만 물리력을 행사한 것이므로 폭행에 해당한다. 형법에 의한 폭행죄에는 구타, 밀치기, 손이나 옷을 세게 당기기, 얼굴에 침 뱉기, 좁은 공간에서 흉기 휘두르기, 돌 던지기, 수염이나 머리카락 자르기, 화학적으로나 생리적 작용이 심한 소음이나 음향 만들기, 계속 전화를 걸어 벨이 울리게 하기, 폭언을 반복하기, 고함질러 놀라게 하기, 마취약 사용하기 등이 있다.

(3) 감금

감금이란 장소를 옮기는 자유를 침해하는 것으로 사람을 일정한 장소 밖으로 나가지 못하게 하여 신체활동의 자유를 제한하는 것을 뜻한다. 장소적으로 제한을 가하는 것이므로 신체 자체를 구속하는 체포와는 다르다. 또한 감금당한 사람이 그 사실을 인식하지 못했다 하더라도 신체활동의 자유를 침해한 경우라면 감금죄에 해당한다. 흔한 감금 방법은 출입문을 잠그거나 문에 감시인 또는 개를 두어 지키게 하는 것이다. 감금을 위해 사용하는 수단이 유형이냐 무형이냐는 상관이 없다. 즉, 줄로 묶거나 폭력을 쓰거나 마취시키는 것뿐 아니라 협박을 하거나 허위의 사실로 상대방을 착오에 빠뜨리거나 거짓말을 사용했어도 성립된다. 또한 탈출이 불가능한 경우뿐 아니라 탈출이 곤란한 경우도 감금에 해당된다. 즉, 출입이 봉쇄되지 않았어도 위험이 따르거나 수치심이 따르는 탈출의 경우이다. 위험이나 수치심이 따를 수 있는 탈출의 예로는 높은 건물 창문에서 뛰어내리기, 달리는 차에서 내리기, 벗은 몸으로 도망가기 등이 있다. 또한 사람이 있는 줄 모르고 문을 잠근 후에 그 사실을 알고도 문을 열어 주지 않는 것도 감금죄에 해당한다.

(4) 약취 · 유인

약취 · 유인은 두 가지 모두 사람을 보호받는 상태나 자유로운 생활로부터 자기 또는 제3자의 실력적 지배 아래로 옮겨서 그 사람의 자유를 침해하는 것이다. 약취 · 유인이 감금과 다른 점은 감금은 장소적 제한을 가하는 것인데, 약취 · 유인은 실력적 지배로 자유를 침해하는 것이다. 약취와 유인의 서로 다른 점은 약취는 폭행이나 협박을 수단으로 하고, 유인은 기망(欺罔)이나 유혹을 수단으로 한다는 것이다. 기망이란 허위의 사실로써 상대방을 착오에 빠뜨리는 것이며, 유혹은 감언이설로써 상대방의 판단을 그릇되게 하는 것이다. 즉, 약취가 강제로 일정한 장소로 데려가는 것이라면, 유인은 속임이나 유혹으로 일정한 장소로 데려가는 것이다. 예를 들어, 따라오지 않으면 죽이겠다고 협박하여 데려가면 약취이고, 맛있는 것을 사주겠다고 유혹하여 데려가면 유인이다. 폭행 · 협박 · 기망 · 유혹 중 어떤 방법을 사용했든지 결과적으로 사람을 자기 또는 제3자의 실력적 지배 아래 두어 자유를 침해했다면 약취 · 유인이 성립된다. 특히, 피약취인 또는 피유인인이 미성년자인 경우에는 본인의 동의가 있었다 하더라도 부모나 보호자의 동의가 없었다면 약취 · 유인에 해당한다. 그리고 폭행 · 협박 · 기망 · 유혹을 피약취인 또는 피유인인에게 직접 행하지 않고 그 보호자에게 행하여 피약취인/피유인인을 연행한 경우도 약취·유인에 해당한다.

앞에서 설명한 네 가지 신체폭력(상해, 폭행, 감금, 약취·유인)은 학교폭력 중에서 가장 쉽게 발생할 수 있는 것으로, 그 법률적 의미를 정리하면 〈표 2-3〉과 같다.

〈표 2-3〉 학교폭력의 신체폭력 종류와 의미

신체폭력 종류		법률적 의미
상해		생리적 기능을 훼손하거나, 건강을 침해하여 육체적·정신적으로 병적인 상태를 야기하거나 증가시키는 것
폭행		사람의 신체에 대해 직접 유형력을 행사하는 것
감금		사람을 일정한 장소 밖으로 나가지 못하게 하여 신체활동의 자유를 장소적으로 제한하는 것
약취·유인	약취	폭행이나 협박을 수단으로 사람을 보호받는 상태나 자유로운 생활관계로부터 자기 또는 제3자의 실력적 지배 아래로 옮기는 것
	유인	기망이나 유혹을 수단으로 사람을 보호받는 상태나 자유로운 생활관계로부터 자기 또는 제3자의 실력적 지배 아래로 옮기는 것

교육과학기술부(2012)에서 제시한 신체폭력의 예시 상황은 다음과 같다.

- 신체를 손, 발로 때리는 등 고통을 가하는 행위(상해, 폭행)
- 일정한 장소에서 쉽게 나오지 못하도록 하는 행위(감금)
- 강제(폭행, 협박)로 일정한 장소로 데리고 가는 행위(약취)
- 상대방을 속이거나 유혹해서 일정한 장소로 데리고 가는 행위(유인)

2) 언어폭력

(1) 명예훼손·모욕

명예훼손이란 특정 또는 불특정 다수가 인식할 수 있는 상태에서 사실이나 허위사실을 알려서 그 사람의 평판이나 사회적 가치를 떨어뜨리는 행위다. 즉, 명예훼손이란 사람의 사회생활에 있어서의 일반적인 인격에 대한 평가를 침해하는 행위를 뜻한다. 형법상 명예란 사회생활에 있어서 인격에 대한 사회적 평가를 의미하며, 사회적 평가란 외적인 명예, 즉 사람의 신분·성격·혈통·용모·지식·능력·직업·건강·품성·덕행·명성 등을 의미한다. 이때 그 내용이 사실이라 하더라도 범죄이며, 내용이 허위인 경우는 형법상으로는 가중 처벌된다. 그러나 공공의 이익, 즉 국가나 사회나 일반 다수인의 이익을 위해 행한 경우에는 명예훼손에 해당하지 않는다. 그리고 명예훼손죄가 적용되는 경우에도 살아있는 사람에게는 그 내용이 사실인지 허위인지에 상관없이 적용되고, 죽은 사람에 대해서는 그 내용이 허위인 경우에만 적용된다.

명예훼손은 내용이 그 사람의 내적인 명예, 즉 참 가치와는 상관이 없는 반면에, 모욕은 명예훼손과는 달리 그 내용이 자기의 인격적 가치에 대한 자기 자신의 주관적인 평가와 관련 있다. 즉, 모욕은 명예의식 또는 명예감정을 침해하는 행위로, 그 사람에 대해 모욕적인 언어로 경멸의 의사표시를 하는 행위를 의미한다. 그리고 모욕의 경우에는 공공의 이익을 위해 했더라도 모욕에 해당한다. 유아나 정신병자도 모욕죄의 객체에 해당한다. 모욕과 동시에 명예훼손을 한 경우에는 명예훼손죄만 성립한다. 형법상 명예훼손·모욕이 되려면 공연(公然)히, 즉 불특정 또는 여러 사람이 인지할 수 있는 상황에서 사실 또는 허위의 사실을 적시하여야 한다. 그 방법에는 제한이 없으며, 그로 인해 반드시 사회적 평가가 떨어지는 결과를 가져올 필요는 없다. 사회적 평가가 떨어질 위험상태를 발생시키는 것으로 충분하다.

(2) 협박

협박이란 의사능력이 있는 사람에게 공포심을 일으키게 할 목적으로 해악을 가할 것을 통고하는 일체의 행위를 뜻한다. 해악을 알리는 방법에는 제한이 없으므로 구두로 할 수도 있고, 문자로 할 수도 있으며, 말없이 도구나 신체로 행동을 취하는 것도 협박에 해당한다. 그 통고로써 상대방이 사실상 공포심을 가졌는가 여부는 중요하지 않다. 그리고 해악의 내용은 제한된 바가 없으므로 개인의 생명·신체·자유·

명예·재산, 그 밖의 모든 것이 포함될 수 있다. 또한 해악의 통고자는 자신이 누구인지를 상대방에게 알릴 필요가 없고 또한 상대방은 통고자가 누구인지를 알 필요도 없다. 협박에서 중요한 것은 상대방이 법적으로 보호되어 있다는 신뢰를 침해하는 것, 즉 법적 안전의 의식을 침해했는지 여부다. 그러므로 사람의 행동의 자유를 침해하는 것이나 재산상의 이득을 목적으로 하는 것은 형법상으로는 협박에 해당하지 않는다.

앞에서 설명한 두 가지 언어폭력(명예훼손·모욕, 협박)의 법률적 의미를 간략히 정리하면 〈표 2-4〉와 같다.

■▶〈표 2-4〉학교폭력의 언어폭력 종류와 의미

언어폭력 종류		법률적 의미
명예훼손·모욕	명예훼손	불특정 또는 다수의 사람이 알 수 있도록 다른 사람의 사회적 가치 내지 평가를 저하시키는 데 충분한 사실을 지적·표시하는 것-인격에 대한 사회적 평가를 침해함
	모욕	불특정 또는 다수의 사람이 알 수 있도록 다른 사람의 사회적 가치 내지 평가를 저하시키는 데 충분한 사실을 지적·표시하는 것-명예의식이나 명예감정을 침해함
협박		사람을 협박함으로써 개인이 법적으로 보호되어 있다는 신뢰를 침해하는 것

교육과학기술부(2012)에서 제시한 언어폭력의 예시 상황은 다음과 같다.

● 여러 사람 앞에서 상대방의 명예를 훼손하는 구체적인 말(성격, 능력, 배경 등)을 하거나 그런 내용의 글을 인터넷, SNS 등으로 퍼뜨리는 행위(명예훼손)
● 여러 사람 앞에서 모욕적인 용어(생김새에 대한 놀림, 병신, 바보 등 상대방을 비하하는 내용)를 지속적으로 말하거나 그런 내용의 글을 인터넷, SNS 등으로 퍼뜨리는 행위(모욕)
● 신체 등에 해를 끼칠 듯한 언행("죽을래?" 등)과 문자메시지 등으로 겁을 주는 행위(협박)

3) 금품갈취

「학교폭력예방법」에서 제시한 금품갈취에는 공갈이 있는데, 이는 금전을 뜯어내거나 옷이나 문구류 등을 빼앗는 행위다. 이는 속칭, 삥뜯기라고 한다. 형법상 공갈이란 사람을 공갈하여 재물의 교부를 받거나, 재산상의 이익을 얻거나, 또는 제3자로 하여금 재물의 교부를 받게 하거나 재산상의 이익을 얻게 하는 것을 의미한다. 공갈의 의미는 재물 또는 재산상의 이익을 교부하게 하는 수단으로써 행하여지는 폭력이나 협박이다. 여기에서 재물이란 동산·부동산을 구분하지 않으며, 재산상의 이익이란 채무의 면제나 노동의 제공 등을 말한다. 그리고 협박의 내용인 해악의 종류에는 제한이 없으며, 통고된 사실의 진위 여부나 현실 가능성의 유무는 중요하지 않다. 또 해악의 통고는 명시적일 필요가 없고, 자기의 성품·경력·지위 등을 빙자하여 부당한 청구를 하는 경우도 공갈의 수단이 될 수 있다. 공갈이 성립되기 위해서는 공갈행위에 의하여 상대방이 공포심을 가짐으로써 재물의 교부 및 재산적 처분을 하였음을 필요로 한다. 즉, 폭행이나 협박 등으로 피해자가 공포심을 느껴서 의사결정이나 실행의 자유가 방해된 상태에서 이루어진 것을 의미한다. 그런데 피해자의 거부가 있었음에도 불구하고 폭행과 협박의 정도가 심해서 그 반항을 억압하고 강제로 빼앗은 경우는 강도죄에 해당한다. 이때 재산상의 피해자와 피공갈자가 반드시 동일인일 필요가 없고, 피해자에게 반드시 재산상의 손해가 발생할 필요도 없다.

앞에서 설명한 금품갈취(공갈)의 법률적 의미를 정리하면 〈표 2-5〉와 같다.

■▶ 〈표 2-5〉 학교폭력의 금품갈취 종류와 의미

금품갈취 종류	법률적 의미
공갈	폭행 또는 협박으로 공포심을 느껴 의사결정 및 실행의 자유가 방해된 심적 상태를 일으키게 하여 재물과 재산상의 이익을 취득하거나 제3자로 하여금 취득하게 하는 것

교육과학기술부(2012)에서 제시한 금품갈취의 예시 상황은 다음과 같다.

● 돌려줄 생각이 없으면서 돈을 요구하는 행위

● 옷, 문구류 등을 빌리고는 되돌려 주지 않는 행위

● 일부러 물품을 망가뜨리는 행위

● 돈을 걷어 오라고 하는 행위 등

4) 강요

「학교폭력예방법」에서 제시한 강요는 강요·강제적 심부름이다. 형법상 강요란 폭행 또는 협박으로 사람의 권리행사를 방해하거나 의무가 아닌 일을 하게 하는 것을 의미한다. 이는 자기가 원하는 대로 활동할 자유를 침해하는 것이다. 이때 강요의 수단은 폭행 또는 협박인데, 폭행·협박의 대상자와 강요당하는 자가 다를 수도 있다. 여기서 폭행이란 사람의 신체에 직접 폭력을 가하거나 물건에 폭력을 가함으로써 사람의 의사활동을 침해하는 직간접의 유형력 행사를 뜻한다. 또한 협박이란 상대방에게 해악(害惡)을 고지하여 공포심을 갖게 하는 행위다. 강요에서 폭행·협박은 반드시 상대방의 반항을 불가능하게 하거나 곤란하게 할 정도에 이를 것을 필요로 하지는 않으며, 상대방에게 공포심을 주어 그 의사결정과 활동에 영향을 끼칠 정도의 것을 의미한다. 권리행사의 방해란 법률상 허용된 행위를 못하게 하거나 법률상 의무 없는 행위를 행하게 하는 것으로, 그 행위가 법률행위이든 사실행위이든지를 불문하고 상대가 자유롭게 활동하는 것을 저해하는 것을 의미한다. 또한 의무 없는 일을 하게 한다는 것은 자기에게 아무 권리도 없으면서 의무가 없는 상대방에게 강요하는 것을 말한다. 요약하자면, 강요는 폭행·협박으로 상대의 권리행사를 방해하였거나 의무 없는 일의 강제가 이루어졌다는 결과가 발생하여야 성립된다.

강제적 심부름은 교육기관에서 학생들 사이에서 발생하는 강요를 이름하며, 일명 셔틀(shuttle)이라고 불리기도 한다. 셔틀이라는 명칭은 스타크래프트라는 시뮬레이션 게임에서 프로토스라는 가상의 종족의 병력 수송선인 셔틀에서 유래했다.

심부름 도중에 다른 일진에게 빵을 뺏기면 '셔틀 추락', 심부름 속도가 빠르면 '속업 셔틀'이라고 부른다. 셔틀에는 힘센 학생들의 강요에 의해 빵을 사다 주는 것과 같은 잔심부름을 하는 '빵 셔틀', 강요로 무선 데이터 무제한 요금제에 가입하여 스마트폰 '테더링'이나 '핫스팟' 기능을 통해 와이파이 인터넷을 제공하는 '와이파이 셔틀', 스마트폰 게임(애니팡 등)을 하는 데 필요한 '하트'를 상납하는 '하트 셔틀' 등이 있다. 그 외에도 심부름의 종류에 따라 돈 셔틀, 담배 셔틀, 시험 셔틀, 버스 셔틀, 가방 셔틀 등이 있다.

앞에서 설명한 강요(강요 · 강제적 심부름)의 법률적 의미를 정리하면 〈표 2-6〉과 같다.

■▶ 〈표 2-6〉 학교폭력의 강요 종류와 의미

강요의 종류		법률적 의미
강요	강요	폭행 또는 협박으로 사람의 권리행사를 방해하거나 의무 없는 일을 하게 하는 것
	강제적 심부름	특정인에게 강제적으로 심부름을 시키는 것

교육과학기술부(2012)에서 제시한 강요의 예시 상황은 다음과 같다.

● 속칭 빵 셔틀, 와이파이 셔틀, 과제 대행, 게임 대행, 심부름 강요 등 의사에 반하는 행동을 강요하는 행위(강제적 심부름)
● 폭행 또는 협박으로 상대방의 권리행사를 방해하거나 해야 할 의무가 없는 일을 하게 하는 행위(강요). 예를 들어, 속칭 바바리 맨을 하도록 강요하는 경우, 스스로 자해하거나 신체에 고통을 주게 하는 경우 등

5) 성폭력

성폭력은 2008년에 「학교폭력예방법」을 개정하면서 학교폭력에 포함되었다. 성폭력이란 성적인 행위로 남에게 육체적·정신적 손상을 주는 물리적 강제력을 의미하는 것으로, 강간이나 강제추행뿐만 아니라 언어적 성희롱, 음란성 메시지 및 몰래카메라 등 상대방의 의사에 반하여 가해지는 모든 신체적·정신적 폭력을 포함한다. 즉, 강제적인 성행위, 신체적 접촉행위, 수치심을 주는 행위 등을 말한다. 유아나 아동을 상대로 하는 성폭력이 증가하고 있는데, 아동 성폭력은 상습적이고 재범 가능성이 높기 때문에 조기 발견, 초기 대응이 매우 중요하다.

교육과학기술부(2012)에서 제시한 성폭력의 예시 상황은 다음과 같다.

- 폭행·협박을 하여 성행위를 강제하거나 유사 성행위, 성기에 이물질을 삽입하는 등의 행위
- 상대방에게 폭행과 협박을 하면서 성적 모멸감을 느끼도록 신체적 접촉을 하는 행위
- 성적인 말과 행동을 함으로써 상대방이 성적 굴욕감, 수치감을 느끼도록 하는 행위 등

성폭력 유형을 행위, 대상, 관계를 기준으로 정리한 〈표 2-7〉을 보면 성폭력 유형을 쉽게 이해할 수 있을 것이다.

■·〈표 2-7〉 성폭력의 유형별 주요 내용

유형		주요 내용
행위	강간	폭행·협박에 의해 상대방의 반항을 곤란하게 하여 가해자가 자신의 성기를 피해자의 성기로 강제로 삽입시키는 행위
	유사강간	폭행 또는 협박으로 상대방에 대하여 구강, 항문 등 신체(성기는 제외)의 내부에 성기를 넣거나, 성기, 항문에 손가락 등 신체(성기는 제외)의 일부 또는 도구를 넣는 행위
	강제추행	폭행·협박에 의해 성교는 하지 않고 가슴, 엉덩이, 성기 부위에 접촉하거나, 키스, 음란한 행위, 피해자나 가해자의 성기를 노출시키는 등 성적 수치심을 가지게 하는 행위
	성희롱	업무 또는 고용, 기타 관계에서 성적 언동 등으로 성적 굴욕감 또는 혐오감을 느끼게 하거나, 성적 언동 또는 그 밖의 요구에 따르지 아니하였다는 것을 이유로 불이익을 주는 행위
	성학대	보호하거나 양육하는 대상인 청소년에 대한 성적 가혹행위
	스토킹	상대방이 원하지 않는데도 계속 일방적으로 쫓아다니면서 괴롭히는 행위
	사이버 성폭력	온라인상에서 상대방의 동의를 구하지 않고 원치 않는 성적 대화나 메시지를 전달함으로써 불쾌감, 위협감 등을 느끼게 하는 것
대상	아동	13세 미만 미성년자에 대한 간음, 강간, 강제추행 등의 성폭력 행위 ※ 청소년 성폭력과의 차이점: 폭행 또는 협박이 필요하지 않고, 피해자의 동의가 있더라도 처벌됨
	청소년	13세 이상 19세 미만 미성년자에 대한 강간, 강제추행 등의 성폭력 행위
	장애인	신체장애, 정신장애를 가졌다는 이유로 가해지는 신체적·언어적·정신적 폭력
관계	또래	또래 친구들 사이에서 발생하는 성폭력 행위
	낯선 사람	전혀 알지 못하는 타인에 의한 성폭력
	친족	4촌 이내의 혈족·인척과 동거하는 친족(사실상의 관계에 의한 친족을 포함) 관계인 사람이 강간, 강제추행 등 성폭력을 행사한 경우
	지인	가해자가 피해자의 이웃, 부모의 지인, 친구의 가족인 경우 등과 같이 피해자와 가해자가 서로 아는 사이인 상태에서 발생하는 성폭력 행위
	데이트	애인 관계와 같이 친밀한 관계를 이용하여 가해지는 성폭력으로, 일방의 명백한 동의 없는 상태에서 성적인 언행을 하는 등 상대방의 일방적인 강요나 조정에 의해 일어난 성폭력 행위

출처: 교육부(2014).

6) 따돌림

「학교폭력예방법」에 의하면 따돌림이란 학교 내외에서 두 명 이상의 학생들이 특정인이나 특정 집단의 학생들을 대상으로 지속적이거나 반복적으로 신체적 또는 심리적 공격을 가하여 상대방이 고통을 느끼도록 하는 일체의 행위를 의미한다. 따돌림은 두 명 이상이 관여해야 하므로 집단행동의 특성이 있다. 따돌림은 흔히 또래를 어떤 방식으로든 의도적으로 격리시키는 것을 뜻하며, 왕따나 집단 따돌림이라는 용어와 같은 의미로 사용된다. 따돌림에는 종류에 따라 속칭 은따, 영따, 전따, 반따, 대따, 뚱따, 찐따, 개따, 별따 등이 있다. '은따'는 은근히 따돌리는 경우이고, '영따'는 영원히 따돌리는 것이며, '전따'는 전교생이 따돌리는 경우, '반따'는 반이나 소집단에서 따돌리는 경우이다. '대따'는 드러내놓고 따돌리는 것을 말하고, '뚱따'는 뚱뚱하다고 따돌리는 것이며, '찐따'는 '찌질이 왕따'를 줄인 말로 덜떨어진 남자를 뜻하고, '개따'는 왕따에게 왕따를 당하는 경우를 의미한다.

앞에서 설명한 따돌림의 법률적 의미를 정리하면 〈표 2-8〉과 같다.

〈표 2-8〉 학교폭력의 따돌림 의미

따돌림 종류	법률적 의미
따돌림	학교 내외에서 두 명 이상의 학생들이 특정인이나 특정 집단의 학생들을 대상으로 지속적이거나 반복적으로 신체적 또는 심리적 공격을 가하여 상대방이 고통을 느끼도록 하는 것

교육과학기술부(2012)에서 제시한 따돌림의 예시 상황은 다음과 같다.

⊕ 집단적으로 상대방을 의도적이고 반복적으로 피하는 행위
⊕ 싫어하는 말로 바보 취급 등 놀리기, 빈정거림, 면박 주기, 겁주는 행동, 골탕 먹이기, 비웃기, 말을 따라하며 놀리기
⊕ 다른 학생들과 어울리지 못하도록 막기 등

황성숙(1998)은 학생들이 지각하고 있는 학교폭력 따돌림을 소외형, 협박형, 조롱형, 장난형, 강제형의 다섯 가지로 구분하였다. 각 유형에서 경험된 구체적 따돌림 폭력행위는 〈표 2-9〉와 같다.

■▶〈표 2-9〉 따돌림 유형과 예

따돌림 유형	예
소외형	• 인사를 노골적으로 무시함 • 같이 노는 데 끼워 주지 않음 • 질문을 의도적으로 무시함 • 점심을 같이 먹자고 해도 무시함 • 뒤에서 손가락질함
협박형	• '재수 없어'라는 말을 함 • 'X년'이라고 욕을 함 • '꺼져 버려'라는 말을 함
조롱형	• 신체적 장애나 체형과 관련하여 놀림 • 공부 못한다고 놀림 • 소심하다고 놀림 • 집안 사정이나 경제적 형편을 놀림
장난형	• 체육복이나 신발을 훼손함 • 목 조르기, 옷 벗기기, 툭툭 치기, 발로 차기, 꼬집기
강제형	• 숙제를 강제로 하게 함 • 가방을 들고 가게 함 • 시험 답안지를 보여 달라고 함 • 준비물을 빼앗음

출처: 황성숙(1998).

7) 사이버 폭력

(1) 사이버 따돌림

「학교폭력예방법」에서는 사이버 따돌림을 인터넷, 휴대전화 등 정보통신 기기를 이용하여 학생들이 특정 학생을 대상으로 지속적·반복적으로 심리적 공격을 가하거나, 특정 학생과 관련된 개인정보 또는 허위사실을 유포하여 상대방이 고통을 느끼도록 하는 일체의 행위라고 정의하고 있다. 여기에는 SNS를 이용하여 이메일, 메신저 등으로 특정인을 비난하는 근거 없는 소문 퍼뜨리기, 인터넷카페 공격하기, 이메일 해킹하기, 메시지 강제 삭제하기, 안티카페 개설하기, 일촌 집단으로 거부하기 등의 다양한 수법이 있다. 그 외에도 한국정보화진흥원(2013)에서 조사한 사이버 따돌림에는 스마트폰의 카카오톡에서 이루어지는 왕따로 카따, 떼까, 카톡 감옥, 카톡 방폭 등이 있다. '카따'는 카카오톡 왕따를 뜻하는 십대들의 은어로 오프라인에서의 왕따 행위를 모바일 공간으로 옮겨 와서 자행하는 것이다. '떼까'는 채팅방에서 피해학생에게 단체로 욕을 퍼붓는 것이며, '카톡 감옥'은 피해 학생을 계속 채팅방으로 초대하여 괴롭히는 것이다. '카톡 방폭'은 채팅방에서 피해학생을 초대한 뒤 한꺼번에 나가 버려 피해학생만 카톡방에 남게 하는 것이다. 그 외에도 채팅방에서 피해학생의 말만 무시하며 유령 취급하는 행위, 피해학생을 초대한 뒤 일제히 의미 없는 메시지를 던져서 휴대폰을 마비시키는 행위 등이 있다.

(2) 정보통신망을 이용한 음란·폭력 정보 등에 의해 신체·정신 또는 재산상 피해를 수반하는 행위(매체폭력)

정보통신망을 이용한 음란·폭력 정보 등에 의해 신체·정신 또는 재산상 피해를 수반하는 행위는 매체폭력이라 할 수 있다. 즉, 특정인에 대하여 모욕적인 언사나 욕설 또는 허위 글이나 사생활에 관한 사실을 인터넷 게시판에 올리는 사이버상의 모욕, 인터넷상이나 휴대전화를 통해 성적 수치심이나 혐오감을 주는 음란한 대화를 강요하거나 그러한 문자, 동영상, 사진이나 그림을 보내서 정신적 피해를 주는 사이버상의 성폭력, 비방을 목적으로 인터넷상에 구체적인 내용의 허위 또는 사실을 유포하는 사이버상의 명예훼손, 공포심이나 불안감을 일으키게 하는 음성, 문자, 화상 등을 반복적으로 보내는 스토킹 등이 있다.

앞에서 설명한 사이버 폭력의 법률적 의미를 정리하면 〈표 2-10〉과 같다.

〈표 2-10〉 학교폭력의 사이버 폭력 종류와 의미

사이버 폭력 종류	법률적 의미
사이버 따돌림	인터넷, 휴대전화 등 정보통신 기기를 이용하여 학생들이 특정 학생을 대상으로 지속적 · 반복적으로 심리적 공격을 가하거나, 특정 학생과 관련된 개인정보 또는 허위사실을 유포하여 상대방이 고통을 느끼도록 하는 것
매체폭력	정보통신망을 이용한 음란 · 폭력 정보 등에 의해 신체 · 정신 또는 재산상 피해를 주는 것

교육과학기술부(2012)에서 제시한 사이버 폭력의 예시 상황은 다음과 같다.

- 특정인에 대해 모욕적 언사나 욕설 등을 인터넷 게시판, 채팅, 카페 등에 올리는 행위
- 특정인에 대한 허위 글이나 개인의 사생활에 관한 사실을 인터넷, SNS, 카카오톡 등을 통해 불특정 다수에 공개하는 행위
- 성적 수치심을 주거나, 위협하는 내용, 조롱하는 글, 그림, 동영상 등을 정보통신망을 통해 유포하는 행위
- 공포심이나 불안감을 유발하는 문자, 음향, 영상 등을 휴대폰 등 정보통신망을 통해 반복적으로 보내는 행위

사이버 폭력은 다른 학교폭력 유형과 달리 〈표 2-11〉과 같은 독특한 특징이 있다.

〈표 2-11〉 사이버 폭력의 특징

- 폭력 행사의 공간 제약을 받지 않음
- 신속한 폭력 행사가 가능함
- 다수에게 순식간에 퍼질 수 있음
- 익명으로 이루어져 가해자 정보 파악이 어려움
- 피해자의 고통을 직접 볼 수 없어서 실재감을 느끼기 어려움

〈표 2-11〉과 같은 특징 때문에 사이버 폭력은 피해자에게는 매우 심각한 심리적 압박을 가할 수 있고, 가해자에게는 발각될 위험이 없다고 생각하게 하고 죄책감도 덜 느끼게 하기 때문에 더 쉽게 폭력에 가담하게 할 수 있다.

지금까지 살펴본 학교폭력의 종류에 대한 법률적 의미를 정리하여 〈표 2-12〉에 제시하였다.

■▶〈표 2-12〉 학교폭력의 유형과 종류별 의미

학교폭력 유형	학교폭력 종류	의미
신체폭력	상해	신체의 완전성을 해하는 것
	폭행	신체에 대해 직접 유형력을 행사하는 것
	감금	사람을 일정한 장소 밖으로 나오지 못하게 하는 것
	약취 · 유인	폭행, 협박, 속임, 유혹 등으로 사람을 현재 상태에서 자기 또는 제3자의 실력적 지배 아래로 옮기는 것
언어폭력	명예훼손 · 모욕	불특정 또는 다수의 사람이 알 수 있도록 다른 사람의 사회적 가치 · 평판을 떨어뜨릴 수 있는 내용을 지적 · 표시하거나, 다른 사람을 경멸하는 의사를 표하는 것
	협박	현실적으로 공포를 느낄 정도로 해악을 고지하는 것
금품갈취	공갈	폭행이나 협박으로 공포를 일으켜 재물을 교부받거나 재산상의 이득을 취하는 것
강요	강요 · 강제적 심부름	폭행 또는 협박으로 사람의 권리행사를 방해하거나 의무 없는 일을 하게 하거나 강제로 심부름을 시키는 것
성폭력	성폭력	성욕의 흥분, 자극 또는 만족을 목적으로 하는 것
따돌림	따돌림	학교 내외에서 2명 이상의 학생들이 특정인이나 특정 집단의 학생들을 대상으로 지속적이거나 반복적으로 신체적 · 심리적 공격을 가하여 상대방이 고통을 느끼도록 하는 것
사이버 폭력	사이버 따돌림	인터넷, 휴대전화 등 정보통신기기를 이용하여 학생들이 특정 학생을 대상으로 지속적 · 반복적으로 심리적 공격을 가하거나, 특정 학생과 관련된 개인정보 또는 허위사실을 유포하여 상대방이 고통을 느끼도록 하는 것
	매체폭력	정보통신망을 이용한 음란 · 폭력 정보 등에 의해 신체 · 정신 또는 재산상 피해를 수반하게 하는 것

「학교폭력예방법」에서 밝힌 학교폭력의 유형을 이해하는 것도 중요하지만 현장에서 나타나고 있는 괴롭힘 행동을 아는 것도 중요하다. Beane과 Beane(2008)이 제시한 교육현장에서 가장 쉽게 나타나는 괴롭히는 행동의 구체적 예를 〈표 2-13〉에 제시했다.

■▶〈표 2-13〉 교육현장에서 쉽게 볼 수 있는 괴롭히는 행동의 예

• 성가시게 하는 행동	• 거짓말
• 무례한 행동	• 원하지 않는 행동 강요하기
• 공격적 행동	• 다른 사람을 불편하게 하는 행동
• 사람을 부리는 행동	• 별명 부르기
• 사납게 보이려고 허풍 떠는 행동	• 인종, 성별, 가족배경 등을 빌미로 다른 사
• 다른 사람 물건을 파손하는 행동	람을 헐뜯거나 공격하는 행동
• 금전 갈취	• 몰아대는 행동
• 소유물 갈취	• 깎아내리는 행동
• 깜짝 놀라게 하는 행동	• 대화를 거절하는 행동
• 험담하기	• 다른 사람을 거부하는 행동
• 지속적으로 괴롭히는 행동	• 다른 사람에 대한 험담
• 골탕 먹이기	• 비꼬는 말투
• 때리기	• 겁주는 행동
• 창피 주는 행동	• 비명 지르는 행동
• 감정적으로 상처 주는 행동	• 밀치기
• 무시하는 행동	• 소문 퍼뜨리기
• 모욕하기	• 슬쩍 훔치기
• 협박하기	• 욕 퍼붓기
• 발로 차기	• 조롱하기
• 쳐다보고 웃어대기	• 집적거리기
• 웃음거리로 만들기	• 천박한 농담 던지기
• 음란한 자세 취하기	• 위협
• 인종차별적 혹은 성차별적 발언하기	• 무례하거나 침해하는 방식으로 건드리기
• 무력감을 느끼게 만드는 행동	• 신체적 폭력행동
• 열등감을 느끼게 만드는 행동	• 남에 대해 좋지 않은 낙서하기
• 애매모호한 감정을 느끼게 하는 행동	• 고함치기
• 사람을 내보내는 행동	

◈ 나는 학교폭력 유형을 어느 정도 알고 있는가 ◈

※ 다음의 자가 점검표는 학교폭력 유형을 어느 정도 이해하고 있는지 살펴보기 위한 것입니다. 내용을 읽어 보시고, 선택한 학교폭력 유형의 번호를 적어 주세요.

① 신체폭력 ② 언어폭력 ③ 금품갈취 ④ 강요 ⑤ 따돌림 ⑥ 성폭력 ⑦ 사이버 폭력 예) 신체폭력이면 ①		
1	목을 졸라 기절시키고 깨어나면 때리고 다시 기절시키는 행동 반복	
2	아무 이유 없이, 지나가면서 하루에도 몇 번씩 머리를 때림	
3	'5만 원 가지고 놀이터로 오지 않으면 죽어.'라고 문자를 보냄	
4	싸움 잘하는 학생이 약한 학생에게 자신의 청소를 대신 시킴	
5	말을 듣지 않으면 끌고 가서 때리겠다고 함	
6	돈을 갚을 확실한 약속 없이 자꾸 빌려 달라고 하고 갚지 않는 경우	
7	'나는 네가 너무 재수 없어.'라는 말을 상대방 학생을 볼 때마다 함	
8	종이에 '죽여 버리겠다', '몸 조심해'라는 말을 적어 보냄	
9	뒷담화를 했다며, 가서 다짜고짜 때림	
10	'넌 얼굴이 너무 환자같이 생겨서 기분 나빠.'라고 말함	
11	학교 짱이 학생들에게 2천 원씩 일괄적으로 걷어 오라고 시킴	
12	마주칠 때마다 '뻐큐(fuck you)'를 하며, 주먹을 쥐고 무서운 표정을 지음	
13	사이버상에서 자신의 게임 아이템을 상대방에게 대신 키우도록 협박	
14	야한 동영상을 캡처하여 자신이 싫어하는 학생에게 이메일로 보냄	
15	싫은 학생의 운동화에 락스를 부음	
16	지나갈 때 부딪치는 척하면서 가슴을 만지는 행동을 두세 번 반복함	
17	조별 숙제를 하면서 같은 반 학생들이 한 학생을 의도적으로 배제시킴	
18	선배가 자신의 생일이라고 비싼 선물을 달라고 해서 운동화를 사 줌	
19	싫어하는 학생의 가방에 여러 번 뱀 모양의 모형을 넣어 두어서 놀라게 함	
20	여러 명이 한 명의 학생이랑 놀지 말자면서 인사도 받지 않음	
21	'쟤네 집은 가난해서 놀이공원도 가지 못할 거야.'라고 소문을 냄	
22	수업 시간에 바로 뒷자리에서 샤프나 볼펜으로 계속 찌름	
23	학교 화장실에서 일진 신고식을 한다면서 학생들 뺨을 때림	
24	일부러 소문을 내서 다른 학생들이 피해학생을 싫어하도록 조장함	
25	게임 아이템을 주지 않으면 '가만 두지 않겠다.'고 협박하여 빼앗음	

제2장 학교폭력의 종류

문항	1	2	3	4	5	6	7	8	9	10	11	12	13
정답	①	①	⑦	④	②	③	②	②	①	②	③	②	④
문항	14	15	16	17	18	19	20	21	22	23	24	25	
정답	⑦	③	⑥	⑤	③	⑤	⑤	②	①	①	⑤	③	

출처: 교육과학기술부(2012).

제3장

학교폭력 관련자 이해

1. 가해학생의 이해

1) 가해학생의 유형과 특성

학교폭력 가해학생은 공격형과 수동형으로 구분할 수 있다(김혜원, 2013; Macklem, 2003). 가해학생들은 대부분 공격적이고 호전적인 유형이 많지만, 가해학생 중에는 수동적 가해학생도 있다. 수동적 가해학생은 먼저 폭력을 시작하기보다는 공격적 가해학생의 폭력에 동조하는 편이고, 공격적 가해학생의 친구가 되려고 애쓰며, 공격적 가해학생보다 심리적으로 더 불안정하고, 자존감도 더 낮으며, 또래 사이에 인기도 더 낮은 편이다. 이와 비슷하게 가해학생을 일반적 가해학생과 불안한 가해학생으로 구분한 경우도 있다(Stephenson & Smith, 1989). 일반적 가해학생은 자신의 공격행동에 대해 강하고, 단호한 태도를 보이며, 쉽게 흥분하고, 공격을 즐기면서 공격행동을 하는 편이며, 불안한 가해학생은 공격행동에 대해 불안정한 태도를 보이고, 학업성적이나 또래 인기도 더 낮은 편이다. 공격적 가해학생이 곧 일반적 가해학생이고, 수동적 가해학생이 곧 불안한 가해학생이라고 볼 수도 있다. 또한 뒤에서 설명하는 목격학생 중에 가해학생에 동조하거나 가해학생을 강화하는 아이들이 수동적이고 불안한 가해학생에 해당한다고 볼 수 있다. 그리고 일반적인 공격형에 해당하는 가해학생 중에서도 학교폭력의 원인이 돈이나 물건 같은 물리적 이득을 얻기 위해서가 아니라 또래 사이에서 우월성을 나타내고 자신의 지배력을 유지시키기 위한 것인 경우에는 선제적(proactive) 공격형으로 세분하는 경우도 있다(김규태 외, 2013).

Coloroso(2013)는 가해학생의 유형을 좀 더 세분하였는데, 이를 〈표 3-1〉에 제시했다.

〈표 3-1〉 가해학생의 유형과 특성

가해학생 유형	특성
기고만장형	거만하고, 자존심이 매우 강하며, 과잉된 특권의식이 있고, 폭력을 좋아하며, 피해자에 대한 동정심이 전혀 없고, 타인에 대한 우월감을 느낄 때 기분이 좋아짐
사회형	목표로 한 대상을 조직적이고 효과적으로 고립시키기 위해 소문, 험담, 조롱, 따돌림 등의 수법을 사용하며, 가식적이고 교묘하게 사람을 부리는 데 능함
냉혹형	냉정하고 초연하며, 감정을 잘 드러내지 않고, 피해자를 괴롭힐 때는 강한 의지로 잔인하게 괴롭히며, 아무도 자기를 저지하지 못할 때를 기다렸다가 괴롭힘
과잉행동형	다른 사람의 행동을 적대적 의도로 받아들여 사소한 일에도 충동적이고 공격적으로 대응하고, 다른 사람 탓을 함
피해-가해형	자신의 폭력 피해 결과로 겪는 무력감과 자기 혐오감에서 벗어나기 위해 다른 아이들을 괴롭히는데, 주로 자기보다 약하거나 왜소한 아이들을 잔인하게 괴롭힘
집단형	혼자서는 누군가를 배척하거나 희생양으로 삼을 수 없을 때 집단의 힘에 의지하여 괴롭히는데, 자기가 잘못하고 있는 것을 알면서도 괴롭힘을 멈추지 않음
조폭형	전략적 동맹을 맺어 권력, 통제, 지배, 복종 관계를 강화하고 자기 세력을 넓히려고 하며, 타인에 대한 공감이나 양심의 가책이 없음

다음에 제시하는 것은 주로 공격형인 학교폭력 가해학생의 특성이지만, 이 중에 어떤 특성은 수동형에도 해당한다(김동현, 서미, 2014; 정종진, 2012; 정종진, 문은식, 신봉섭, 이근배, 조명종, 2014; Olweus, 1993).

- ✚ 규칙과 질서를 무시하고 학교에 대한 불평불만이 많다.
- ✚ 스트레스 요인을 받아들이고 대처하는 능력이 부족하다.
- ✚ 공격적이고 호전적이며 충동적이고 분노조절 능력이 부족하다.
- ✚ 또래보다 덩치가 큰 경우처럼 신체적으로 우월한 경우가 많다.

- 집에서 거의 시간을 보내지 않으며 가족과의 긍정적 상호작용이 적다.
- 자아상이 지나치게 긍정적이고, 자존감이 평균 이상이며 자기중심적이다.
- 가정에서 폭력을 목격하거나, 부모로부터 직접 폭력을 경험한 경우가 많다.
- 충동적 욕구를 절제하지 못하고 분노를 잘 조절하지 못한다. 자기 의도대로 되지 않으면 쉽게 분노를 표출한다.
- 위계질서나 서열을 중요하게 생각하고, 무리지어 다니기를 좋아하는 경우가 많으며, 친구를 지배하려는 경향이 있다.
- 자신들의 욕구충족이 우선이다. 따라서 비도덕적일지라도 원하는 것은 수단방법을 가리지 않고 하려고 하고, 상대방의 권리와 감정은 무시한다.
- 자기 행동에 대해 책임지지 않으려 하고, 피해학생이 화나게 한 것이라고 비난한다. 즉, 자기 행동에 대한 정당성을 주장하고 원인을 상대에게 돌리려 한다.
- 상대의 감정을 잘 공감하지 못하고 동정심을 보이지 않는다. 피해학생의 고통이나 수치감을 공감하지 못한다. 그것은 죄책감을 느끼지 못하는 원인이 되기도 한다.
- 다른 사람을 지배하는 것을 통해 자신이 강하다고 느끼며, 공격적 행동을 통해 또래들로부터 명성을 얻는 것을 좋아한다. 따라서 높은 또래 지위를 갖는 경우가 많다.

가해학생의 여러 유형과 특성을 살펴보았는데, 학교폭력 가해학생의 핵심적인 특성은 분노라기보다는 경멸이라고 할 수 있다(Coloroso, 2013). 경멸이란 누군가를 쓸모없고, 열등하며, 존중할 가치가 없는 사람이라고 느끼게 만드는 강력한 반감이다. 경멸은 동정이나 연민, 부끄러움 없이 타인을 해치도록 만드는 심리적 우월감에서 나온다. 이는 자기에게는 그럴 권리가 있다고 느끼는 특권의식과 자기와 다른 것은 열등하다는 편견에서 나오는 것으로, 차이에 대한 무관용, 열등한 것은 소외시키고 격리시키려는 배타적 사고방식에서 비롯된다. 가해학생 지도에서는 이 부분이 반드시 다루어져야 할 것이다.

2) 가해학생의 발달과정

　Loeber과 Farrington(1999)은 일반적으로 가해학생은 다음과 같은 성장과정을 거친다고 했다. 까다롭고 거부적인 기질을 지니고 태어난 영아가 비일관적이고 권위적이고 지시적이며 강압적인 부모에 의해 양육되면 불안정 애착을 형성하게 된다. 그리고 그 유아는 성장하면서 자신의 까다로운 기질로 부모의 강압적 양육태도를 더욱 자극하게 되고, 그럴수록 아이는 점점 다루기 힘들어진다. 그래서 아이는 공격적이고 파괴적 행동을 점점 더 많이 보이게 되고, 부모는 더 거칠게 지시하고 비난하고 체벌을 사용하게 된다. 거기에 폭력을 정당화하는 대중매체의 영향이 더해진다. 그 결과, 아이는 상대방의 아픔이나 고통을 느끼는 공감능력이 점점 떨어지게 된다. 아이가 아동기에 이르면 잦은 폭력 때문에 교육기관에서 교사와의 관계가 나빠지고, 아이는 가정에서 부모의 권위에 저항하게 되고 부모와의 관계가 멀어진다. 그럴수록 부모는 점점 자녀 감독과 교육을 방치하게 되고, 아이의 정보통신 및 대중매체를 통한 폭력의 간접 경험 수위는 더욱 높아지게 된다. 그런 상황에서 마침내 청소년기가 되면 위험한 수준의 폭력에 가담하게 되며, 부모의 훈육은 효과를 발휘하지 못하게 된다. 물론 모든 학교폭력 가해학생이 이러한 발달과정을 거치는 것은 아니다. 또한 폭력성을 보인 유아나 학교폭력을 일으킨 아동이 반드시 비행청소년이나 범죄자가 되는 것은 아니다. 하지만 청소년이나 성인기에 중대 범죄를 저지른 사람을 역추적했을 때, 그들 대부분이 어린 시절부터 폭력과 연관되어 있었음을 고려하면 유아의 공격적 행동은 수위가 낮다고 해서 결코 가볍게 무시되어서는 안 될 것이다.

3) 가해학생이 받는 피해

　학교폭력 가해학생은 가해만 하고 끝나는 것이 아니라, 가해학생 자신도 부정적인 영향을 받는다. 가해학생도 학교폭력의 영향에서 자유롭지 못하다는 것이다. 자신의 공격적 성향 때문에 충동성을 참지 못하여 폭력적 행동을 하게 되는 학생의 경우에는 남을 배려하거나 규칙을 따르는 행동을 하지 못해서 원만하고 바람직한 교우관계를 맺지 못하게 된다. 또한 자신의 의지와 상관없이 선배나 친구의 강요나 협박에 의해 가해학생이 되는 경우도 있지만, 어떤 경우이든지 가해행동을 반복하게 되면 가해학생은 자신의 폭력적 행동에 점점 무감각해져서 죄의식이 없어지고 도덕적 불감증을 갖게 될 것이다. 또한 반복적으로 폭력적 행동을 하는 가해학생들은 커 가면서 문제가 생길 때 폭력적인 방법으로 해결해야 한다는 왜곡된 신념을 형성하게 된다. 또 그들의 가해행동 등과 관련하여 교사들에게 부정적인 관심을 받거나 학교의 조치를 받는 경우가 많기 때문에 교사와의 관계가 부정적일 확률이 높으며, 그 결과 무단으로 지각과 결석을 자주 하게 되고, 학업성취가 낮아질 가능성이 높아지며, 비행에 연루될 가능성이 높아지면서 자아실현의 기회를 상실하게 된다 (Tremblay, 2000). 어려서 학교폭력에 반복적으로 가담할 경우, 성인이 되어서도 실업, 범죄, 자살 등 사회적 부적응을 나타내게 될 뿐 아니라 가정을 이루어서도 자신의 자녀를 학대하고, 결과적으로 폭력의 대물림을 낳는 확률이 높아서 평생 동안 폭력의 굴레에 갇혀 살게 될 가능성이 있다(Olweus, 1994).

4) 가해학생을 돕는 방법

가해학생을 도울 수 있는 방법으로 김동현과 서미(2014)는 가해학생들이 가지고 있는 위계질서와 힘의 패러다임을 바꿀 필요가 있다고 지적한다. 가해학생들은 힘에 의한 지배와 복종을 당연시 여기기 때문에 자기보다 약한 사람을 경멸하고 괴롭히는 것에 대해 죄책감을 느끼지 않는다. 그러므로 이러한 패러다임을 바꾸어 주는 것이 급선무라고 할 수 있지만 결코 쉬운 일은 아니다. 이를 위해서는 가해학생들에게 역할 모델이 필요하다. 즉, 힘이 있지만 자신의 힘을 자신이 아니라 여러 다른 사람의 유익을 위해서 사용하는 사람을 직접 또는 간접적으로 볼 수 있어야 한다는 것이다. 가장 가까이 있는 부모나 교사가 그러한 역할 모델이 되어 주는 것이 가장 바람직하다.

다음으로 가해학생들은 특성상 공감능력이 부족한 경우가 많으므로, 공감능력을 키워 주기 위해서 그들에게 공감을 받아 보는 경험을 제공해 주어야 한다. 따라서 가정이나 교육기관에서 가해학생을 다룰 때는 가해학생들에게 자신의 감정을 구체적인 말로 표현할 수 있는 기회를 자주 제공하고, 그들의 감정을 수용해 주는 분위기를 만들어 주며, 그들이 다른 사람들의 감정을 수용하는 방법을 배울 수 있는 기회를 자주 가질 수 있도록 하여 공감능력을 키워 주어야 할 것이다.

2. 피해학생의 이해

1) 피해학생의 유형과 특성

학교폭력 피해학생은 수동형과 도발형으로 구분할 수 있다(Olweus, 1994; Salmivalli, 1999). 수동형은 주로 상대방에게 자신이 무가치하다는 신호를 보여서 피해를 당하는 경우가 많다. 그들은 폭력을 당해도 대응하거나 보복하지 않고 오히려 자신을 고립시키는 경우가 많으며, 자기가 괴롭힘을 당하는 것은 어쩔 수 없다고 믿는 경향이 있다. 또한 수동형 피해학생들은 부모의 과잉보호를 받는 경우가 많아서 자기주장을 하기보다는 성인들의 의견을 중요하게 여기고 따르는 특성이 있으며, 대체적으로 걱정이 많고 민감하며 불안정한 경향이 있다. 반면에 도발형은 상대방의 괴롭히는 행동에 대해 짜증나고 성가시게 하는 반항적이고 산만한 반응을 보이기 때문에 폭력 발생을 증폭시키는 역할을 하여서 폭력의 대상이 되는 경우가 대부분이다. 그들은 가해학생의 공격을 받을 때 불안한 반응과 성급하고 공격적으로 반격하는 반응을 함께 나타내는 경우가 많기 때문에, 이러한 도발형의 경우는 학교폭력의 피해 경험이 다시 학교폭력의 가해로 이어지는 경우가 대부분이다.

피해학생들의 특성은 본래적으로 그들이 가지고 있는 특성도 있고 학교폭력의 결과로 형성된 특성도 있는데, 그 두 가지를 구별하는 것은 쉽지 않다. 다음에서 제시하는 학교폭력 피해학생의 특성은 모든 피해학생에게서 공통적으로 나타나는 것은 아니지만, 학교폭력 피해학생에게서 일반적으로 나타날 수 있는 특성이라고 할 수 있다(김동현, 서미, 2014; 김창군, 임계령, 2010; 정종진, 2012).

- 놀림에 대해 좌절하면 감정을 폭발시키기도 한다.
- 다른 사람들에게 어떻게 보이는가에 대해 민감하다.
- 표정이나 행동에서 불안과 두려움, 초조함, 어눌함이 드러난다.
- 의사소통에 서툴고, 소심하며, 자기주장이 약하고, 문제를 터놓고 이야기하지 못한다.
- 정신적으로 약하고, 정서적으로 충동적이거나, 작은 일에도 예민한 성격을 갖고 있다.
- 지원망이 약하여 필요할 때 도움을 받을 수 있는 성인이 상대적으로 부족한 편이다.
- 스스로에 대한 평가가 나빠서 스스로를 수치스럽게 여기거나 실패자라고 여기기 때문에 자존감이 낮다.
- 사회성이 부족하여 상대방의 마음을 읽고 적절하게 대처하는 능력이 부족하기 때문에 친구 사귀기가 어렵다.
- 몸이 왜소하거나, 신체적 장애가 있거나, 비만 등 신체적으로 내세울 것이 부족하다.
- 또래관계가 빈약하여 또래들에게 잘 수용되지 못해서 친구가 없거나, 친구가 있더라도 불평등한 친구관계를 맺고 있어서 또래지위가 낮다. 또래관계에서 잘난 척하거나 이기적인 모습을 보이는 경우가 있다.

앞에서 살펴본 것과 같은 특성을 지닌 피해학생들이 학교폭력을 당해도 어른들에게 잘 이야기하려 하지 않는 이유는 〈표 3-2〉와 같은 생각 때문이다.

■▶〈표 3-2〉 피해학생이 학교폭력을 보고하지 않는 이유

- 이런 폭력은 어른이 되는 과정이라는 거짓말을 믿음
- 괴롭힘을 받아들이는 것이 남자답고 성숙한 행동이라고 생각함
- 어른들에게 말했을 때 가해학생으로부터 받게 될 보복을 두려워함
- 폭력을 멈출 수 있도록 자기에게 실질적인 도움을 줄 수 있는 사람은 없다고 생각함(가해학생의 행동이 계속될 거라고 믿기 때문임)
- 말해봐야 소용없다고 생각함(겁쟁이처럼 굴지 말고 맞서라거나 알아서 피하라는 등의 충고만 돌아올 것이라고 생각함)

2) 피해학생의 발달과정

Loeber과 Farrington(1999)에 의하면 학교폭력 피해학생은 영아 시절에 불안전 애착을 형성했을 가능성이 매우 높다. 그 이유로는 영아가 양육하기 어려운 까다로운 기질을 타고 났거나, 아니면 부모가 여러 가지 이유로 바람직한 양육을 제공하지 못했기 때문일 수 있다. 불안정 애착을 형성한 아이가 성장하면서 부모의 과잉보호를 받거나 부모의 거부적이고 냉담한 양육태도를 지속적으로 경험하게 되면, 유아는 타인과 바람직한 관계 맺기를 배우지 못하게 된다. 그 결과로 집단생활에서 거부당하거나 소외당하며 또래 상호작용에서 실패를 경험하게 된다. 부모와 긍정적인 관계 맺기를 경험하지 못한 유아는 또래 상호작용에서 실패할 때도 어떻게 대처해야 하는지 알지 못하고 혼자 놀거나 부정적 정서를 표출하는 등, 부적절하고 미숙하게 대하게 된다. 이런 패턴이 반복되면 가해학생의 표적이 되기 쉽고, 결과적으로 학교폭력의 피해학생이 될 가능성이 높아지는 것이다.

그런데 이러한 발달과정을 경험하는 아이들은 친구가 없으므로 학교에서도 도움을 찾기가 어렵다. 또한 부모나 교사에게 도움을 청해도 적절한 도움을 받지 못하거나 문제를 더 키우게 될 뿐이라는 부정적 생각 때문에 피해 사실을 숨기고 혼자 해결해 보려고 하지만 성공하지 못하는 경우가 많다. 이런 실패가 반복되면서 피해학생은 학습된 무기력에 빠지게 된다. 피해학생은 학년이 올라가도 지속적으로 같은

일이 반복되는 경우에는 아무런 소망을 가질 수 없게 되고, 결국 자살과 같은 극단적인 해결책을 생각하는 경우가 생기기도 한다.

3) 피해학생과 그 가족이 받는 피해

학교폭력의 피해학생들은 신체적, 심리적, 생활적인 측면에서 부정적인 영향을 받게 된다. 먼저, 신체적 영향을 살펴보면, 직접적인 학교폭력을 경험한 아동들은 일반 아동들에 비해 인후염, 감기, 기침 등의 신체적 문제를 더 많이 경험하고 식욕 감퇴나 머리 또는 배가 아픈 신체적 통증을 더 자주 호소하는 것으로 나타났다(김혜원, 2013; Wolke, Woods, Bloomfield, & Schulz, 2001).

직접적 학교폭력의 피해아동은 신체적 문제뿐 아니라 심인성 문제도 경험한다. 학교폭력 피해학생들이 겪는 정서적 어려움은 특히 그들이 발달이 완성되지 않아 자아형성이 이루어지지 않은 시기에 있기 때문에 더 심각하다. 따라서 아동기나 청소년기에 학교폭력을 경험하게 되면 피해학생은 자존감에 상처를 받아 자아개념이 바르게 형성되지 못하고, 학교폭력이 바르게 다루어지지 못하면 피해학생은 또 다른 폭력에 대한 불안 때문에 정신적으로 어려움을 경험할 수 있다. 학교폭력 피해학생이 주로 경험하는 부정적 정서는 등교에 대한 두려움, 무기력, 외로움, 고독, 불안, 우울이 있다. 악몽이나 불면증, 자살 생각 등에 시달리고, 인간의 생명과 안전에 위협을 줄 만한 외상을 당한 후에 발생하는 정신과적 장애인 외상후 스트레스장애를 겪는 경우도 있으며, 극단적으로는 자살을 선택하게 되는 경우까지 있다(곽금주, 2006; 송재홍 외, 2013). 또한 학교폭력 피해학생은 복수하고 싶은 충동을 자주 경험하면서 폭력적 성향으로 변하게 되거나, 자기보다 약한 동물이나 가족을 상대로 폭력을 행사하기도 한다. 이러한 심리적 문제는 학교생활에도 영향을 미쳐 학교의 여러 가지 활동에 참여하는 것이 현저히 줄어들고 학습에 집중하지 못하여, 학업 성취도가 낮아지며, 교사나 또래와의 관계가 소원해지고, 학교를 중퇴하는 결과까지 낳게 된다.

이러한 개인적인 심리적 어려움은 학교 부적응뿐 아니라 대인관계의 어려움으로 이어지게 된다. 피해학생의 주변 친구들이 가해학생의 보복이 두려워 피해학생을 멀리하게 되면 피해학생의 친구 관계는 더 어려워지게 될 것이고, 결국은 학교폭력이 피해학생을 더욱 고립시키는 결과를 낳게 될 것이다. 그 피해는 학창시절로 끝나지 않고 성인기로 이어질 수 있다. 이성애자들 중에서 이성과의 대인관계에 어려움이 있다고 보고한 사람들의 80%가 학교에서 직간접의 학교폭력을 경험했다는 Gilmartin(1987)의 연구결과는 시사하는 바가 크다고 할 수 있다. 이러한 실제적인 어려움이 수없이 많이 있음에도 불구하고, 피해학생들이 그들의 친구나 교사, 가족으로부터 적절한 보호를 받지 못하고 있는 것이 우리의 현실이다.

피해학생에 대한 영향은 피해학생 개인이나 학교생활 문제에서 끝나지 않고 가족 관계에도 영향을 미친다. 피해학생은 피해 사실을 가족에게 반듯하게 전달하지 못하고 부정적인 정서를 행동으로 표출하여 가족 관계가 나빠질 수 있다. 피해 사실이 가족에게 알려진 뒤에도 피해학생의 정리되지 않은 감정이 가정에서 표출되면, 부모는 피해학생의 정서보다는 문제해결에 초점을 맞추어서 강압적으로 자녀를 고치려고 하면서 자녀와 갈등이 나타날 수 있다. 또한 그 가족은 폭력 사실을 더 일찍 알아채지 못한 것에 대한 후회와 죄책감을 경험하기도 하고, 학교폭력 사안 처리 과정이나 사안 처리 후에도 여전히 가해자와 그 가족에 대한 분노를 경험하기도 한다. 그리고 학교폭력 사실을 인지한 후에 학교의 처리 과정이 미흡했다면 그에 대한 억울함이나 교사에 대한 적대적 감정을 경험하게 될 수도 있다.

4) 피해학생을 돕는 방법

피해학생을 돕기 위해서는 무엇보다도 피해학생이 가지고 있는 자산이 부족하다는 사실과 그들이 경험하는 고통은 생각보다 훨씬 크다는 사실을 이해해야 한다. 또한 피해학생은 혼자 힘으로 문제를 해결하려 하지만 이 문제는 혼자 풀 수 있는 문제가 아니라 부모, 교사, 또래들이 함께 풀어 가야 할 문제임을 이해할 필요가 있다.

먼저, 부모는 문제의 원인을 가해학생이나 다른 사람들에게 돌리거나 아니면 자녀에게 책임을 추궁하는 자세보다는 자녀를 이해하는 시간을 가지면서 도움을 줄 수 있는 사람들과 함께 문제를 해결하려는 자세를 가져야 한다. 또한 눈앞에 닥친 학교폭력 문제해결뿐 아니라 장기적으로 이러한 문제의 재발 방지를 위해서는 자녀의 연약한 특성을 객관적으로 이해하고 수용하며, 자녀에게 자신의 감정과 생각을 표현할 기회를 자주 주고, 어떤 상황에서도 부모는 자녀 편이라는 것을 자녀가 알게 해 주어야 한다. 그리고 자녀의 학교폭력 피해 사실을 알게 되면 부모만으로 문제를 해결하려 하기보다는 적극적으로 주위의 다양한 전문적 도움을 구하려는 자세를 가져야 한다. 교육과학기술부(2012)가 제시하는 '학교폭력에 따른 보호자의 대처 방법'은 〈표 3-3〉과 같다.

▶ 〈표 3-3〉 학교폭력에 따른 보호자의 대처 방법

해야 할 일	하지 말아야 할 일
• 아이를 응원해 주세요. "절대 네가 잘못한 게 아니야."라며 지지해 주세요. • 도움을 요청하세요. 먼저 담임교사에게 학교폭력 사실을 알리세요. • 증거를 확보하세요(예: 문자 메시지, 이메일, 음성녹음, 상해진단서 등). • 보호해 주세요. 교문 앞에서 아이를 기다려 주세요.	• 아이를 탓하지 마세요. 학교폭력은 당신 자녀의 문제가 아닙니다. • 부끄러워하지 마세요. 피해 사실을 축소, 은폐하지 마세요. • 힘든 내색하지 마세요. 부모가 절망하면 아이는 더 움츠러듭니다. • 보복하지 마세요. 보복으로 상처를 치료할 순 없습니다. • 도피하지 마세요. 문제 회피, 침묵, 전학, 이사는 해결책이 아닙니다.

다음으로, 교사가 제일 먼저 할 일은 평소에 피해학생들이 언제라도 다가올 수 있도록 학생들과 긍정적 관계를 만드는 것이다. 학생들은 교사와 관계가 좋을수록 학교폭력 상황에서 교사가 그 문제를 해결할 능력이 있다고 지각하고 교사에게 도움을 청하게 된다(Yablon, 2010). 또한 교사는 피해학생의 부모와 기꺼이 협력하려는 자세를 가질 필요가 있다. 또한 학교에서 학생들에게 서로를 이해하고 존중하며 배

려하는 방법과 학교폭력을 목격하면 즉시 신고하는 방법을 교육하고, 학교폭력에 대비하여 체계적인 구조(예: 또래 구조단, 학생자치법정, 또래 상담 등)를 갖춘다면, 또래 학생들도 학교폭력을 더 잘 이해하고 피해학생을 적극적으로 도울 수 있게 될 것이다.

피해학생들이 실질적으로 받고 싶은 도움의 첫째는 가해학생의 사과이며, 둘째는 자존감의 회복, 셋째는 또래 사이에서 피해자의 위치가 아니라 동등한 친구 관계로의 회복이다(정종진 외, 2014). 따라서 학교폭력이 발생했을 때 학교폭력대책 위원회(4장 참조)는 이러한 세 가지 목표를 원만히 이루어 갈 수 있는 피해학생 중심의 해결책을 마련할 수 있어야 할 것이다.

3. 가해−피해학생의 이해

1) 가해−피해학생의 특성

앞에서는 가해학생과 피해학생을 구분하여 살펴보았지만, 사실은 학교폭력의 가해학생과 피해학생의 특성을 뚜렷하게 구분하기 어려운 경우가 많다. 그 이유는 피해와 가해를 모두 또는 동시에 경험하는 경우가 많기 때문이다. 또한 피해 경험이 많을수록 가해 경험이 많고, 피해의 정도가 심할수록 가해의 정도도 심한 경우가 많아서 피해 경험과 가해 경험은 서로 정적인 상관관계가 있다고 할 수 있다. 이러한 가해−피해학생의 경우는 순수하게 가해나 피해만 경험한 경우보다 예후가 더 좋지 않고, 심리적 위험성이 가장 높으며, 공격성도 더 높고, 부모와의 유대감도 더 낮고, 자기효능감이나 자기통제력이 더 낮으며, 많은 비행친구를 사귀며, 비행적 생활양식이 많은 것으로 나타났다(곽금주, 2006; 박순진, 2009; Perry, Perry, & Kennedy, 1992). 교사들을 대상으로 조사했을 때도 가해−피해학생들이 가해나 피해만 경험한 학생들보다 심각한 문제행동과 학교생활에 무기력한 모습을 보이는 것으로 나타났다

(Juvonen, Graham, & Schuster, 2003). 김동현과 서미(2014)는 이들 가해-피해학생은 Sugai 등(2000)이 제안한 학교폭력 예방을 위한 3단계 지원체계(8장 [그림 8-2] 참조)에서 3차 예방 단계를 필요로 하는 고위험 집단에 해당한다고 보았다. 즉, 가해-피해학생은 피해학생이나 가해학생보다 더 심각한 신체적 또는 심리적 피해를 입기 때문에 더욱 세밀하고 전문적이며 개별적인 관심과 도움이 필요하다는 뜻이다.

가해-피해학생은 힘을 과시하기 위해서 폭력을 행사하기보다는 상대의 행동에 대한 반응으로 공격적 행동을 하는 경우가 많다. 즉, 앞에서 설명한 도발적 피해학생의 경우가 여기에 해당한다. 가해-피해학생은 가해학생의 특성과 피해학생의 특성을 모두 가지고 있을 수 있는데, 그런 특성에 있어서 가해학생이나 피해학생과 비교하여 상대적으로 더 높은 수준의 특성을 보이는 경우가 대부분이다. 김동현과 서미(2014)가 국내외 문헌을 조사하여 정리한 가해-피해학생의 주요 특성은 다음과 같다.

- 학업성취가 피해학생보다 낮다.
- 또래들로부터 쉽게 배척당한다.
- 자존감이 가해학생보다 더 낮다.
- 문제의 책임을 외부의 탓으로 돌린다.
- 자기통제력이 가해학생보다 더 낮다.
- 과잉행동 수준이 가해학생보다 더 높다.
- 또래들과 협조적이지 못하고 사회성이 낮다.
- 외로움을 잘 느끼고 친구를 쉽게 사귀지 못한다.
- 짜증과 화를 내는 빈도가 가해학생보다 더 높다.
- 안전감을 느끼지 못하고 학교에 대한 소속감이 없다.
- 인간 존재의 존엄성과 가치에 대한 믿음이 없는 편이다.

- 우울과 불안 수준이 가해학생이나 피해학생보다 더 높다.
- 신체폭력, 약물중독, 부모에게 거짓말하기, 무단결석이 잦다.
- 잔인하고 폭력적인 행동에 대해 가해학생보다 냉정하게 반응한다.
- 목적을 위해서는 도덕적이지 않은 방법을 사용해도 된다고 생각한다.

2) 가해-피해학생의 발달과정

Loeber와 Farrington(1999)은 가해-피해학생의 유아기는 가해학생과 비슷할 가능성이 높다고 했다. 즉, 아이의 까다로운 기질과 부모의 일관성 없고 냉정한 양육태도로 부모-자녀 관계가 원만하지 못한 유아 시절을 거치는데, 그들은 아동기가되면 인내심 없고 거칠고 충동적인 성향 때문에 또래들에게 거부당하는 경우가 많다. 그들은 또래들에게 지속적으로 받아들여지지 못하는데도, 그들의 부모들은 비일관적이고 냉담한 양육태도를 보여, 결국은 그들이 갈등상황에서 감정을 절제하지 못하고 충동적이고 공격적인 방법으로 문제를 해결하려는 태도를 강화하게 된다. 그렇게 성장하여 청소년이 되면 또래들의 거부반응은 더욱 심해질 것이고, 가해-피해학생의 부정적 반응도 더 심해져서 높은 수준의 공격적 행동을 하게 될 것이다. 아니면 자신의 공격성 때문에 또래들이 거부하는 것을 반복해서 경험하게 되면, 자기를 받아주는 비행집단과 어울리게 되어 그들 밑에서 강도 높은 폭력적 행동을 하게 될 수 있다.

가해-피해학생의 특성을 생각하면 학교폭력으로 인한 그들의 피해나 그들을 돕는 방법은 가해학생과 피해학생의 피해와 그들을 돕는 방법과 중복되는 것이 많을 것이다. 다만, 언급한 바와 같이 가해-피해학생은 순수하게 가해나 피해만 경험한 경우보다 예후가 더 좋지 않기 때문에 좀 더 체계적이고 개별적인 접근이 필요하다.

4. 목격학생의 이해

1) 목격학생의 유형

학교폭력이 발생한 자리에 있었던 사람을 지칭하는 용어는 주변인, 참여자, 방관자, 목격자, 구경꾼 등으로 다양하다. 여기에서는 학교폭력 사건의 발생장면에 있었으며, 그 장면을 보았다는 내용을 포함하는 목격학생이라는 용어를 사용하기로 한다. 학교폭력을 목격한 학생은 목격 이후의 반응에 따라 〈표 3-4〉처럼 네 가지 유형으로 나뉠 수 있다(오인수, 2010; 이규미 외, 2014; Salmivalli, Huttunen, & Lagerspetz, 1997).

〈표 3-4〉 목격학생의 유형과 의미

목격학생 유형	의미
가해 동조자	가해학생을 돕거나 폭력에 적극적으로 직접 참여하는 사람
가해 강화자	폭력을 독려하고 부추기거나 상황을 즐기면서 간접적으로 폭력에 참여하는 사람
방관자	폭력 사건에 개입하지 않고 자기와는 상관없다는 듯이 모른 척하는 사람
피해 방어자	다양하고 적극적인 방법으로 피해학생을 돕고 방어하거나 그 사실을 다른 사람에게 알리는 사람

목격학생의 첫 번째 유형인 가해 동조자는 가해학생이 피해학생을 괴롭힐 때 피해학생을 붙잡아 준다든지 가해행동에 직접 참여하기 때문에 가해학생처럼 보일 수 있지만, 가해학생과 다른 점은 힘에 있어서 가해학생보다 약하다는 것이다. 또한 가해학생은 가해 동조자가 자기보다 힘이 더 세지는 것을 허락하지 않는다. 두 번째로 가해 강화자는 가해행동에 직접 참여하지는 않지만, 청중으로서 부추기는 피드백을 준다는 점이 가해 동조자와 다른 점이다. 그들은 키득거리며 웃거나 야유나 욕

설을 보내고, 더 괴롭히라고 소리 지르거나, 다른 사람들도 오라고 외치는 등의 행동으로 가해학생을 선동하고 부추기며 가해학생의 폭력행동을 강화시킨다. 세 번째 유형인 방관자는 가해학생이나 피해학생 누구의 편도 들지 않고 침묵하며 모른체 한다. 누구의 편도 들지 않기 때문에 중립적이라고 생각할 수 있지만, 가해학생은 침묵하는 방관자의 행동을 폭력에 대한 승인으로 해석할 수 있다. 마지막으로 피해 방어자는 피해학생을 지지하거나 함께 있어 주고, 가해학생에게 그만두라고 외치거나 성인에게 폭력 사실을 알린다. 때로는 가해학생을 공격하기도 한다.

2) 목격학생 역할의 중요성

앞에서 학교폭력의 목격자를 네 가지 유형으로 분류했는데, 각 역할에 따라 학교폭력은 달라질 수 있다. 분쟁을 목격하는 사람들 중에 가해 동조자나 가해 강화자가 많으면 폭력은 더 거칠어진다(Felson, 1982). 예를 들어, 단순한 언어적 분쟁도 옆에서 동조하고 강화하는 사람들에 의해 점점 더 심해지고 신체적 폭력으로 발전하게 될 수 있다. 그리고 방관자들은 어느 편도 들지 않았지만 그들의 침묵은 폭력을 승인하는 것이 되기 때문에 방관자들이 많으면 학교폭력은 그대로 계속 유지될 가능성이 높다. 한편, 폭력 현장에서 피해 방어자의 수가 절대적으로 우세하면 폭력행동은 줄어들게 되어 있다. 이렇게 목격자들이 어떤 태도를 취하느냐에 따라 폭력의 상황은 얼마든지 달라질 수 있다. 그런데 폭력 현장에 있는 목격자 중에 가장 많은 수를 차지하는 것은 언제나 방관자이고, 그들은 네 부류의 목격자 중에서 교육을 통해 변화될 가능성이 가장 높은 집단이라는 점은 학교폭력의 예방에 시사하는 바가 크다. 이는 다수를 차지하는 방관자가 학교폭력 해결의 열쇠를 쥐고 있다고 할 수 있기 때문이다. 즉, 학교폭력에서는 언제나 힘의 불균형이 존재하기 마련인데, 방관자의 수가 많으면 다수라는 점을 이용하여 힘의 역동에 변화를 가져올 수 있다는 것이다.

대부분의 학교폭력은 은밀한 장소보다는 집단이 보고 있는 가운데 발생한다(Hawkins, Pepler, & Craig, 2001). 이는 목격자가 많을수록 책임이 분산되어 아무도 제재할 사람이 없다는 사실을 가해학생들이 이용하기 때문이다. 그러나 역으로 생각하면, 그 현장에 있는 목격학생들이 힘과 뜻을 모으면 다수의 힘을 발휘하여 얼마든지 폭력을 멈추게 할 수 있다. 그리고 더 많은 목격학생이 폭력에 더 많이 개입하여 방어한다면 폭력이 중단되는 효과는 더 커질 것이다. 그러므로 목격학생들에게 그들의 영향력을 교육하여 방관자에서 방어자로 돌아서게 하는 것은 대단히 중요한 일이다. 학교폭력은 많은 학생들이 보고 있는 데서 발생하고, 학교폭력을 목격한 학생들 중에는 방관자가 많다는 사실을 고려할 때, 방관자를 방어자로 바꿀 수만 있어도 지금보다 훨씬 더 안심하고 다닐 수 있는 학교분위기가 형성될 것이다. 김한민이 감독한 영화 〈명량〉에서 주인공 이순신 장군이 군졸들을 바라보면서 "저들의 두려움을 용기로 바꿀 수만 있다면……."이라고 했던 대사처럼, 방관자의 두려움을 방어자의 용기로 바꿀 수만 있다면 학교폭력은 충분히 예방될 수 있을 것이다.

그런데 목격학생의 학년이 올라갈수록 피해학생을 돕는 방어적 태도는 감소하고 방관적 태도는 증가한다는 연구결과가 있다(오인수, 2010). Berger(2007)도 나이가 어린 아이들 중에서 폭력에 대해 방어하는 목격자들은 함께 있는 다른 아이들의 호감을 샀고 그들의 노력에 의해 다른 아이들의 태도도 달라지는 효과를 보였지만, 나이가 많아지면 방어하려는 노력이 점점 소용이 없어진다고 했다. 이러한 사실은 목격학생의 조기교육이 얼마나 필요한지를 보여 주는 것이다. 즉, 어린 나이에 적절한 교육이 주어진다면 더 많은 학생들을 방어자로 교육시킬 수 있음을 시사한다. 뿐만 아니라 어려서부터 폭력이 발생했을 때 실제로 방어자가 되어서 폭력을 멈추게 해 본 경험이 많아지면 다수가 갖는 방어자의 힘을 신뢰할 수 있게 될 것이다. 따라서 목격학생을 방관자로 머물게 하지 않고 폭력의 흐름을 바꿀 수 있는 주체자로 만들기 위한 전략을 개발해야 한다. 그런 의미에서 유아 시절에 폭력을 목격했을 때 목격자로서 어떻게 대처해야 하는지 가르치는 것은 대단히 중요한 의미가 있다.

3) 목격학생이 학교폭력을 방관하는 이유

목격학생들이 학교폭력을 방관하는 이유를 '방관자 효과(bystander effect)'라고 하는데, 이를 '제노비스 신드롬(Genovese Syndrome)'(Darley & Latane, 1970)에 빗대어 설명하기도 한다.

> ### 제노비스 신드롬의 유래
>
> 1964년에 제노비스라는 여인이 새벽녘에 퇴근하여 귀가하고 있는데 자기 집 근처에서 어떤 남자가 칼을 들고 그녀를 덮친 사건이 있었다. 그녀가 도움을 구하며 소리를 지르면서 도망을 치자, 그 남자는 그녀를 붙잡아 칼로 찔렀다. 이때 몇몇 집의 창에 불이 켜지고 밖을 살피는 사람들이 생기자 그 남자는 잠시 주춤했지만, 아무도 자신의 행동을 저지하지 않자 다시 그녀를 칼로 찔렀고 결국 그녀는 살해당했다. 사건은 30분이 넘도록 계속되었고, 그 시간에 최소한 38명의 이웃이 제노비스의 비명을 들었지만 그녀를 도와 주려고 나온 사람은 없었고 경찰에 신고한 사람도 없었다.

이 사건을 유래로 주위에 사람이 많을수록 책임감이 분산되어 어려움에 처한 사람을 도와주는 것을 주저하게 된다는 것을 제노비스 신드롬이라고 하게 되었다. 즉, 폭력의 목격자가 한 명이라면 도움행동을 취할 책임이 100%이겠지만, 목격자가 열 명이라면 그 책임은 10%로 줄어드는 것이다. 따라서 다른 사람들이 많으니까 내가 도와주지 않아도 다른 누군가가 도와줄 것이라고 생각하여 위험에 처한 사람을 돕지 않게 된다는 것이다. 이를 '책임감의 희석(diffusion of responsibility) 원칙'이라고도 한다.

그 외에도 Darley와 Latane(1970)은 목격자의 방관 이유를 '관중 억제(audience inhibition) 원칙'을 들어 설명했다. 이는 자신을 보고 있는 관중 때문에 행동을 억제하게 된다는 뜻으로, 사람들은 자신이 도움을 제공했는데 실패했을 경우에 주위의 타인들 앞에서 자신이 어리석게 보이는 상황을 피하고자 한다는 것이다. 예를 들어, 목격자로서 학교폭력을 멈추려고 시도했지만 자기마저 더 얻어맞게 되는 등 도우려는 시도가 실패할 경우 다른 사람들이 자신을 안 좋게 평가할 것이라는 두려움이 도움을 주저하게 한다는 것이다. 즉, 곁에 있는 다른 사람들이 자신의 행동을 관찰하고 있는 상황에서는 자신의 행동이 부정적으로 평가되는 것에 대한 두려움 때문에 도움을 주는 행동을 억제하게 된다는 것이다.

목격학생들의 또 다른 방관 이유로 '다수의 무시(pluralistic ignorance) 현상'이라는 것이 있다(Prentice & Miller, 1993). 이는 함께 있는 다수의 사람들이 무반응하면 심각성을 덜 느끼게 되어 도움행동을 억제하게 된다는 것이다. 즉, 폭력장면을 목격하고 걱정이 되지만 곁에 있는 다른 사람들이 모두 반응하지 않는다면, 이 정도의 폭력은 심각한 것이 아니라고 여기게 되어서 결국 도움행동을 취하지 못하게 된다는 것이다. 이런 현상은 사람들이 사건의 내막을 명확히 모를 때는 사건을 해석하기 위해 주위 사람들의 반응을 보고 상황을 파악하려 하기 마련인데, 만약 주위 사람들이 해당 사건에 반응하지 않는다면 자신도 아무런 반응을 하지 않아도 된다고 생각하게 된다는 것이다. 그런데 여기서 생각해야 할 것은 다른 사람들 역시 우리를 바라보고 사건을 해석하려 한다는 사실이다. 이렇듯 모두가 다른 사람들을 보면서 그들이 자신보다 더 많은 것을 알고 있고 더 나은 판단을 할 것이라고 생각하지만 실제로는 모두가 아무것도 모르고 있기 때문에, 결과적으로는 아무도 행동하지 않는 상황이 벌어지게 된다. 그래서 실제로는 심각한 상황인데도 모두가 아무런 문제가 없다고 확신하게 되고, 이런 식으로 사람들은 자신의 가치관과 일치하지 않는 행동을 할 수 있게 되는 것이다.

학교폭력을 방관하는 이유에는 무관심도 있다(김현주, 2003). 유국화(2011)는 요즘 학생들의 학교폭력에 대한 방관적 태도의 대표적인 경향이 무관심이라고 했다. 무관심이란 학교폭력 자체에 관심을 보이지 않거나 자기와는 상관없다고 생각하는 것이다. 즉, 자기중심적인 이기주의에서 나오는 태도이다. 현대사회의 개인주의 영향으로 학생들도 자신의 일과 직접 관련이 없는 일에는 신경 쓰지 않거나 피해학생의 고통의 정도를 공감하지 못하는 것이다. 이는 핵가족화 이후 부모들의 과잉보호, 입시 위주의 경쟁적인 학업 분위기 등과 무관하지 않을 것이다.

학교폭력을 방관하는 또 다른 이유로는 두려움과 무지가 있다. Hazler(1996)는 목격학생이 적극적으로 피해학생을 돕지 못하고 주저하는 이유는 도움을 주었을 때 가해학생의 주된 공격대상이 될까 봐 두려워하거나, 자신이 더 많은 문제를 야기하는 잘못된 행동을 하게 될까 염려하기 때문이라고 했다. 청소년폭력예방재단(2012)의 조사에 의하면, 목격학생들이 폭력을 목격했을 때 가해학생에 대해 부정적인 감정이 있고 피해학생을 돕고 싶은 마음이 있으면서도 방관하는 가장 큰 이유는 보복에 대한 두려움 때문으로 밝혀졌다. 목격학생들은 힘 있는 가해학생과 그 집단을 보면서 거기에 개입하면 자신도 큰 피해를 입을 것이라 예상하고 방관하는 것을 택한다는 것이다. 또한 목격학생들은 피해학생에게 도움을 주기 위해 자신이 무엇을 해야 할지 모르기 때문에 주저하게 된다(Hazler, 1996). 아울러 목격학생의 대다수가 폭력 방관의 문제점을 인식하지 못하고 있는 것도 방관의 큰 이유이다.

Cappadocia, Pepler, Commings와 Craig(2012)는 목격학생이 학교폭력을 방관하는 이유를 다음과 같이 제시했다.

- ⊕ 나는 학교폭력에 연루되기 싫었다.
- ⊕ 나도 학교폭력을 당할까 봐 두려웠다.
- ⊕ 그 상황에서 어떻게 행동해야 할지 몰랐다.
- ⊕ 학교폭력을 당하는 아이는 그럴 만한 이유가 있다.
- ⊕ 목격한 학교폭력이 그렇게 심각하지 않다고 생각했다.
- ⊕ 학교폭력을 당하는 것은 나와는 상관없는 일이라고 생각했다.
- ⊕ 내가 누군가에게 폭력을 말한다 해도 아무도 돕지 않았을 것이다.
- ⊕ 학교폭력 문제를 다른 사람에게 알려 문제를 더 키우고 싶지 않았다.
- ⊕ 폭력을 당하는 아이를 돕는다 해도 별반 달라지지 않을 것이라고 생각했다.

Lee(2011)의 연구에서는 목격학생이 방관적인 태도를 취하는 이유를 12가지의 유형으로 분류하고 있다. 〈표 3-5〉에 그 방관의 유형을 제시하였다(김혜원, 2013에서 재인용).

■▶〈표 3-5〉 방관 유형과 그 이유

방관 유형	이유
손씻기형	"나랑 상관없는 일이다." 피해자가 도움을 청해도 개입하려 하지 않고, 자기 책임을 부정하며, 피해자를 비난하기도 한다.
중립형	"어느 편도 들고 싶지 않다." 힘의 불균형이 분명한 상황에서도 공정성과 무비판적 태도를 취한다.
장막형	"진실은 양쪽 어딘가에 있다." 옳고 그름을 판단하기를 거부한다. 상대의 영향력을 뺏는 것과 상대를 괴롭히는 것은 구분되어야 한다고 본다.
평형형	"나는 문제를 만들고 싶지 않다." 겉으로는 평화를 유지하면서, 피해자의 감정을 느끼려 하지 않는다. 가해자와 친분이 있으면 가해자와 문제가 생길 것을 우려하기도 한다.
혼란형	"보기보다 상황이 복잡해 보인다." 폭력에 대한 모든 것을 이해하고 그 해답도 알고 싶어 하기 때문에 혼란스러워 한다.
미완의 그림형	"나는 모든 정황을 알지 못한다." 그 상황을 정확히 모두 알지 못한다는 이유로 개입을 미룬다.
유경험형	"또다시 당하고 싶지 않다." 폭력의 피해를 당했던 경험 때문에 개입을 꺼린다.
잔챙이형	"내가 개입해도 달라지지 않는다." 자신이 영향을 미치지 못한다고 생각해서 개입하지 않는다. 이런 자신의 태도에 대해 죄책감이나 무력감을 느낀다.
판단형	"내가 본 대로 진실을 얘기하고 있다." 관련인들과 얘기 나눈 후, 각자의 관점이 다르거나 문제가 생각보다 복잡할 수 있다는 것을 무시하고 곧바로 결론을 내린다. 그리고 방관자적 자세를 취하고 관련 없는 사람들에게 들은 정보에만 의존한다.
순응형	"나는 규칙대로 따를 것이다." 권위에 따르고자 하고, 스스로 결정하기보다 복종하기를 원한다. 피해자가 현존하는 규칙을 깰 수 있기 때문에 이들을 돕는 것을 꺼린다.
무관심형	"그저 나는 내 일에 충실할 것이다." 폭력이 자신에게 즉각 영향을 주는 것은 아니기 때문에 가해자가 자신을 괴롭힐 때까지 개입하지 않는다. 대신에 가해자의 잔혹한 행동을 욕하는 것으로 만족한다.

| 비난형 | "피해자에게도 문제가 있어."
피해자가 폭력을 당할 이유가 있다고 생각한다. 따라서 때로는 가해자와 공모하고, 가해자처럼 공격 행동에 대해 죄책감을 느끼지 않는다. |

출처: 김혜원(2013).

4) 목격학생이 받는 피해

학교폭력은 피해학생이나 가해학생에게만 좋지 않은 영향을 미치는 것이 아니다. 학교폭력을 목격하고도 방관했던 학생들은 고통을 당하는 친구를 보고도 도와주지 못했다는 죄책감을 갖게 되고, 적절히 개입하지 못한 자신에 대해 무력감을 경험하며, 가해학생이 자신에게도 폭력을 행사할까 봐 불안감을 경험한다. 그뿐 아니라 학교폭력의 목격으로 이제는 학교가 더 이상 안전하지 않다고 느끼기 때문에 학교에 대한 만족도가 떨어지며, 학교폭력의 목격이 반복되고 학년이 높아지면 학교폭력에 대해 둔감해지고 타인에 대한 공감능력도 떨어지게 된다.

뿐만 아니라 폭력장면을 목격한 학생들이 받는 충격은 천재지변의 현장에서 경찰관이나 소방관이 경험하는 것보다 더 높은 정신적 충격과 피해를 경험할 수도 있는데, 그 이유는 경찰관이나 소방관은 충격적 상황에 대처하는 전문적인 훈련을 받은 사람들인 데 반해서 목격학생들은 그러한 충격적 상황을 수용하고 대처할 훈련도 받지 않았고 그만큼 정신적 성장이 이루어지지도 않았기 때문이다(Janson & Hazler, 2004). 실제로 많은 목격학생들이 자신도 피해학생이 당하는 것과 같은 폭력과 왕따를 당할까 봐 불안해하며, 학교폭력 때문에 고통을 당하는 친구를 보는 것이 그들에게 외상이 되기도 한다. 그리하여 목격학생들은 대부분 현실을 회피하려 하고, 그중에는 가슴 두근거림, 구토, 소화 장애, 불면증, 우울증, 자살충동 등의 이상 증세를 보이기도 한다. 목격학생들도 피해학생들처럼 고립감, 절망감, 자존감의 상실 등을 경험하기도 한다(Hazler, 1996).

5) 목격학생을 돕는 방법

목격학생을 돕는 방법을 고려할 때 놓치지 말아야 할 것은 학교폭력의 목격에 대한 충격으로 후유증을 겪는 학생들을 적극적으로 도와야 한다는 것이다. 앞에서 살펴보았듯이 폭력을 목격한 학생은 경우에 따라서는 심각한 정신적 충격을 받을 수 있으므로, 목격학생의 경우에도 피해학생에 대한 것과 동일한 수준의 관심을 가지고 적극적으로 개입할 필요가 있다.

또한 목격학생들을 피해 방어자로 교육하는 것이 필요하다. 무엇보다도 그들에게 폭력은 비도덕적 행위임을 인식시키고 폭력을 방관하는 것의 문제점을 교육할 필요가 있다. 목격학생들에게 가해학생이나 피해학생에 대한 그들의 반응이 가해학생을 얼마든지 더 대담하게 만들 수 있고 피해학생을 얼마나 무기력하게 만들 수 있는지를 분명히 가르쳐 주어야 한다. Hazler(1996)가 밝혔듯이 목격학생이 적극적으로 피해학생을 돕지 못하고 주저하는 이유는 피해학생에게 도움을 주기 위해 자신이 무엇을 해야 할지 모르기 때문이므로, 목격자에게 폭력을 목격했을 때 어떻게 대처해야 하는지에 대해 구체적으로 교육할 필요가 있다. 즉, 학생들에게 집단역동을 변화시킬 수 있는 다수의 힘을 긍정적으로 사용할 수 있는 방법을 교육해야 한다.

이때 학생들에게 폭력 발생을 어른들에게 알리는 '보고'는 그 개념에 있어서 '고자질'이 아님을 분명히 가르쳐서 말해야 할 것과 말하지 말아야 할 것을 구별하는 기준을 세울 수 있도록 도와주어야 한다. 고자질이란 남의 허물이나 비밀을 몰래 일러바치는 것으로 남을 곤란에 처하게 할 목적을 담고 있는 것이므로 말하지 않아야 한다. 그러나 보고란 사실을 알려서 누군가를 보호할 목적을 담고 있는 것이므로 말해야 하는 것이다. 그런데 두 가지 목적을 다 담고 있는 경우라면 어른들이 알 필요가 있음을 아이들에게 가르쳐야 한다. 예를 들어, 유아가 친구가 손가락 빨고 있는 것을 보고 그 친구가 선생님께 야단맞게 하려고 교사에게 말했다면, 이는 친구를 곤경에 빠뜨리려는 시도이므로 말하지 않도록 해야 한다. 그러나 유아가 친구의 앞니에서 피가 나는 것을 말했다면, 이는 친구를 어려움에서 구하려는 시도이므로 말해야 한다. 그런데 친구가 손가락을 빨다가 앞니가 빠져 피가 난다고 말했다면, 두 가지 목적을 모두 가진 경우로서 교사가 알 필요가 있으므로 말하라고 가르쳐 주어야 한다.

목격학생들을 피해 방어자로 바꾸려면 목격학생에게 첫째, 주목하고, 둘째, 관여하며, 셋째, 외면하지 말아야 함을 가르쳐야 한다. 이렇게 방관을 없애는 방법을 가르칠 수 있는 간단하면서도 매우 유용한 방법으로 Olweus와 Limber(2007)가 개발한 '멈춰!' 프로그램이 있다. 이 프로그램은 폭력 상황이 발생했을 때 ① 그 가까이에 있던 아이들이 "멈춰!"라고 외치고, ② 주변의 모든 아이들이 다 함께 팔을 뻗으며 "멈춰!"라고 외침으로써 폭력 사태의 진전을 막으며, ③ 그중에 한두 명이 즉시 교사에게 달려가서 폭력 발생 사실을 알리고, ④ 교사는 즉시 현장으로 가서 폭력 사태를 종결시키도록 구성되어 있다. 이 프로그램에는 다음 세 가지 역할이 있다.

- **멈춤이**: 폭력 발생 시 그 주변에 있는 모든 아이들로, "멈춰!"라고 외치게 하는 자
- **알림이**: 폭력 발생 시 또는 그 징후가 보일 때 즉시 교사(지킴이)에게 달려가 알리는 자
- **지킴이**: 폭력으로부터 아이들을 보호해 주는 교사

알림이 역할은 정기적으로 바꾸어 지정하고 모두가 알 수 있도록 안내한다. 이 프로그램을 적용받는 아이들은 〈표 3-6〉의 4대 규칙을 복창하면서 배우고 익히게 되어 있다.

■ 〈표 3-6〉 '멈춰!' 프로그램의 4대 규칙

- 우리는 다른 친구들을 괴롭히지 않을 것이다.
- 우리는 괴롭힘 당하는 친구를 도울 것이다.
- 우리는 혼자 있는 친구들과 함께할 것이다.
- 우리는 만약 누군가 괴롭힘 당하는 것을 알게 되면, 학교나 집의 어른들에게 이야기할 것이다.

또한 '멈춰!' 프로그램을 적용하는 동안 아이들 사이에서 폭력이 발생하면, "멈춰!"를 외쳐 폭력을 종결시키고 난 후, 가해아이와 피해아이는 상대방의 감정을 느껴 볼 수 있도록 서로 역할을 바꾸어 상황극을 실시하고 다른 아이들은 그 상황극을 보면서 교사와 함께 토의하는 시간을 갖는다. '멈춰!' 프로그램을 간략하게 도식화하면 [그림 3-1]과 같다.

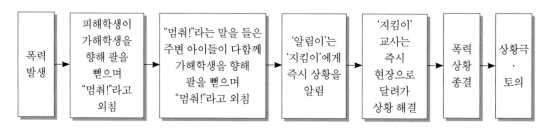

그림 3-1 '멈춰!' 프로그램 이해도

목격학생들이 학교폭력을 줄이는 것을 자신의 책임이라고 느낄 때 피해학생을 방어할 가능성이 높아지며, 목격학생들의 또래 사회적 지위와 공감능력 및 도덕적 민감성이 높을수록 피해학생을 방어할 가능성이 높아진다(오인수, 2010; Salmivalli et al., 1996). 그런데 공감능력 중에서는 타인의 입장에서 생각해 보는 인지적 공감보다는 타인의 감정을 느낄 수 있는 정의적 공감이 높을수록 피해학생을 돕는 방어행동 가능성이 높은 것으로 나타났다. 이러한 연구결과를 토대로 정의적 공감을 높일 수 있는 목격학생 중심 학교폭력 예방 프로그램이 다양하게 개발되었는데, 그 예로는 행복나무 프로그램(정제영 외, 2013), 평화샘 프로젝트(문재현 외, 2012), 헬핑 [HELP-ing(Help Encourage yourself as a Leader of Peacing)] 프로그램(곽금주, 김대유, 김현수, 구효진, 2005), 시우보우 프로그램(곽금주, 2006) 등이 있다. 그중에서 '평화샘 프로젝트'는 '멈춰!' 프로그램을 우리나라 실정에 맞게 수정한 것이다.

이렇게 목격학생들을 대상으로 개발된 학교폭력 예방 프로그램의 독립적 적용도 필요하지만, 학교폭력 예방 프로그램은 전 학교 접근(whole-school approach)이어야 더욱 효과적이라는 주장이 강해지고 있다(오인수, 2010; Heinrich, 2003; Whitted & Dupper, 2005). 즉, 학교폭력 문제는 개별 프로그램의 개발이나 시행만으로는 해결될 수 없으며, 학교폭력의 예방과 개입을 위해서 학교의 전 구성원이 학교폭력을 중요한 문제로 인식하고 총체적으로 대처할 필요가 있다는 것이다(김혜원, 2013; Lee, 2011). 교육기관 전체를 중심으로 학교폭력 예방에 대해 모든 학생을 위한 연속적 지원체계를 갖추어 학교생활 전반에 적용할 필요가 있다. 이러한 '교육기관 차원의 행동지원 프로그램'의 구체적 내용은 8장에 소개하였다.

제4장

학교폭력 예방의 법률과 제도

1.「학교폭력예방 및 대책에 관한 법률」

1)「학교폭력예방 및 대책에 관한 법률」의 목적

2004년에 제정된「학교폭력예방 및 대책에 관한 법률(이하 학교폭력예방법)」은 제
1조에 그 목적을 다음과 같이 명시하고 있다.

> 이 법은 학교폭력의 예방과 대책에 필요한 사항을 규정함으로써 피해학생의
> 보호, 가해학생의 선도 · 교육 및 피해학생과 가해학생 간의 분쟁조정을 통하여
> 학생의 인권을 보호하고 학생을 건전한 사회구성원으로 육성함을 목적으로 한다.

「학교폭력예방법」의 목적은 다음과 같이 세 가지로 나눌 수 있다.

첫째, 학교폭력으로 인한 피해학생을 보호하는 것에 그 목적이 있다. 이를 위해서
는 신고의무(동법 제20조)나 보고의무(동법 제20조) 규정을 두어 학교폭력 사건이 은
폐되거나 축소되지 않도록 하고 있고, 피해학생이 받을 수 있는 보호조치를 구체적
으로 정하고 있다(동법 제16조, 제18조).

둘째, 가해학생을 선도하려는 데 그 목적이 있다. 이는 가해학생을 위한 조치를
볼 때 학생을 대상으로 발생한 폭력 문제를 사법절차대로 처리하기보다는 가능하
면 학교에서 교육적이며 자율적인 방법으로 해결하도록 하기 위한 것임을 알 수 있
다(동법 제17조).

셋째, 피해학생과 가해학생 사이의 분쟁조정을 하는 데 그 목적이 있다. 이를 위

해서 학교장에게 학교폭력 문제 전담기구를 구성하여 피해학생과 가해학생 사이의 분쟁조정을 위한 제도적 틀을 마련하도록 하고 있다(동법 제4조).

이렇게 피해학생의 보호, 가해학생의 선도와 교육, 피해학생과 가해학생 간의 분쟁조정이라는 세 가지 목적이 이루어질 때 학생을 건전한 사회구성원으로 육성하고자 하는 궁극적 목적이 달성될 것이다.

2) 「학교폭력예방 및 대책에 관한 법률」의 특징

「학교폭력예방법」은 다른 법률과 비교하여 다음과 같은 몇 가지의 특징이 있다.

(1) 「학교폭력예방법」은 일반법이고 보충법이다(동법 제5조)

이는 다른 법률에서 폭력에 관한 특별한 규정이 있는 경우는 다른 법률의 규정을 따라야 하고, 다른 법률에 규정이 없는 경우에만 「학교폭력예방법」을 적용한다는 의미다. 예를 들어, 성폭력이 발생했다면 「학교폭력예방법」보다 먼저 「성폭력방지 및 피해자 보호 등에 관한 법률」에 따라 사안을 처리해야 한다. 폭력에 관한 특별한 규정이 있는 다른 법률로는 「형법」 「폭력행위 등 처벌에 관한 법률」 「소년법」 「민법」 「성폭력방지 및 피해자 보호 등에 관한 법률」 「아동복지법」 「아동학대범죄의 처벌 등에 관한 특례법」 등이 있다.

「학교폭력예방법」을 다른 법들과의 비교하여 생각해 볼 때, 「학교폭력예방법」과 「소년법」 「형법」은 같은 범죄일지라도 가해자의 연령에 따라 적용할 수 있는 법과 처분이 달라질 수 있음을 주목할 필요가 있다. 「학교폭력예방법」에서는 가해자가 학교폭력을 행사했을 경우에 '가해조치'를 할 수 있다. 그런데 1장에서 살펴보았듯이 「학교폭력예방법」에서는 가해자가 학생이 아니어도 학생을 대상으로 폭력을 행사하면 학교폭력이 성립될 수 있으므로, 「학교폭력예방법」에서는 가해자의 연령을 제한할 수 없다. 그러나 「학교폭력예방법」에 의한 가해조치란 학생을 대상으로 학교에서 실행할 수 있는 내용들로 제한되어 있으므로, 실제로 조치가 적용되는 나이는 학령기에 해당하는 나이라고 보아야 할 것이다. 그리고「소년법」에 의하면 만 10 세에서 만 19세 사이의 청소년이 법률위반 행위를 했을 때 '보호처분'을 내릴 수 있고,「형법」에 의하면 만 14세 이상인 자가 법률을 위반했을 때 '형사처벌'을 할 수 있다. 그러므로 학교폭력을 행사했어도 나이가 10세 미만이면「학교폭력예방법」에 따른 가해학생 조치만 가능하고, 학생 나이가 만 10세에서 14세 미만이면「학교폭력예방법」과「소년법」에 따른 가해조치와 보호처분만 가능하고 형사처벌은 불가하며, 학생 나이가 만 14세에서 만 19세 미만이면 세 가지 모든 법의 적용이 가능하므로 가해조치, 보호처분, 형사처벌이 모두 가능하다. 이를 정리하면〈표 4-1〉과 같다.

〈표 4-1〉 가해학생 연령에 따른 적용 가능한 법과 처분

연령 법과 처분	10세 미만	만 10~14세 미만	만 14~19세 미만
「학교폭력예방법」 – 가해조치	가능	가능	가능
「소년법」 – 보호처분	불가	가능	가능
「형법」 – 형사처벌	불가	불가	가능

(2) 피해학생과 가해학생 간의 분쟁조정의 결과는 화해의 효력이 없다(동법 제18조)

이는「학교폭력예방법」에 따른 분쟁조정의 결과는 법적 효력이 없다는 뜻이다. 「학교폭력예방법」은 그 목적에서 밝힌 바와 같이 사법절차대로 처리하기 전에 학교에서 먼저 교육적인 방법으로 해결해 보자는 취지를 갖고 있으며 분쟁조정에 대한 법적 효력이 없기 때문에, 당사자들이 받아들이지 않으면 사법기관으로 가야 한다. 그리고 동법 제18조에서 분쟁의 조정기간은 1개월을 넘지 못한다고 규정하고 있으므로, 분쟁조정 개시일로부터 1개월이 지나도록 분쟁조정이 성립하지 아니한 경우에는 분쟁조정을 끝내야 하며 그런 경우에도 분쟁조정 결과를 낼 수 없으므로 아무런 법적 효력을 발휘할 수 없게 되는 것이다.

(3) 「학교폭력예방법」에는 학교폭력에 대한 신고의무 규정이 있다(동법 제20조)

누구든지 학교폭력을 목격하거나 그 사실을 알게 된 자는 관계기관에 즉시 신고하여야 하고, 신고를 받은 기관은 이 사실을 가해학생이나 피해학생의 보호자 또는 소속 학교의 장에게 통보하여야 하며, 통보받은 소속 학교의 장은 이를 자치위원회에 지체 없이 통보하여야 한다. 또한 누구라도 학교폭력의 예비·음모 등을 알게 된 사람은 학교의 장 또는 자치위원회에 고발할 수 있으며, 교원이 이를 알게 되었을 경우에는 학교의 장에게 보고하고 해당 학부모에게 알려야 하는 보고의무가 있다. 따라서 교원이 학교장의 지시나 자치위원회의 요청 없이 학교장에게 보고하지 않고 자체적으로 사건을 처리하는 것은 위법이다. 또한 신고의무와 관련하여, 학교폭력 신고 및 고발자에 대한 신고행위를 이유로 하는 불이익처분은 금지하고 있지만, 신고의무를 위반할 경우에 대한 처벌 규정은 없는 실정이다.

(4) 「학교폭력예방법」에는 비밀누설 금지 조항이 있다(동법 제21조, 제22조)

학교폭력의 예방 및 대책과 관련된 업무를 수행하거나 수행하였던 사람은 그 직무로 알게 된 비밀 또는 가해학생이나 피해학생 및 신고자나 고발자와 관련된 자료를 누설하여서는 안 된다. 이를 위반한 경우 300만 원 이하의 벌금형에 처해진다. 「학교폭력예방법」의 시행령 제33조에 의한 비밀의 범위는 다음과 같다.

- 학교폭력 가해학생과 피해학생 개인 및 가족의 성명, 주민등록번호 및 주소 등 개인정보에 관한 사항
- 학교폭력 가해학생과 피해학생에 대한 심의·의결과 관련된 개인별 발언 내용
- 그 밖에 외부로 누설될 경우 분쟁당사자 간에 논란을 일으킬 우려가 명백한 사항

또한 자치위원회의 회의록은 공개하지 않아야 한다. 다만, 피해학생·가해학생 또는 그 보호자가 회의록의 열람·복사 등 회의록 공개를 신청한 때에는 학생과 그 가족의 성명, 주민등록번호 및 주소, 위원의 성명 등 개인정보에 관한 사항을 제외

하고 공개하여야 한다.

3)「학교폭력예방 및 대책에 관한 법률」의 주요 핵심내용

(1) 피해학생에 관한 법령

「학교폭력예방법」제16조에 따르면, 학교폭력대책자치위원회(이하 자치위원회) 는 피해학생이나 그 보호자에게 의견진술의 기회를 부여하는 등 적정한 절차를 거쳐서 피해학생의 보호를 위해 다음 중 하나 이상의 조치를 학교의 장에게 요청할 수 있다.

① 학내외 전문가에 의한 심리상담 및 조언
② 일시보호
③ 치료 및 치료를 위한 요양
④ 학급교체
⑤ 그 밖에 피해학생의 보호를 위하여 필요한 조치

그러나 학교의 장은 필요하다면 자치위원회의 요청 전이라 할지라도 ①, ②, ⑤의 조치를 할 수 있으며, 그렇게 한 경우에 학교의 장은 즉시 자치위원회에 보고하여야 한다. 자치위원회의 요청이 있을 때에는 학교의 장은 피해학생의 보호자의 동의를 받아 7일 이내에 해당 조치를 하여야 하고 이를 자치위원회에 보고하여야 한다. 그리고 학교의 장은 해당 조치에 필요한 결석은 출석일수에 산입할 수 있고, 성적 등을 평가함에 있어서 조치로 인해 학생에게 불이익을 주지 않도록 해야 한다.

이때 피해학생이 규정에 따른 상담 등을 받는 데에 사용되는 비용은 가해학생의 보호자가 부담하여야 한다. 다만, 피해학생의 신속한 치료를 위하여 학교의 장 또는 피해학생의 보호자가 원하는 경우에는 학교안전공제회 또는 시·도교육청이 부담하고 이에 대해 나중에 가해학생 보호자에게 갚도록 요구하는 구상권을 행사할 수 있다. 구상권이란 다른 사람을 위하여 그 사람의 빚을 갚은 사람이 다른 연대 채무자나 주된 채무자에게 상환을 요구할 수 있는 권리를 의미한다. 학교안전공제회 또는 시·도교육청이 부담하는 피해학생의 지원범위는 다음과 같다(「학교폭력예방법 시행령」 제18조).

- 교육감이 정한 전문심리상담기관에서 심리상담 및 조언을 받는 데 드는 비용
- 교육감이 정한 기관에서 일시보호를 받는 데 드는 비용
- 「의료법」에 따라 개설된 의료기관, 「지역보건법」에 따라 설치된 보건소·보건의료원 및 보건지소, 「농어촌 등 보건의료를 위한 특별조치법」에 따라 설치된 보건진료소, 「약사법」에 따라 등록된 약국이나 한국희귀의약품센터에서 치료 및 치료를 위한 요양을 받거나 의약품을 공급받는 데 드는 비용

앞에서 설명한 피해학생에 대한 보호조치 외에도, 피해학생이나 그 보호자는 자치위원회나 교육감에게 분쟁조정을 신청할 수 있으며(「학교폭력예방법 시행령」 제25조), 가해학생이나 그 보호자를 대상으로 학교폭력으로 인한 손해배상을 청구할 수 있다(「민법」 제750조, 제755조). 그리고 「학교폭력예방법」 제20조에 의하면, 학교의 장은 학교폭력 예방을 위해 학교 내에 학생보호인력을 배치하여 활용할 수 있다.

(2) 가해학생에 관한 법령

「학교폭력예방법」 제17조에 따르면, 자치위원회는 가해학생이나 그 보호자에게 의견진술의 기회를 부여하는 등 적정한 절차를 거쳐서 피해학생의 보호와 가해학생의 선도·교육을 위하여 가해학생에 대하여 다음 중 하나 이상의 조치를 학교의 장에게 요청하여야 한다. 단, 의무교육과정에 있는 가해학생에 대하여는 퇴학처분을 할 수 없다.

① 피해학생에 대한 서면사과

② 피해학생 및 신고 · 고발 학생에 대한 접촉, 협박 및 보복행위의 금지

③ 학교에서의 봉사

④ 사회봉사

⑤ 학내외 전문가에 의한 특별 교육이수 또는 심리치료

⑥ 출석정지

⑦ 학급교체

⑧ 전학

⑨ 퇴학처분

자치위원회가 학교의 장에게 가해학생에 대한 조치를 요청할 때에는 다음 사항을 고려하여 결정해야 한다(「학교폭력예방법 시행령」 제19조).

● 가해학생이 행사한 학교폭력의 심각성 · 지속성 · 고의성

● 가해학생의 반성 정도

● 해당 조치로 인한 가해학생의 선도 가능성

● 가해학생 및 보호자와 피해학생 및 보호자 간의 화해의 정도

● 피해학생이 장애학생인지 여부

또한 피해학생의 경우와 마찬가지로, 학교의 장은 자치위원회의 요청 전이라 할지라도 가해학생에 대한 선도가 긴급하다고 인정할 경우 ①, ②, ③, ⑤, ⑥의 조치를 할 수 있는데 그중에 ⑤와 ⑥은 병과조치(여러 개의 조치를 동시에 부과할 수 있음)가 가능하며, 이런 경우는 자치위원회에 즉시 보고하여 추후에 인정을 받아야 한다. 이때 학교의 장은 가해학생과 그 보호자에게 이 사실을 통지하여야 하며, 가해학생이 이를 거부하거나 회피하는 때에는 「초 · 중등교육법」 제18조에 따라 징계하여야 한다. 그런데도 가해학생이 해당 조치를 거부하거나 기피하는 경우에 자치위원회는 대통령령으로 정하는 바에 따라 추가로 다른 조치를 할 것을 학교의 장에게 요청

할 수 있다. 그리고 학교장의 우선 조치 중에서 ⑥의 출석정지 조치를 할 수 있는 경우는 다음 네 가지이다(「학교폭력예방법 시행령」 제21조).

- 2명 이상의 학생이 고의적·지속적으로 폭력을 행사한 경우
- 학교폭력을 행사하여 전치 2주 이상의 상해를 입힌 경우
- 학교폭력에 대한 신고, 진술, 자료제공 등에 대한 보복을 목적으로 폭력을 행사한 경우
- 학교의 장이 피해학생을 가해학생으로부터 긴급하게 보호할 필요가 있다고 판단하는 경우

학교의 장이 ⑥의 출석정지 조치를 할 경우에는 가해학생 또는 보호자의 의견을 들어야 한다. 하지만 학교의 장이 해당 학생 또는 보호자의 의견을 들으려 하였으나 이에 따르지 아니한 경우에는 바로 조치할 수 있다.

학교의 장은 자치위원회의 요청에 대해 14일 이내에 해당 조치를 하여야 하며, 가해학생이 ③, ④, ⑤의 규정에 따른 조치를 받은 경우는 이와 관련된 결석은 학교 장의 인정에 따라 출석일수에 산입할 수 있다. 그리고 자치위원회는 가해학생이 특별교육을 이수할 경우 해당 학생의 보호자도 함께 교육을 받게 하여야 하는데, 이때 자치위원회의 교육 이수 조치를 따르지 아니한 보호자에게는 300만 원 이하의 과태료를 부과하게 되어 있다(「학교폭력예방법 시행령」 제22조). 그리고 가해학생이 다른 학교로 전학을 간 이후에는 전학 전의 피해학생 소속 학교로 다시 전학 올 수 없도록 해야 한다.

앞에서 살펴본 것처럼 가해학생이나 그 보호자가 자치위원회의 조치를 거부 또는 기피하는 경우에 추가 조치를 할 수 있지만 그 조치로도 상황이 나아질 여지가 없고 학교 차원의 선도만으로 가해학생의 선도가 어렵다고 판단되는 경우에, 가해학생의 나이가 10세 이상에서 14세 미만에 해당하면 수사기관을 거치지 않고 직접 사건을 소년법원에 접수시키는 통고제도를 활용할 수 있다(「소년법」 제4조). 통고는

자치위원회 개최와 별도로 이루어질 수 있다.

(3) 피해학생과 가해학생 간의 분쟁조정에 관한 법령

「학교폭력예방법」 제18조에 따라 자치위원회는 학교폭력과 관련하여 분쟁이 있는 경우에는 그 분쟁을 조정할 수 있는데, 분쟁의 조정기간은 1개월을 넘지 못한다. 그리고 자치위원회는 학교폭력과 관련하여 피해학생과 가해학생 간 또는 그 보호자 간의 손해배상에 관련된 합의조정이나 그 밖에 자치위원회가 필요하다고 인정하는 사항에 대하여 분쟁조정을 한다. 이때 자치위원회는 다음의 경우에 분쟁조정의 개시를 거부하거나 분쟁조정을 중지할 수 있다(「학교폭력예방법 시행령」 제28조).

- 분쟁당사자 중 어느 한 쪽이 분쟁조정을 거부한 경우
- 피해학생 등이 관련된 학교폭력에 대하여 가해학생을 고소ㆍ고발하거나 민사상 소송을 제기한 경우
- 분쟁조정의 신청내용이 거짓임이 명백하거나 정당한 이유가 없다고 인정되는 경우

또한 자치위원회는 다음의 경우에는 분쟁조정을 끝내야 한다.

- 분쟁당사자 간에 합의가 이루어지거나 자치위원회 또는 교육감이 제시한 조정안을 분쟁당사자가 수락하는 등 분쟁조정이 성립한 경우
- 분쟁조정 개시일부터 1개월이 지나도록 분쟁조정이 성립하지 아니한 경우

그리고 자치위원회는 분쟁조정의 개시를 거부하거나 분쟁조정을 중지한 경우 또는 분쟁조정을 끝낸 경우에는 그 사유를 분쟁당사자에게 각각 통보하여야 하며, 분쟁조정이 성립한 경우에는 합의서를 작성하여 분쟁당사자에게 각각 통보하여야 한다(「학교폭력예방법」 제29조).

2. 학교폭력 예방 및 대처에 관한 제도

1) 학교폭력 예방교육

「학교폭력예방법」제15조에 따르면, 학교의 장은 학생의 육체적·정신적 보호와 학교폭력의 예방을 위해 학생과 교직원, 학부모들을 대상으로 학교폭력 예방교육을 학기별로 1회 이상 실시하여야 한다. 「학교폭력예방법 시행령」제17조에 따르면, 학생에 대한 학교폭력 예방교육은 학급 단위로 실시함을 원칙으로 하되, 학교 여건에 따라 전체 학생을 대상으로 한 장소에서 동시에 실시할 수 있다. 또한 학교폭력 예방교육은 학생과 교직원, 학부모를 따로 교육하는 것을 원칙으로 하지만, 내용에 따라 함께 교육할 수도 있다. 교직원의 경우는 교원뿐 아니라 행정직원, 영양사, 배움터 지킴이 등 학생보호 인력 등 학교에 근무하는 모든 인력을 의미한다. 학부모 교육의 경우는 맞벌이 부부나 위약계층의 학부모 등 모든 학부모의 참여율을 가장 높일 수 있도록 평일 저녁 시간이나 주말도 활용할 수 있어야 한다. 교육대상에 따라 포함되어야 할 학교폭력 예방교육 내용은 〈표 4-2〉와 같다.

〈표 4-2〉 교육대상별 학교폭력 예방교육 내용

대상	학교폭력 예방교육 내용
학생	• 학교폭력의 개념, 실태, 대처방안
교직원	• 학교폭력 관련 법령에 대한 내용 • 학교폭력 발생 시 대응요령 • 학생 대상 학교폭력예방 프로그램 운영 방법
학부모	• 학교폭력 징후 판별 • 학교폭력 발생 시 대응요령 • 가정에서의 인성교육

그리고「학교폭력예방법」에서는 학교폭력 예방교육 프로그램의 구성 및 그 운용 등은 전담기구와 협의하여 전문단체 또는 전문가에게 위탁할 수 있도록 하고 있는데, 강의나 토론, 역할연기 등 다양한 방법과 다양한 자료와 프로그램 등을 활용하여야 한다고 했다. 또한 학교폭력 예방교육 프로그램의 구성과 운용계획을 학부모가 쉽게 확인할 수 있도록 학교의 인터넷 홈페이지에 게시하고, 그 밖에 다양한 방법으로 학부모에게 알릴 수 있도록 하고 있다(「학교폭력예방법 시행령」 제17조). 이 외에도 정부의 관계부처는 학교폭력 예방교육을 위해 사이버 콘텐츠를 개발하여 http://www.mest.go.kr이나 각 시·도 교육청 홈페이지의 '학부모섹션' 또는 '학교폭력 예방 포털 사이트(http://www.stopbullying.or.kr)' 등에 학교폭력 예방교육 관련 자료를 탑재하여 가정에서도 학교폭력 예방교육에 참여할 수 있도록 하고 있다.

2) 학교폭력 전담기구

학교폭력이 발생하면 가장 먼저 학교폭력 전담기구에 의해 신고와 접수, 사안조사가 이루어져야 하고, 다음으로 자치위원회의 심의와 의결과정을 거쳐, 마지막으로 학교장이 조치를 수행하는 것으로 마무리한다. 그 절차는 [그림 4-1]과 같다.

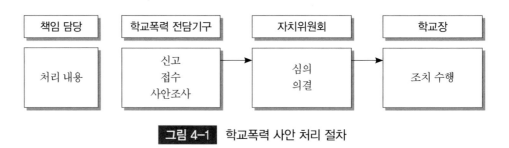

그림 4-1 학교폭력 사안 처리 절차

학교폭력 전담기구(이하 전담기구)는 학교폭력이 발생했을 때 가장 먼저 대응하는 기구로, 모든 학교에 반드시 설치해야 하는 기구다. 학교의 장은 학교폭력 문제를 담당하는 전담기구를 구성하여, 학교폭력 사태를 인지한 경우 지체 없이 전담기구 또는 소속 교원으로 하여금 가해 및 피해 사실 여부를 확인하도록 하여야 한다

(「학교폭력예방법」 제14조). 전담기구의 구성은 교감, 전문상담교사, 보건교사 및 책임교사(학교폭력 문제를 담당하는 교사) 등으로 이루어진다. 교감의 주된 임무는 총괄을 맡는 것이고, 책임교사의 주된 임무는 학교폭력 사안을 조사하는 것이며, 전문상담교사의 주된 임무는 학교폭력 관련 학생에 대한 심리상담 및 조언을 하는 것이고, 보건교사의 주된 임무는 피해학생이나 가해학생의 신체적 또는 정신적 피해 상황을 파악하는 것이다. 전담기구의 역할은 다음과 같다.

① 연 2회 정기적으로 학교폭력에 대한 실태조사
② 학교폭력 예방교육 프로그램을 구성하고 학기별로 1회 이상 예방교육 실시
③ 학교폭력 발생 시 관련 사안 조사
④ 학교의 장 및 자치위원회의 요구가 있을 때 학교폭력에 관련된 조사결과 등에 관한 활동결과 보고

전담기구는 성폭력 등 특수한 학교폭력 사건에 대한 실태조사는 전문성을 확보하기 위하여 필요한 경우 전문기관에 그 실태조사를 의뢰할 수 있다. 전담기구의 역할 중 ①과 ②는 학교폭력 예방 활동에 해당하며, ③과 ④는 사안 처리활동에 해당한다.

전담기구가 학교폭력 사안을 조사할 때 중점적으로 파악해야 하는 요소는 〈표 4-3〉과 같다.

〈표 4-3〉 전담기구의 학교폭력 사안조사 요소

폭력 유형		중점 파악 요소
신체적 폭력		발생 경위, 상해의 심각성, 감금·신체적 구속 여부, 성폭력 여부
경제적 폭력		반환 여부, 손괴 여부, 협박/강요의 정도
정서적 폭력	괴롭힘	지속성 여부, 협박/강요의 정도, 성희롱 여부
	따돌림	
언어적 폭력		욕설/비속어, 허위성, 성희롱 여부
사이버 매체 폭력		명의도용, 폭력성/음란성, 유포의 정도, 사이버 성폭력 여부

출처: 교육부(2013).

학교폭력이 발생했을 때 학교폭력 전담기구가 조치하는 과정은 [그림 4-2]와 같다.

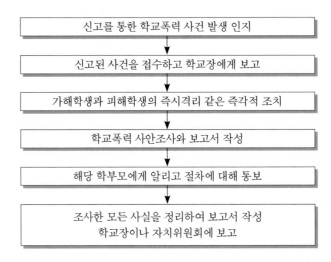

신고를 통한 학교폭력 사건 발생 인지

↓

신고된 사건을 접수하고 학교장에게 보고

↓

가해학생과 피해학생의 즉시격리 같은 즉각적 조치

↓

학교폭력 사안조사와 보고서 작성

↓

해당 학부모에게 알리고 절차에 대해 통보

↓

조사한 모든 사실을 정리하여 보고서 작성
학교장이나 자치위원회에 보고

그림 4-2 학교폭력 전담기구의 학교폭력 처리과정

학교에서 학교폭력 전담기구가 사안을 처리할 때는 〈표 4-4〉에 제시한 사항을 유의하여야 한다(교육과학기술부 외, 2012).

〈표 4-4〉 학교폭력 전담기구의 학교폭력 사안 처리 유의사항

- 학교폭력에 관한 사안조사는 학습권을 침해하지 않기 위해서 수업시간 이외의 시간을 활용하여야 한다.
- 학교폭력에 관한 사안을 조사할 때 교사는 강압적이지 않은 부드러운 언어를 사용하여 학생이 편안한 분위기에서 이야기하도록 하여야 한다.
- 자치위원회를 개최할 때는 가해학생과 피해학생의 출석은 반드시 서면으로 요청하여야 한다.
- 자치위원회 결과를 통보할 때는 반드시 학교장의 명의로 서면통보하고, 심의결과나 재심 등의 불복 절차를 안내하여야 한다.
- 학교폭력 사안은 학교의 선도위원이 아니라 자치위원회에서 조치하여야 한다.
- 자치위원회가 피해학생에 대한 보호조치를 결정할 때는 피해학생이나 보호자의 의견을 반드시 청취하여야 한다.
- 학교폭력 사안조사 자료(예: 가해학생, 피해학생, 목격학생의 진술서)는 비공개를 원칙으로 한다.
- 일사부재리의 원칙을 적용한다. 즉, 동일한 사안에 대해서는 재심 성격의 자치위원회는 개최가 불가능하다.
- 성범죄 사안을 인지한 경우는 반드시 수사기관에 즉시 신고하여야 한다(「아동·청소년의 성보호에 관한 법률」 제22조).

• 학교폭력 사안이 발생하면 초기에 학교폭력 사안처리를 적극적으로 하여 학부모들과 신뢰를 구축해야 한다.

3) 상담실

앞에서 살펴본 것처럼 전담기구의 구성에는 전문상담교사가 있다. 따라서 학교의 장은 학교에 대통령령으로 정하는 바에 따라 상담실을 설치하고, 「초·중등교육법」 제19조에 따른 전문상담교사를 두어야 한다(「학교폭력예방법」 제14조). 전문상담교사는 학교의 장 및 자치위원회의 요구가 있는 때에는 학교폭력에 관련된 피해학생 및 가해학생과의 상담결과를 보고하여야 한다. 상담실은 다음 시설과 장비를 갖추어 상담활동이 편리한 장소에 설치하여야 한다(「학교폭력예방법 시행령」 제15조).

⊕ 인터넷 이용시설, 전화 등 상담에 필요한 시설 및 장비
⊕ 상담을 받는 사람의 사생활 노출 방지를 위한 칸막이 및 방음시설

4) 학교폭력대책자치위원회

「학교폭력예방법」은 국가와 지방자치단체 등에 학교폭력 관련 위원회를 조직하도록 하고 있다(「학교폭력예방법」, 제7조, 제9조, 제12조). 소속에 따른 학교폭력 관련 위원회의 명칭은 〈표 4-5〉와 같다.

■ 〈표 4-5〉 학교폭력 관련 각종 위원회 명칭

소속	위원회 명칭
국무총리	학교폭력대책위원회
각 시·도	학교폭력대책지역위원회
각 시·군·구	학교폭력대책지역협의회
학교 내	학교폭력대책자치위원회

〈표 4-5〉에 있는 학교폭력 관련 위원회 중에서 학교 내에 설치해야 하는 것은 '학교폭력대책자치위원회(이하 자치위원회)'이다. 「학교폭력예방법」 제12조에서는 학교폭력의 예방 및 대책에 관련된 사항을 심의하기 위하여 학교에 자치위원회를 두도록 하고 있다. 자치위원회가 심의하는 내용은 다음과 같다.

- 학교폭력의 예방 및 대책 수립을 위한 학교 체제 구축
- 피해학생의 보호
- 가해학생에 대한 선도 및 징계
- 피해학생과 가해학생 간의 분쟁조정
- 그 밖에 대통령령으로 정하는 사항

자치위원회 구성은 위원장 1인을 포함하여 5인 이상 10인 이하의 위원으로 하되, 대통령령으로 정하는 바에 따라 전체 위원의 과반수를 학부모전체회의에서 직접 선출된 학부모대표로 위촉하여야 한다. 다만, 학부모전체회의에서 학부모대표를 선출하기 곤란한 사유가 있는 경우에는 학급별 대표로 구성된 학부모대표회의에서 선출된 학부모대표로 위촉할 수 있다(「학교폭력예방법」 제13조). 자치위원회의 위원은 다음의 어느 하나에 해당하는 사람 중에서 해당 학교의 장이 임명하거나 위촉한다(「학교폭력예방법 시행령」 제14조).

- 해당 학교의 교감
- 해당 학교의 교사 중 학생생활지도 경력이 있는 교사
- 「학교폭력예방법」 제13조에 따라 선출된 학부모대표
- 판사 · 검사 · 변호사
- 해당 학교를 관할하는 경찰서 소속 경찰공무원
- 의사 자격이 있는 사람
- 그 밖에 학교폭력 예방 및 청소년보호에 대한 지식과 경험이 풍부한 사람

자치위원회의 진행과정은 [그림 4-3]과 같다.

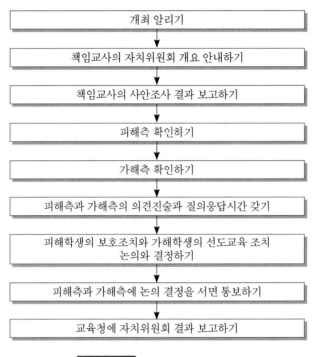

개최 알리기

↓

책임교사의 자치위원회 개요 안내하기

↓

책임교사의 사안조사 결과 보고하기

↓

피해측 확인하기

↓

가해측 확인하기

↓

피해측과 가해측의 의견진술과 질의응답시간 갖기

↓

피해학생의 보호조치와 가해학생의 선도교육 조치
논의와 결정하기

↓

피해측과 가해측에 논의 결정을 서면 통보하기

↓

교육청에 자치위원회 결과 보고하기

그림 4-3 자치위원회의 진행과정

자치위원회는 분기별 1회 이상 회의를 개최해야 하는데, 자치위원회의 위원장이 회의를 소집해야 하는 경우는 다음과 같다(「학교폭력예방법」 제13조).

- 자치위원회 재적위원 4분의 1 이상이 요청하는 경우
- 학교의 장이 요청하는 경우
- 피해학생 또는 그 보호자가 요청하는 경우
- 학교폭력이 발생한 사실을 신고받거나 보고받은 경우
- 가해학생이 협박 또는 보복한 사실을 신고받거나 보고받은 경우
- 그 밖에 위원장이 필요하다고 인정하는 경우

5) 학교폭력 예방 지원기관

학교폭력 예방 지원기관에는 Wee 프로젝트, CYS-Net, 안전 Dream 아동·여성 장애인 경찰지원센터, 해바라기 아동센터 등이 있다. 먼저, Wee 프로젝트는 학교와 교육청에 기반을 두고 지역사회와 연계하여 학생들의 건강하고 즐거운 학교생활을 지원하려는 학교안전통합시스템이다. Wee란 We(우리)와 education(교육), emotion(감성)의 합성어다. Wee는 3단계 안전망으로 구성되어 있는데, 1차로는 단위학교에 설치하는 것으로 학교에서 징계 대상자나 학교 부적응 학생을 대상으로 하는 Wee 클래스가 있고, 2차로는 지역교육청 차원에서 설치하는 것으로 단위학교에서 의뢰한 위기학생이나 상담 희망 학생을 대상으로 하는 Wee 센터가 있으며, 3차로는 시·도교육청 차원에서 설치하는 것으로 장기 치유가 필요한 학생이나 학업 중단자 또는 Wee 센터가 의뢰한 사람을 대상으로 하는 Wee 스쿨이 있다.

다음으로 CYS-Net(Community Youth Safety-net)은 지역사회에 기반을 둔 것으로 지역사회의 위기 청소년을 위한 지역사회 청소년 통합지원 시스템이다. CYS-Net은 지역사회 시민, 의료기관, 청소년 관련기관, 단체들이 연계하여 위기에 빠진 청소년을 발견하고 구조하고 치료하는 데 함께 참여하여 건강한 민주시민으로 성장하도록 지원하기 위한 것이다. 학교 교사나 학부모가 서비스를 받고 싶으면, 국번 없이 1388을 누르고 각 지역의 상담센터로 연결되어 도움을 받을 수 있다.

또 다른 학교폭력 예방 지원기관으로는 안전 Dream 아동·여성 장애인 경찰지원센터가 있는데, 이는 기존의 실종아동 센터인 117센터와 여성·학교폭력피해자 긴급지원센터인 ONE-STOP 지원센터를 통합한 것이다(http://www.safe182.go.kr/schoolMain.do). 이는 사회적 약자를 대상으로 하는 범죄에 대한 피해 신고접수와 신속한 구조 활동을 목적으로 하고, 다양한 신고 서비스와 온라인 상담, 범죄예방 콘텐츠 등을 제공하며, 경찰청 내부 업무시스템과 연계하여 신속하게 치안 서비스를 제공하고, 법률상담이나 의료지원, 상담지원 등을 제공하고 있다. 안전 Dream 아동·여성 장애인 경찰지원센터는 여성가족부와 경찰청, 병원 3개 기관이 공동으로 협약을 체결하여 운영하고 있다. 여성가족부는 성폭력 및 성매매 피해 여성에 대한 상담비, 의료비, 법류구조비, 설치운영비 등을 지원하고, 경찰청은 여자경찰관의 지원과 수사활동을 지원하며, 병원은 지원센터의 설치공간과 의료지원을 담당하고 있다.

해바라기 아동센터는 여성부에 의해 설립되었으며, 성폭력 피해아동 중심의 통합적 서비스를 실시하는 곳으로 성폭력 피해아동의 건강한 성장과 그 부모나 보호자의 정신건강을 증진하는 것을 목적으로 한다(http://www.child1375.or.kr). 이 외에도 학대아동의 보호를 목적으로 하는 아동보호전문기관이 전국에 54개소가 설치되어 있다. 뿐만 아니라 〈표 4-6〉과 같은 다양한 학교폭력 예방 지원기관이 있다.

◼▶ 〈표 4-6〉 학교폭력 예방 지원기관

	기관명	사이트
상담 및 예방 교육 기관 (법률지원 포함)	한국청소년상담복지개발원	http://www.kyci.or.kr
	청소년폭력예방재단	http://www.jikim.net
	자녀안심하고 학교보내기운동 국민재단	http://www.1318love.net
	방배유스센터청소년상담실	http://www.bb1318.com
	한국자살예방협회	http://suicideprevention.or.kr
	밝은청소년지원센터	http://eduko.org
	십대들의 쪽지	http://www.chocji.org
	아름다운학교운동본부	http://www.school1004.net
	YMCA청소년상담네트워크	http://www.ymca1020.or.kr
	금란교실	http://keumnan.gen.go.kr
피해자 지원기관	폭력없는 '평화로운' 학교만들기	http://www.uri-i.or.kr
	안전Dream	http://www.safe182.go.kr
	국립경찰병원	http://www.nph.go.kr
법률 지원기관	대한법률구조공단	http://www.klac.or.kr
	사이버 경찰청	http://www.police.go.kr
가해학생 교육기관	대안교육종합센터	http://www.daeancenter.or.kr

출처: 조운주, 최일선(2016)에서 일부 수정.

앞에서 살펴본 학교폭력 예방 지원기관 외에도 학교폭력 예방을 위하여 연구기
관이나 민간단체에서 학교현장에 적용할 수 있는 다양한 학교폭력 예방 프로그램
을 개발하여 보급하고 있다. 예를 들면, 서울대학교 발달심리연구소에서 개발한 '시
우보우(視友保友) 프로그램'과 '헬핑 프로그램', 한국교육개발원에서 개발한 'KEDI
예방 프로그램', 교육과학기술부에서 개발한 '어울림 프로그램', 청소년폭력예방재
단에서 개발한 '내가 바로 지킴이', 청소년보호위원회에서 개발한 '무지개 프로그램'
등이 있다.

제5장

폭력 예방을 위한 유아발달 이해

교사의 유아발달에 대한 이해는 유아교육기관에서의 폭력 예방에 필수조건이다. 교사가 유아의 정서와 사회성과 도덕성의 발달 수준을 잘 이해하고 있을 때, 유아의 문제행동도 발달적 측면에서 바르게 이해하고 접근할 수 있기 때문이다. 유아기는 자신으로부터 시작하여 타인을 이해하고 더불어 살아갈 수 있는 바탕을 다지는 시기다. 따라서 교사는 공동생활을 하는 유아교육기관에서부터 유아가 타인과 함께 살아가는 기초를 쌓을 수 있도록 유아의 발달 수준을 이해하고 그에 적합한 지도를 할 수 있어야 한다. 물론, 교사는 유아의 모든 발달 측면을 이해해야 하지만, 여기에서는 폭력 예방과 밀접한 관련이 있는 사회·정서적 측면에 초점을 두어 살펴본다.

1. 정서발달

1) 정서의 기능과 발달

정서란 마음에 일어나는 여러 감정을 의미하며 그 종류는 매우 다양하나, 보편적 정서에는 기쁨, 슬픔, 분노, 놀람, 공포, 흥미, 수치심 등이 있다. 아이들이 경험하게 되는 모든 다양한 정서는 사람이 살아가는 데 필수적이다. 정서는 생존에 도움을 준다. 예를 들어, 빨리 달려오는 자전거를 피한다거나 중요한 사람과 애착을 형성하는 것은 인지적 반응보다 정서적 반응이 앞서 기능하는 것이다. 이렇게 정서는 무슨 일이 일어났는지 생각하기 전에 본능적으로 특정 방향으로 움직이게 만든다(Ekman & Davidson, 1994). 즉, 정서는 행동을 준비시키거나 촉진시킨다. 예를 들어, 공포는 도망치게 하고, 기쁨은 다가가게 하며, 슬픔은 위축되게 한다. 또한 정서는 다른 사람들에게 유아의 현재 상태에 관한 정보를 알려 주고 의사소통의 기능을 하기도 하며, 인지적 기능에도 영향을 미친다. 이처럼 정서는 삶에서 매우 중요하므로, 교사는 유아가 자신의 정서를 이해하고, 타인의 정서에 민감하며, 다양한 정서에 대처하는 효과적인 방법을 찾을 수 있도록 도와주어야 한다.

영유아의 정서는 기본정서에서 복합정서로 발달한다. 아기의 얼굴표정 및 생리적 반응에 대한 관찰로 정서발달을 연구한 결과, 신생아는 유쾌한 정서(기쁨)와 불쾌한 정서(고통)라는 두 가지 정서를 경험하다가 점차 다양한 정서를 경험하게 된다는 것이 밝혀졌다(Lewis, 2000). 유쾌한 정서에서 기쁨, 행복, 만족 등을 경험하고, 불쾌한 정서에서 분노, 슬픔, 공포, 혐오 등을 경험한다. 2~3개월 된 아기는 기쁨을 느끼며 다른 사람의 얼굴을 보면 미소 짓는 사회적 미소가 처음으로 나타나고, 슬픔 또한 이 시기에 보이는데, 엄마가 놀아 주기를 멈추면 슬퍼한다(Lewis, 2000). 대개 4~6개월이 되면 좋아하는 음식이나 장난감을 뺏기면 화를 낸다(Sternberg & Campos, 1990). 약 6개월 정도 되면 낯선 성인에 대해 긴장하는 '낯선이 불안'을 보인다. 공포는 첫돌 무렵에 나타난다.

유아는 기쁨이나 분노 같은 기본정서뿐 아니라 목표가 충족되었을 때 느끼는 성공감이나 그렇지 못할 때 느끼는 실패감 같은 복합정서를 갖게 되는데, 이런 정서는 자아감을 손상시키거나 증진시킬 수 있기 때문에 자의식적(self-conscious) 정서라고 한다. 따라서 복합정서를 느끼고 표현하려면 자아 인식이 우선되어야 한다. 자의식적 정서는 영아가 자기를 확실히 분리된 유일 개체로 인식하게 되는 18~24개월경에 나타난다. 자부심은 자의식이 있어야 가능하며 죄책감은 자신이 해서는 안 되는 일을 했을 때 잘못되었다는 느낌을 가질 수 있어야 가능한데, 이 시기 영아는 자의식이 발달되면서 자부심과 죄책감 같은 정서가 함께 발달하게 된다. 자의식의 정서를 위해서는 자랑스러움, 수치스러움, 죄스러움을 느낄 때 자기인식 외에 어른들의 가르침 같은 추가적 요소가 필요하다. 이런 자의식의 정서를 격려하는 상황은 문화마다 다르며, 자의식의 정서는 부모나 교사 등 중요한 성인이 자신에 대해 제공하는 칭찬이나 비난 등의 평가에 따라 달라진다. 기본정서에서 출발하여 다양하게 분화되는 복합정서군은 〈표 5-1〉과 같다(Witherington, Campos, & Hertenstein, 2001).

▪▸ 〈표 5-1〉 기본정서에서 분화된 정서군

기쁨	분노	슬픔	두려움
행복감, 흐뭇함, 즐거움, 고무됨, 환희, 만족, 자긍심	지루함, 성가심, 좌절, 질투, 혐오, 격분, 저항	수치심, 죄책감, 낙담, 불행, 고뇌, 비탄, 실의	조심성, 괴로움, 불안, 의심, 우려, 당황, 공포

2) 기질

기질(temperament)은 정서적 표현양식과 환경적 자극에 대한 반응양상을 뜻한다. 즉, 출생 직후부터 상황에 일관되게 예측된 방식으로 반응하는 개인적인 행동 특징이다. 기질은 아이마다 차이가 있는데, 비교적 선천적 특성이 강하며, 아이가 정서적 자극에 얼마나 민감한지, 반응에 얼마나 빠르게 반응하는지 등에 의해 파악된다.

Thomas와 Chess(1977)가 140명의 영아를 청소년기까지 관찰하여 실시한 종단연구의 결과, 아홉 가지로 분류한 기질의 구성요소를 〈표 5-2〉에 제시했다.

▪▸ 〈표 5-2〉 기질의 구성요소

학자	기질 구성요소	의미
Thomas · Chess(1977)	활동수준	일상생활에서 하는 신체활동량
	규칙성	수유시간, 배변습관 등의 예측 가능성
	접근/회피	새로운 상황이나 자극에 대한 기분(접근 또는 회피)
	적응성	상황변화에 대한 적응의 용이성
	반응 민감도의 하한선	반응을 일으키기에 필요한 자극의 정도

Thomas · Chess(1977)	반응의 강도	긍정 및 부정적 반응에 대한 에너지의 수준
	기분의 질	여러 가지 감정에 대해 반응하는 빈도
	주의산만 정도	외부의 사태나 자극에 의해 진행 중인 행동이 방해받는 정도
	주위범위와 지속성	활동 지속기간과 방해에 직면했을 때 활동을 계속하려는 의지

또한 Thomas와 Chess(1977)는 140명 영아의 기질을 다음 세 가지로 유형화했다.

(1) 순한 기질

이 유형은 수면, 음식섭취, 배설 등 일상적인 생활습관이 규칙적이며, 밝고 명랑한 성격으로 새로운 환경에 쉽게 적응한다. 또한 낯선 대상에 대해 스스럼없는 친화력을 가지고 있고, 환경변화에 높은 적응력을 보이며, 평온하고 행복한 정서가 지배적이고, 더 오래 집중하고 지속적 수행능력을 보인다. 따라서 양육하기에 수월하지만 환경에 따라 까다로운 아이로 바뀔 수 있으므로 양육환경의 중요성도 간과해서는 안 된다. 영아의 약 40% 정도가 이 유형에 속한다.

(2) 까다로운 기질

이 유형은 일상적인 생활습관이 불규칙하고, 새로운 환경에 적응하기 힘들며, 욕구 좌절에 부정적으로 강하게 반응한다. 또한 새로운 음식이나 환경을 받아들이는 속도가 늦고, 낯선 사람을 의심하고 두려워하며, 높은 수준의 활동성을 보이고, 또래와의 관계형성에서 어려움을 보인다. 영아의 약 10% 정도가 이 유형에 속한다.

(3) 느린 기질

이 유형은 비활동적이고 자극에 쉽게 반응하지 못하며, 새로운 환경에 적응하는 데 오래 걸리며, 수줍음이나 겁이 많고 조심성이 많으며, 전반적으로 부정적인 반응을 나타내지만 공격적이지는 않다. 일상적인 생활습관에서는 까다로운 아이보다는 규칙적이고, 순한 아이보다는 불규칙적이다. 약 15% 정도의 영아가 이 유형에 해당한다.

세 가지 유형 중에서 지도하기에 가장 어려운 유형은 까다로운 기질이다. 이 유형의 아이들은 자기 맘대로 되지 않으면 쉽게 좌절을 느끼는 성향이 있어서 자기조절에 어려움이 있고 친구를 잘 사귀지도 못한다. 그들을 통제적인 방법으로 훈육하거나 방임적인 태도로 지도하면 더 까다롭고 저항적이 되며 청소년기에 행동문제를 보일 가능성이 높아진다. 따라서 서두르지 말고 아이가 생소함에 익숙해질 때까지 기다려 주며 너그러움과 이해심을 갖고 자기 주도적인 선택을 허용하여 덜 까다롭고 더 잘 적응하게 하는 지도가 필요하다. 이들은 꾸준한 인내심으로 지도하는 것이 무엇보다 중요하다.

까다로운 기질의 유아가 교사 지시를 따르지 않고 저항하려 할 때 다음과 같이 지도할 수 있다. 먼저, 유아의 요구와 바람을 교사가 말로 인정해 준다(예: "장난감을 더 갖고 놀고 싶구나."). 유아의 바람을 교사가 말로 인정해 주는 것만으로도 유아는 감정적으로 진정될 수 있다. 그리고 현재 상황을 유아에게 인식시킨다(예: "그런데 자유놀이 시간이 끝나고, 이제 이야기 나누기를 할 시간이야."). 다음으로 유아에게 가능한 대안을 제시하고 선택하게 한다(예: "여기 모래시계의 모래가 다 내려갈 때까지만 놀고 장난감을 제자리에 갖다 놓고 올까, 아니면 지금 이야기 나누기 자리로 갈까?"). 교사가 이런 방법을 사용하면 까다로운 기질의 유아도 불필요한 부정적 감정 소모를 하면서 문제행동으로까지 발전시키지 않아도 될 것이다.

3) 애착의 발달

애착(attachment)이란 개인이 자신과 가장 가까운 사람에게 느끼는 강한 정서적 유대관계로 영아의 사회적 관계에서 가장 특징적인 행동이며, 생후 6개월 정도면 대부분 특정인과 애착을 형성하기 시작한다(Bowlby, 1958). 애착 대상은 주 양육자인 부모로부터 시작하여 가족, 친구로 확대되어 간다. 영아는 애착 형성을 위해 애착대상과의 접촉을 유지하고자 노력하고, 애착 대상이 없을 때는 슬픔을 보이며, 함께 있으면 편안함을 보이지만 다른 사람과 있으면 불안한 모습을 보인다.

Bowlby(1958)는 제2차 세계대전 때 부모가 사망하여 고아원에서 자란 아기들을 관찰한 결과, 충분히 잘 먹이고 보살펴 준다 하더라도 성인과의 밀접한 정서적 관계를 맺지 못하면 지능발달이 늦고, 정서적으로 위축되며, 산만하고, 죽음에까지 이르게 되는 것을 발견하고 애착의 중요성을 주장했다. 또한 Harlow와 Zimmerman(1959)도 철사와 벨벳헝겊으로 만든 두 종류의 대리모를 이용한 아기원숭이 실험에서 애착이 수유가 아니라 양육자와의 접촉을 통해 형성된다는 것을 밝혀냈다.

아이의 요구를 민감하게 알아차리고 즉각적으로 반응하게 되면 특별한 감정교류와 서로에 대한 상호작용을 통해 애착이 형성되지만, 그렇지 못할 경우 애착 형성 시간이 길어지고 강도도 약해진다. 태어나 처음으로 형성하는 애착관계는 사회, 정서, 언어발달뿐 아니라 아동발달 전반에 걸쳐 중요한 영향을 미치게 되며, 특히 자아개념, 타인과의 관계 형성, 자율성과 독립성 발달에 중요하다(Steinberg & Meyer, 1995). 반면, 어린 시기에 바람직한 애착관계가 형성되지 않으면 아동기 성격발달에 부정적 영향을 미칠 뿐 아니라 성장 후 대인관계에도 문제가 된다. 즉, 애착은 사회적 관계 형성의 기초가 된다고 할 수 있다. 애착은 다음 4단계로 발달한다.

(1) 전 애착 단계

출생에서 3개월까지의 시기로 인간에 대한 비변별적 반응을 보이는 단계다. 출생 후 아기는 사람에 대해 반응을 보이나 선택적이지 않고, 대다수 사람들에게 비슷한 반응을 보인다. 미소 짓기, 웃음, 옹알이, 눈 맞춤 등 매우 단순하면서도 다양한 신호를 통해 주변에 있는 사람들에게 관계를 형성하도록 행동한다. 그러나 영아는 아직 애착이 형성되지 않은 시기로 낯선 사람과 혼자 남겨져도 별로 개의치 않는다.

(2) 애착 형성 단계

3~6개월의 시기로 낯익은 사람에게 눈 맞춤을 하는 단계다. 이때 영아는 친숙한

사람과 낯선 사람들에게 다르게 반응하기 시작한다. 자신의 신호에 가장 잘 반응해 주고 잘 놀아 주는 사람에게 강한 애착을 발달시키게 되며, 영아를 낯선 사람과 남겨 놓아도 낯가림은 하지만 아직 분리불안을 보이지는 않는다.

(3) 애착 단계

6~18개월의 시기로 능동적 접근을 추구하는 단계이다. 친숙한 양육자에 대한 애착이 명확해져 불리불안이 나타나며, 자신이 신뢰하는 성인이 떠나면 당황한다. 낯선 사람에 대한 불안처럼, 분리불안이 항상 발생하는 것은 아니며, 영아의 기질과 현재 상태에 따라 달라진다. 이때는 엄마에게 접근하고, 따라다니며, 기어오르는 등 엄마와 함께 있고자 애쓴다.

(4) 상호관계의 형성 단계

18개월에서 2세 이후의 시기로 동반자 행동을 하는 단계이다. 이 단계의 유아는 사회적 관계에 대한 기본개념을 획득하게 되어 양육자와 협력관계를 형성할 수 있으며, 인지능력이 향상되어 애착이 형성된 사람의 행동을 예측할 뿐만 아니라 자신들이 원하는 방향으로 애착대상자의 행동을 수정하도록 적극적으로 행동한다. 또한 양육자가 언제 다시 돌아올지 알기 때문에 양육자가 돌아올 때까지 기다릴 수 있고, 불리불안도 감소하게 되며, 동반자 같은 관계로 행동하기 시작한다.

Bowlby의 애착이론을 받아들인 Ainsworth(1978)는 '낯선 상황'이라는 표준화 절차를 개발하여 영아의 애착 특성을 구분하는 연구를 했다. 이 실험에서는 엄마와 영아와 낯선 사람이 참여하여 엄마와 영아는 두 차례 분리되고 짧은 시간 후에 재결합하는 일련의 과정을 경험한다. 이 실험을 통하여 영아들의 애착양식은 안정애착, 회피애착, 저항애착으로 분류됐는데, 그중 어디에도 해당되지 않는 영아들의 행동 특성을 Main과 Solomon(1986)은 혼란애착으로 분류했다.

① 안정애착

이 유형은 주변 탐색을 위해 엄마로부터 비교적 쉽게 분리되며 엄마와 낯선 사람에게 긍정적으로 행동한다. 엄마가 늘 자기 곁에 있으며 필요하면 언제든지 온다는 것을 알기 때문에 엄마와 분리되더라도 능동적으로 다른 위안을 찾고, 안정감을 유지하려 하며, 엄마가 돌아오면 쉽게 편안해진다. 이러한 신뢰감을 통해 영아는 긍정적이고 건강한 상호관계를 형성한다. 영아의 60~65%가 이 유형에 해당한다.

② 회피애착

이 유형은 엄마와 친밀감이 형성되지 않았기 때문에 낯선 사람에게 보이는 비슷한 반응이 나타난다. 따라서 엄마와 분리되거나 또는 엄마가 방에서 나가도 별로 반응이 없고, 울지 않으며, 심지어 엄마가 돌아와도 무시하거나 회피한다. 20% 정도의 영아가 이 유형에 속한다.

③ 저항애착

이 유형은 엄마가 방을 떠나기 전부터 불안해하고 엄마 옆에 붙어서 주변 탐색을 하려고 한다. 엄마가 방을 나가면 영아는 강하게 저항하고 엄마가 다시 돌아와도 계속 흥분해서 진정이 되지 않는다. 영아의 약 10~15%가 이 유형에 속한다.

④ 혼란애착

이는 매우 불안정한 애착유형으로, 영아는 엄마와 분리되는 경우 전혀 반응이 없거나 아주 심한 불안을 나타내기도 하며, 엄마와 만났을 때 굳은 표정으로 접근하며 안아주어도 전혀 관심을 표현하지 않는다. 약 5~10%의 영아가 여기에 속한다.

영아기 애착의 유형은 부모의 일관성 있는 반응과 수용에 의해 결정된다. 안정애착 유형의 부모들은 자기 행동을 영아에게 맞추고, 영아의 욕구를 잘 이해하며 자주 웃어 주고 풍부한 감정표현과 신체접촉을 한다. 이렇게 안정애착을 경험한 영아는 자신을 돌봐주는 사람이 자신의 요구에 반응할 것이라는 확신이 있기 때문에 자신감을 가지고 또래와도 성공적인 관계를 맺는 아이로 성장하게 된다. 반면, 불안정 애착 유형의 부모는 신뢰가 부족하고 일관성이 없거나 조급하며 영아의 욕구에 민감하지 못하고 정서적으로 우울, 불안한 경우가 많다. 이러한 경험을 가진 영아들은 자신감이 부족하고 관계에서도 실패하는 경우가 많아서 부적응 행동을 보일 위험에 처하게 된다. 이렇듯 애착은 아동의 성장 이후의 적응과 대인관계의 기초가 된다. 교사가 양육자와 유아의 애착 유형을 알고 있다면, 유아교육기관에서 보이는 유아의 문제행동을 더 잘 이해하고 애착유형에 따른 적합한 반응을 할 수 있을 것이다.

2. 자기 이해와 사회적 이해

사회적 이해는 자신에 대한 이해에서 시작된다(Lewis & Carpendale, 2002). 자신을 어떻게 보는지가 자신의 현재와 미래에 다른 사람들과 상호작용하는 방식에 영향을 미치기 때문이다. 주변 사람들과의 상호작용과 이러한 상호작용에 대한 유아의 인지적 해석이 결합되어, 유아는 자신을 독립적인 존재로서 그리고 다른 사람들과 관련해서 이해하게 된다. 이러한 이해는 유아의 전반적인 사회적 유능성에 영향을 미친다. 자기인식이 사회적 인식과 사회적 이해로 발달하는 과정을 거치면서 유아의 사회적 유능성은 더욱 발달한다(Thompson, 2006). 자신과 타인에 대한 충분한 이해는 타인과 어울려 사는 사회적 유능성의 기초가 된다.

1) 자기 이해

(1) 자아개념
자아개념은 자기인식에서 출발하는데, 자기인식의 발달은 영아가 다른 대상과 구분되는 독립된 실체로서 자신을 인식하는 것에서부터 시작하여, 인지적·사회적 발달과 함께 더욱 발달하게 된다. 외부환경에서 다른 사람들과 구분되는 자아를 이해하는 것이 자기인식이라면, 다른 사람들과 자신을 구분 짓는 속성, 능력, 행동, 태도, 가치 등을 조합하여 자신을 정의하는 방식이 자아개념이다(Shaffer, 2005).

① 영유아기의 자아개념 발달

영아는 18개월경에 자신과 타인을 구분하게 되면서 자아개념이 발달하게 된다. Levine(1983)은 영아를 대상으로 거울과제를 통해 자기인식을 관찰했다. 그는 관찰을 통해 5~18개월 된 영아는 거울 속의 자기 모습을 보며 좋아하고, 빨간 물감이 묻은 자신의 코를 만지는 것이 아니라 거울 속의 코를 만지는 걸로 보아 아직 자신을 인식하지 못한 것으로 보았다. 9~18개월 된 영아는 거울 속 자신의 모습이 거울에 반영됨을 이해하고, 자신의 코를 만지고, 사진이나 녹화된 자신의 모습을 알아본 것으로 나타났다. 이러한 자기 이해는 유아가 자신의 이름을 부르거나 말로 할 수 있을 때도 나타난다. 자신이 타인과 다르다는 것을 아는 유아는 좋아하는 물건을 갖기 위해서 "내 꺼야."라고 말하고, 거울이나 사진 속에서 자기 모습을 볼 때 '나'라고 말하게 된다. 교사는 이 시기 유아가 보이는 물건에 대한 소유욕을 이기심이라고 보기보다는 자신과 타인을 구분하려는 자아개념의 발달에서 나타나는 자연스러운 현상으로 이해하고, 소유욕으로 인한 다툼을 바르게 지도해야 할 것이다.

2~4세 유아는 자신을 매우 구체적이고 관찰 가능한 용어로 정의한다. 이들은 자신을 신체적 속성, 능력, 소유물, 사회적 관계, 선호와 관련해서 묘사한다. 이 시기 유아의 자아개념은 특정한 사물이나 활동에 대한 자신의 선호와 관련된 단순한 정서와 태도를 나타낸다. 또한 선과 악처럼 긍정적인 특성과 부정적인 특성이 동시에 존재할 수 없다고 생각하며, 따라서 분노와 좌절같이 동시에 경험하는 정서를 말할 수 없다. 전반적으로 이들은 자신을 지나치게 긍정적으로 보는 경향이 있다.

5~7세 정도의 유아도 자신을 지나치게 긍정적으로 보는 경향이 있다. 이 시기의 유아는 자아개념을 확장시켜서 자신이 지금 할 수 있는 것과 예전에 할 수 있었던 것을 비교하게 되는데, 이는 자랑하기 위해서가 아니라 자신이 얼마나 성장했는지를 알게 되면서 나타나는 현상이다. 또한 이 시기는 공평성을 알게 되면서 남과 나를 비교하기 시작한다. 그리고 상반되는 범주나 정서를 연결 짓지 못해서 두 가지 경쟁적인 정서(예: 분노와 기쁨)를 동시에 느낄 수 있다는 것을 아직 표현하지 못한다. 그러나 두 개의 보완적인 정서(예: 행복과 만족감)를 함께 표현할 수는 있다.

② 아동기의 자아개념 발달

7~8세 아동은 사적인 자아를 알게 되고, 추상적인 방식으로 자신을 기술한다. 능력과 대인 간 속성에 초점을 두어 말하고, 또래들과 비교하여 자신이 할 수 있는 것을 중심으로 비교한다. 이와 같은 비교는 다른 아이들에게 상처를 주기 위해서가 아니라 자신과 타인을 구분하는 방식이다.

8~11세 아동은 덜 구체적이고 더 추상적인 형용사를 사용하여 자신을 나타내고, 성격의 특성을 언급한다. 이 시기 아동은 구체적인 영역으로 범주화하고 영역을 구분하여 말할 수 있게 된다. 이는 아동이 자신이 수행한 것들 간의 차이를 알게 되었음을 의미한다. 이 시기가 되면 이전 단계들과는 달리 자신을 더 부정적으로 인식하는 경향이 있다. 아동은 그동안 해 왔던 방식, 즉 계속 지속될 것이라고 생각하는 행동방식으로 자신을 기술한다. 이러한 관점에서 자아를 생각하는 것은 경험이 늘어나고 인지능력이 발달하면서 더 추상적이 되었다는 것을 나타낸다. 이 시기 아동은 이전보다 더 확대된 자기 이해를 통해 청소년기를 맞게 된다.

(2) 자아존중감

자아존중감(self-esteem)이란 자기 존재에 대한 긍정적 판단과 부정적 판단이다. 자아개념이 자아에 대한 인지적 이해라면 자아존중감은 감정적 느낌이다(Simmons &

Blyth, 1987). 자아존중감은 타인의 언어와 행동을 통해 자신의 전반적인 가치에 대해 지각하며 내면화된 기준이나 기대와 비교하여 자신을 판단하는 것이다. 자아존 중감의 세 가지 구성요소를 〈표 5–3〉에 제시했다(Curry & Johnson, 1990; Marion, 2007).

〈표 5–3〉 자아존중감의 구성요소

구성요소	의미
가치	• 자신을 가치 있게 여기고 좋아하는 정도 • 다른 사람들이 자신을 가치 있게 여기고 좋아한다고 생각하는 정도
능력	• 과제를 완수하고 목표를 성취할 수 있다는 신념
통제	• 개인이 세상에서 일어나는 일들과 사건에 영향을 미칠 수 있다고 느끼는 정도

자신의 가치, 능력, 통제를 대체로 긍정적으로 판단하는 사람은 자아존중감이 높으며, 부정적으로 판단하는 사람들은 자아존중감이 낮다(Damon & Hart, 1988). 자아존중감 발달은 2세부터 신변처리 기술과 함께 시작된다. 유아는 일상에서 나타나는 과업을 성공적으로 수행하면 자신의 기본적인 능력에 대한 신뢰감을 형성하게 되는데, 바로 이러한 신뢰감이 자아존중감의 기초가 된다. 유아기에는 일반적으로 자아존중감이 가장 높게 나타나다가, 아동기에 들어서면서 여러 영역에 걸쳐 자신을 객관적으로 평가하게 됨에 따라 유아기에 과하게 높았던 자아존중감이 현실적인 수준으로 조정된다. 이러한 현상은 아동이 점차 자신에 대한 판단을 타인의 견해나 객관적인 수행능력에 맞춰 조정하려고 하기 때문이다(Stipek & Maclver, 1989). 아동은 대체로 학업적 능력, 사회적 능력, 신체적 능력의 측면에서 자아존중감이 형성되는데, 이는 나이가 들어감에 따라 좀 더 세분화되어 간다(Marsh & Ayotte, 2003). 이처럼 세분화된 자아존중감은 전반적 자아존중감으로 통합되어 (Harter, 1990), [그림 5–1]과 같이 위계적인 구조를 형성하게 된다.

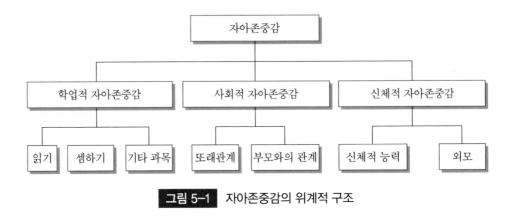

그림 5-1 자아존중감의 위계적 구조

자아존중감은 자신의 삶에서 매우 중요한 영향을 미친다. 자아존중감이 높은 아이는 자신에 대해 좋게 느끼고 자신의 능력을 높게 평가하며 사회적 자신감이 높다. 또한 사교적이고 개방적이고 자기주장적이며 자신을 유능하고 좋아할 만하다고 여긴다. 결과적으로 자아존중감이 높은 사람은 긍정적인 생활만족도와 정신건강, 행복감이 높기 때문에 다른 사람들과 어울려 지내는 데 어려움이 없고 갈등을 일으키는 일도 적다. 따라서 교사는 유아의 자아존중감을 높이는 긍정적 반응을 자주 해주어야 할 것이다.

2) 사회인지와 타인 이해

유아는 자기중심적 사고로 인해 타인의 관점으로 세상을 보는 데 어려움이 있다. 그러나 이 시기가 지나면 타인의 관점으로 사물과 상황과 세상을 이해하기 시작하고, 시간이 지날수록 점점 더 정교한 이해가 가능해지며, 사회적 관계를 이해하게 된다. 이러한 능력을 사회인지라고 하는데, 사회인지는 사회적 관계를 이해하는 능력으로 다른 사람의 감정, 생각, 의도, 사회적 조망수용능력의 발달을 의미한다. 사회인지는 모든 인간관계의 기본이며, 다른 사람이 무슨 생각을 하는지, 어떻게 느끼는지를 아는 것은 다른 사람과 원만한 관계를 유지하고, 그들을 이해하는 데 필수적이다(Feldman & Ruble, 1988; Gnepp & Chilamkurti, 1988).

조망수용능력(perspective taking ability)은 다른 사람의 사고와 감정을 짐작하고 이해하는 능력이다. 조망수용능력이 발달한 사람은 감정이입능력과 동정심을 가지고 있으며, 어려운 사회적 상황을 잘 처리하는 문제해결능력을 갖게 되어 타인과 잘 지낼 수 있는 성숙한 사회적 행동이 가능하게 된다. 유아는 조망수용능력이 발달하면서 점차 다른 사람의 관점과 욕구를 더 잘 이해하게 되기 때문에 자기 이해가 증가될 뿐 아니라 또래집단 지위와 우정의 질이 향상되고, 사회적 관계도 보다 효과적으로 맺을 수 있게 된다(Kurdek & Krile, 1982). Selman(1980)은 구조화된 면접을 사용하여 조망수용능력 발달을 〈표 5-4〉와 같이 5단계로 구분했다.

〈표 5-4〉 조망수용능력의 발달단계

단계	조망수용능력(나이)	내용
0단계	자기중심적 미분화 단계(3~5세)	• 자신의 입장과 타인의 입장을 구별하지 못하며, 자기중심적으로 해석함
1단계	사회정보적 조망수용 단계 (6~8세)	• 타인이 나와 다른 방식으로 사고할 수 있음을 이해하지만 왜 그런지는 이해하지 못함 • 타인의 의도, 감정, 사고를 추론하기 시작한다고 해도 사람들이 진짜 감정을 숨길 수 있다는 점은 이해하지 못함
2단계	자기반영적 조망수용 단계 (8~10세)	• 다른 사람의 관점을 이해하며, 상대방의 관점이 절대적으로 옳거나 옳지 않을 수도 있음을 이해함 • 동시에 일어나는 제3자의 입장을 이해하지 못함
3단계	상호적 조망수용 단계 (10~12세)	• 중립적인 제3자의 관점에서 자신과 타인의 관점을 이해함 • 공정한 관찰자의 입장에서 자신과 상대의 상호조망을 객관적으로 바라볼 수 있음
4단계	사회관습적 조망수용 단계 (12~15세)	• 모든 사람들이 공유할 수 있는 사회적, 관습적, 법적, 도덕적 관점의 조망수용이 필요하다는 것을 이해함 • 상호간의 이해를 돕기 위해 보편적인 타자(generalized other)나 사회적 제도의 관점을 고려할 수 있음

〈표 5-4〉에서 보는 바와 같이 유아는 발달상 0~1단계의 조망수용능력에 머물러 있기 때문에 다른 아이들과의 관계에서 자기중심적인 행동을 한다. 또한 조망수용능력은 상황이 복잡해지면 더 낮아지기 때문에 복합적 감정은 기본 감정보다 조망하기가 어렵다. 따라서 조망수용능력이 낮은 영유아는 사회적 참조(social reflecting)를 통해 성인의 반응을 보면서 위험한지 안전한지 파악하려고 한다. 사회적 참조란 유아가 자신이 신뢰하는 사람의 감정 반응을 보면서 그 감정적 단서를 찾아 감정과 행동을 표현하는 것이다. 즉, 타인의 정서를 자기 행동의 길잡이로 삼는 것이다. 따라서 어린 유아는 교사를 보면서 교사의 정서적 반응에 의존하려 할 것이므로, 교사는 유아의 좋은 모델이 되어 주어야 한다. 그런데 교사가 유아의 정서에 대해 비효과적인 반응을 하게 된다면 유아는 자신과 타인의 정서를 이해하기 어렵게 될 것이다. 비효과적인 반응에는 유아의 정서 무시하기(자기 감정이 중요하지 않다고 여기게 됨), 정서적 상황에 대해 거짓말하기(앞으로 직면할 상황에 대해 유아가 준비할 수 없게 하고, 신뢰감을 잃게 됨), 유아의 감정 부인하기(유아가 표현하는 정서의 중요성을 간과하여 특정 정서를 갖지 못하게 함), 수치심 느끼게 하기(자신에 대해 의심하고 열등하고 부적절하다고 느끼게 됨) 등이 있다. 그러므로 교사는 또래 갈등을 지도할 때 유아의 눈높이에 맞추어 유아의 정서에 효과적으로 반응하며, 유아가 자기 정서 이해를 바탕으로 조망수용능력을 키워 갈 수 있도록 도와줄 수 있어야 한다. 유아가 자신의 정서를 인식할 수 있도록 도우려면 관찰을 통해 유아가 느끼는 감정 유형을 파악하고, 유아가 느끼는 감정을 그들이 알아들을 수 있는 말로 규정해 주며, 유아가 느끼는 감정의 원인을 파악하여, 유아가 느끼는 미묘한 감정의 차이로 인한 행동의 차이를 변별하도록 도와주어야 한다.

유아의 사회인지 발달에 대한 것으로 조망수용 이론 외에 마음이론(theory of mind)이 있다. 마음이론은 자신이나 타인의 정신적 과정에서 생각이나 마음 상태에 대한 아동의 인식에 초점을 두고 있으며, 경험과 내재적 상태와 행동 간의 관계를 이해하는 사고체계를 설명하는 이론이다. 영아는 사람들이 항상 자신의 요구와 일치된 방식으로 행동한다고 생각하는 단순한 욕구마음이론(desired theory of mind)을 지닌 초보적 상태이다. 유아는 4세가 되어야 믿음과 바람이 행위를 결정한다는 보다 복잡한 관점인 믿음-욕구마음이론(belief-desired theory of mind)을 표출하며, 이러한 내적 상태들 간의 관련성을 이해하게 된다(Gopnik & Wellman, 1994; Ziv & Frye, 2003). 유아기 믿음-욕구 추론에 대한 증거는 틀린 믿음(현실을 정확하게 표상하지 않는 것)이 사람들의 행동을 안내할 수 있다는 사실을 이해하는지 알아본 '틀린 믿음(false beliefs) 실험'에서 찾아볼 수 있다(Bartsch & Wellman, 1995; Gopnik & Wellman, 1994).

> ### 틀린 믿음 실험
>
> 유아에게 두 개의 작은 상자(하나는 친숙한 일회용밴드 상자, 하나는 일반 상자)를 보여 주며, 어느 상자에 밴드가 들어 있을지 물으면 유아는 항상 밴드 상자를 고른다. 상자를 열어 자신의 믿음과는 달리 일반 상자에 밴드가 들어 있음을 확인시켜 준다. 그다음에 손 인형을 주고 인형이 상처가 났는데 인형은 어느 상자에서 밴드를 찾을지 물어본다.

이 실험에서 3세 유아 소수와 4세 유아 다수가 틀린 믿음에 대해 설명할 수 있었으며, 틀린 믿음의 획득은 3세 반 이후 점차 강화되고, 4~6세가 되면 안정화된다(Amsterlaw & Wellman, 2006; Callaghan et al., 2005; Flynn, 1999). 마음의 추론(mental inferences)이 가능해지면 틀린 믿음의 이해를 보다 더 키워 갈 수 있다. 6~7세경의 아동은 사람들이 타인의 믿음에 대한 믿음을 형성한다는 것과 이러한 이차 믿음(second-order belief)이 틀릴 수 있음을 깨닫게 된다. 이차적 틀린 믿음을 이해함으로써 아동은 타인이 어떤 믿음을 갖게 되는 이유를 정확히 알 수 있게 된다. 최소한 두 가지 관점에서 하나의 상황을 바라보는 능력(둘 이상의 사람이 생각하는 것에 대해 동시에 생각하는 능력)이 어떻게 요구되는지 알 수 있다.

마음이론의 발달은 자신과 타인의 신념 간의 관계에 대한 이해를 강화하고, 타인의 신념을 변화시키려는 자신의 논리적인 시도를 향상시켜 나간다. 또한 마음이론은 사회적 관계에서 특히 중요한 사회인지 능력과 관련이 있다. 타인의 마음상태를 이해하고 그 감정과 의도를 헤아리는 능력인 사회인지는 자기중심성을 탈피하는

데 도움이 되며, 감정이입능력과 조망수용능력 발달에 도움이 된다. 이러한 유아의 사회인지 발달은 12장에서 설명하는 사회적 기술 습득의 바탕이 된다. 따라서 교사는 현재 유아의 사회인지 수준을 이해하고 그 발달을 촉진하는 노력을 통해 유아들이 서로 잘 어울려 지낼 수 있도록 지원할 수 있어야 한다.

3. 도덕성 발달

1) 도덕성 발달 이론

도덕성이란 선악을 구별하고 옳고 그름을 바르게 판단하며, 인간관계에서 지켜야 할 규범을 준수하는 능력을 말한다. 도덕성은 자신이 속한 사회의 문화규범에 따라 행동하도록 배우고 이를 자신의 것으로 받아들이는 과정을 통해 발달한다. 인간은 누구나 태어나면서 사회 구성원의 일원이 되며, 사회 구성원으로서 그 사회가 가지고 있는 가치, 행동규범, 체계 등을 그 사회 성인으로부터 배우게 된다. 여기에서는 Piaget와 Kohlberg의 도덕성 발달 이론을 중심으로 설명한다.

(1) Piaget의 도덕성 발달 이론

도덕성을 사회적 규칙에 대한 존중과 도덕적 책임감을 포함한 정의감이라 주장한 Piaget(1932)는 도덕성이 발달하려면 인지적 성숙과 사회적 경험이 수반되어야 한다고 했다. 즉, 자기중심성이 줄어들고, 조망수용능력이 향상되며, 또래와 상호작용하는 경험이 늘어야 도덕성이 발달할 수 있다고 본 것이다. 그는 '공기놀이 관찰(게임 규칙은 누가 만들었니? 누구나 이 규칙을 지켜야 하니? 이 규칙들은 바꿀 수 있니?)'과 '도덕적 갈등상황에 대한 질문(문을 열다 컵 다섯 개를 깬 유아와 찬장의 잼을 훔쳐 먹으려다 컵 한 개를 깬 유아 중 누가 더 나쁘니? 왜 더 나쁘니?)'을 이용하여 도덕성 발달을 알아보고, 이를 타율적 도덕성과 자율적 도덕성으로 구분했다.

① 제1단계: 타율적 도덕성

타율적 도덕성은 도덕적 실재론이라고도 하며, 이 단계의 유아들(3~7세)은 다른 사람의 입장에서 상황을 고려하지 못하기 때문에 도덕적 추리에서 자기중심적이다. 그리고 사회적 규칙을 자연의 법칙과 혼돈하기 때문에 규칙은 신이나 부모와 같은 권위적 존재에 의해서 만들어진다고 믿으며, 그 규칙은 신성하고 변경할 수 없다고 믿는다. 또한 규칙을 어기면 반드시 처벌을 받는다는 내재적 정의를 믿기 때문에 과자를 몰래 꺼내 먹으려다 넘어져서 무릎을 다쳤다면, 규칙을 어겼기 때문에 발생한 피할 수 없는 결과라고 받아들이게 된다. 이 단계에서는 모든 도덕적 문제가 옳은 것과 그른 것으로 나뉘고, 규칙을 따르는 것이 항상 옳은 것이라고 믿으며, 어떤 행동의 옳고 그름에 대해 행위자의 의도성과 상관없이 행동의 결과만으로 판단한다. 즉, 문을 열다 컵 다섯 개를 깬 유아가 찬장의 잼을 훔쳐 먹으려다 컵 한 개를 깬 유아보다 나쁘다고 판단하게 된다.

② 제2단계: 자율적 도덕성

자율적 도덕성은 도덕적 상대론이라고도 하며, 7세 이후(8~11세)의 아동에게 나타난다. 이 단계의 아동은 스스로 규칙을 만들며, 규칙의 변경을 받아들인다. 또 규칙을 만인의 합의하에 이루어진 하나의 공통된 법칙으로 존중하고 복종할 의무가 있음을 지각하는 민주시민으로서의 준법정신을 갖게 된다. 따라서 절대주의적 사고에서 벗어나 상대주의적으로 사고할 수 있으며, 행위의 결과보다 내면의 동기나 의도를 먼저 고려하여 공정성과 정의를 생각할 수 있다. 따라서 찬장의 잼을 훔쳐 먹으려다 컵 한 개를 깬 유아가 문을 열다 컵 다섯 개를 깬 유아보다 더 잘못했다고 판단함으로써 결과가 아닌 동기나 의도에 의한 도덕적 사고가 가능하게 된다.

(2) Kohlberg의 도덕성 발달 이론

Kohlberg(1969)는 도덕적 이해의 발달은 기본적으로 정의의 개념과 옳고 그름을 판단하는 합리적 사고의 근거를 바탕으로 한다고 했다. 그는 도덕적 갈등상황에 대한 사례를 주고 그와 관련한 질문들에 대한 반응을 분석하여 도덕성 발달단계를 아동 후기(9~10세)부터 성인에 이르기까지 크게 3수준으로 구분하고, 다시 각 단계마다 2개의 단계들로 나누어 설명하고 있다. 이를 〈표 5-5〉에 제시했다.

▪▶〈표 5-5〉 Kohlberg의 도덕적 이해 발달단계

도덕 수준	특징	구분

1수준: 전인습적 (pre-conventional)	• 자기중심적이며 자기 욕구충족에만 관심이 있어 사회규범이나 기대, 타인의 입장을 잘 이해하지 못함
	• 옳고 그름을 주관적으로 판단하며, 벌 받지 않고 보상받는 것을 옳은 것으로 이해함
	• 자신이 좋아하면 옳은 것이며 좋아하지 않으면 그른 것으로 간주함
		• 1단계: 벌과 복종 지향의 도덕
		  – 보상을 받는 행동은 옳고, 벌을 받는 행동은 그르다고 판단함
		  – 벌을 피하려고 규칙을 따름
		• 2단계: 목적과 상호교환 지향의 도덕
		  – 자신의 욕구를 만족시키기 위해 규범을 준수하고, 타인의 입장을 고려하되 대부분 자신이 원하는 것을 얻기 위해서이며, 자신에게 돌아올 호의를 기대하기 때문에 타인에게 잘함
		  – 보상받으려고 규칙을 따름

2수준: 인습적 (conventional)	• 타인의 입장을 더 잘 이해하게 되고, 도덕적 추론은 사회적 권위에 기초하며 보다 내면화됨
	• 사회관습에 맞는 행동을 도덕적 행동이라 간주함
		• 3단계: 착한아이 지향의 도덕
		  – 타인의 기대에 따라 행동하며, 그 목표는 타인의 칭찬을 얻기 위함임
		• 4단계: 법과 질서 지향의 도덕
		  – 사회질서 유지를 위해서 사회적 규범과 법을 지켜야 한다고 믿음

3수준: 후인습적 (post-conventional)	• 사회규범을 이해하고 기본적으로는 그것을 인정하지만, 법이나 관습보다는 사회정의, 공정성, 기본적 권리, 인간존중 등 개인의 가치기준에 우선을 둠	• 5단계: 사회계약 지향의 도덕
		  – 사회적 관계와 개인의 권리가 존중되고, 사회적 법률이란 상호 합의에 의해 변화될 수 있는 것으로 보며, 다수를 위한 최대의 선을 강조함
		• 6단계: 보편원리 지향의 도덕
		  – 법이나 사회계약은 보편적 윤리기준에 입각한 것이기 때문에 정당하다고 믿음
		  – 원칙에 위배될 때에는 관습이나 법보다 인간의 존엄성, 인간의 평등성, 정의 등과 같은 보편원리에 따라 행동함

이와 같이 도덕성은 유아기 이후에도 여러 단계를 거치며 계속 발달하게 된다. 따라서 교사는 도덕성을 지도할 때 유아들의 도덕성은 Piaget와 Kohlberg가 설명하는 가장 낮은 수준임을 유의하여 유아가 도덕적으로 바르게 발달해 갈 수 있는 토대를 형성시키도록 노력해야 할 것이다.

2) 친사회적 행동과 공격성의 발달

(1) 친사회적 행동

친사회적 행동의 중요한 측면이 이타주의다. 이타주의는 다른 사람을 돕는 데 있어서 자기중심적이지 않은 관심으로, 상호호혜성과 상호교환을 포함하는 감정 이입적 정서다(Santrock, 2004). 이타적 행동으로 나타난 친사회적 행동은 이기심이나 공격성과 같은 반사회적 행동의 반대개념으로, 외적 보상에 대한 기대 없이 자발적으로 타인을 도와주거나 이로움을 주는 행동을 하는 것을 뜻한다. 그런데 이러한 친사회적 행동은 생득적 행동이라기보다는 사회적 행동의 하나로, 가정이나 사회생활에서 타인과의 접촉과 경험을 통해 학습해 나가는 것이다.

친사회적 행동은 인지적이고 정의적인 능력(조망수용능력, 감정이입능력, 도덕적 추론능력 등)이 선행되어야 하므로 영아기에 친사회적 행동을 기대하기는 어렵다. 아주 단순한 이타행동은 18개월 정도에 나타나지만(Shaffer, 2005), 의미 있는 이타행동은 4~6세부터 증가하여 9~10세에 가장 높은 수준을 보인다(Bar-Tal, Raviv, & Goldberg, 1982). 유아의 연령이 증가하면서 협조의 가치와 필요성 및 방법을 이해하는 인지적 능력이 발달하고 다른 사람을 도울 수 있는 전략이 발전함에 따라 친사회적 행동이 증가하게 된다(강인언, 이한우, 정정란, 2009). 유아는 친사회적 행동을 하는 것을 통해 만족감과 유능감을 인식하게 되고, 타인과 사회적 관계를 맺게 되며, 진행되는 관계를 증진시키고, 또래들 사이에 인기를 얻게 되며, 도움을 받거나 협동을 할 기회가 늘어나고, 학업성취가 높아지며, 긍정적인 집단 분위기를 만들어 내게 된다(Kostelnik, Whiren, Soderman, & Gregory, 2009). 친사회적 행동의 다양한 분류와 지도 방법은 12장에서 구체적으로 설명하고 있다.

(2) 공격성

공격성은 사람이나 동물에게 신체적·정신적으로 상처를 주거나 재산상의 피해나 파괴를 이끄는 반사회적 행동으로, 언어적으로나 신체적으로 나타난다(Dodge, Coie, & Trembley, 2006). 공격적 행동은 때리기, 움켜잡기, 꼬집기, 발로 차기, 침 뱉기, 물기, 위협하기, 모욕 주기, 창피 주기, 윽박지르기, 험담하기, 공격하기, 욕하기, 놀리기, 파괴하기 등이 있다. 어린 유아는 자신이 원하는 것을 얻거나 어떤 것을 지키기 위해 신체적인 힘을 자주 사용하는 도구적 공격성을 보이지만, 좀 더 큰 유아는 타인에게 고통을 주려는 의도를 가지고 언어와 신체적인 힘을 사용하는 적대적 공격성을 보인다(Kostelnik et al., 2009).

공격성은 일반적으로 18개월을 전후로 나타난다. 12~15개월 영아들은 물건을 서로 가지려고 다투지만, 그 행동에는 물건을 가지려는 것에만 관심이 있을 뿐 적대적 의도는 없다. 그러나 18~24개월 유아들은 장난감을 가지려고 상대방을 의도적으로 밀치는 명백한 공격적 행동을 한다. 자기중심적인 사고를 하는 유아기에는 주로 갖고 싶은 것을 갖거나 자신의 물건을 지키기 위해서 때리거나, 잡거나, 발로 차거나, 깨무는 행동을 하는 공격성이 많이 나타난다(Bell & Quinn, 2004). 반면, 이 시기의 공격성은 나쁜 감정이 오래가지 않아 적대적 공격성은 별로 나타나지 않는다(Shaffer & Kipp, 2006). 초등학생 시기의 아동은 언어와 인지 능력의 발달로 분쟁을 우호적으로 해결하는 능력이 증가하게 되면서 학년이 올라갈수록 도구적 공격성은 줄어드는 반면, 언어적 조롱, 놀리기, 별명 부르기 등의 언어를 사용한 의도적인 적대적 공격성은 증가한다(Bell & Quinn, 2004).

공격적 행동을 줄이기 위해 신체적 처벌이나 무시, 비일관적 지도를 하는 것은 비효과적이다. 공격성을 줄이기 위해서는 아동이 자신의 요구를 평화적으로 관철시키고, 타인의 공격성에 대해 자기주장적으로 반응하는 방법을 가르치기 위한 모델링, 강화, 가르침의 방법을 사용해야 한다(Kostelnik et al., 2009). 이러한 방법은 7, 10, 11장 등에서 설명하고 있다.

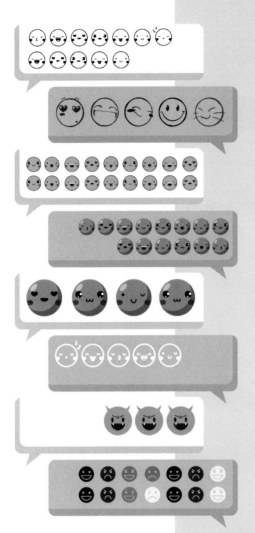

제6장

폭력 예방을 위한
유아교사의 정서조절

유아교육기관에서 폭력이 발생하지 않고 안정적인 분위기에서 교사의 역할을 수행하기 위해서 교사는 무엇보다 자신의 정서를 알고 조절할 수 있어야 한다. 유아교사는 유아를 가르치는 일뿐 아니라 매일 교직원과 부모를 상대해야 하고, 유아의 발달 특성상 교사 역할의 한계가 불분명하여 다양한 일을 함께 처리해야 하며, 강한 감정을 보이는 유아의 문제행동을 빈번하게 마주쳐야 한다. 이렇게 유아교사는 강한 정서노동을 감당해야 하기 때문에 유아들 간의 갈등문제보다 유아에 대한 교사의 폭력문제가 보다 심각하게 부각되기도 한다. 따라서 여기에서는 교사의 정서조절에 도움이 되는 부분에 초점을 두어 정서지능의 개념, 정서조절과 뇌 발달의 관계, 정서조절 방법에 대해 살펴본다.

1. 정서지능의 개념

정서지능은 일반지능에 대비되는 말로, 감정과 느낌을 통제하고 조정할 줄 아는 능력을 말한다. 정서지능은 사고능력이나 기억력, 추리력이 아니라 그런 능력을 발휘하게 하는 또는 그런 능력을 억압하고 제한하는 정서적 능력이다. 아무리 머리가 좋고 기억력이 뛰어나도 뭔가를 기억해 내려 하고 머리를 사용하려 하는 의지와 감정이 없이는 사고하고 기억해 내는 것은 이루어질 수 없다.

Gardner(1983)는 언어나 수학 능력으로 지능을 측정하고 지능과 정서를 분리하려는 것에서 벗어나기 위한 시도로 다중지능이론(theory of multiple intelligence)을 제안하였다. 그는 언어지능, 논리수학지능, 공간지능, 운동지능, 음악지능, 개인 간

지능, 개인 내 지능, 자연지능, 영성지능 등 아홉 가지 지능을 제안했다. 이 중 개인 간 지능(interpersonal intelligence)과 개인 내 지능(intrapersonal intelligence)이 사회정서와 관련된 지능이다. 개인 간 지능은 다른 사람의 정서와 의도를 이해하는 능력이고, 개인 내 지능은 자신의 내면을 이해하는 능력이다.

Mayer와 Salovey(1993)는 Gardner가 말한 개인 내 지능과 개인 간 지능을 합하여 '정서지능'이라 명명하고, 〈표 6-1〉과 같이 정서지능을 3개 영역과 10개의 하위요소로 구분하였다.

▶ 〈표 6-1〉 정서지능 구성요소

영역	의미	하위요소
정서인식	자신과 타인의 정서를 파악하고 표현할 줄 아는 능력	• 자기 정서의 언어적 인식과 표현 • 자기 정서의 비언어적 인식과 표현 • 타인 정서의 비언어적 인식과 표현 • 감정이입
정서조절	자신과 타인의 정서를 효과적으로 조절할 줄 아는 능력	• 자신의 정서조절 • 타인의 정서조절
정서활용	자기 삶을 계획하고 성취하기 위하여 그런 정서를 활용할 줄 아는 능력	• 융통성 있는 계획 세우기 • 창조적 태도 • 주의집중의 전환 • 동기화

이렇게 정서지능을 세 개 영역으로 구분했던 Mayer와 Salovey(1997)는 1997년에 정서지능의 구성요소를 다시 네 가지 차원 모델로 발표하였다. 그들은 정서조절을 가장 높은 단계로 보면서, 정서지능은 정서적 정보를 처리하는 능력의 개념적 틀 안에서 가장 기본적인 심리적 과정에서부터 좀 더 복잡한 통합적 과정에 이르기까지 네 가지 수준의 위계구조를 갖는다고 하였다. 이를 정리하면 〈표 6-2〉와 같다.

■▸〈표 6-2〉 정서지능의 네 가지 차원 모델

단계	수준
정서인식	• 자신의 감정을 정확히 지각하는 능력 • 타인의 감정을 알아차리는 능력 • 정서와 관련된 욕구를 표현하는 능력 • 복합적인 감정표현에 대해 그 감정을 식별하는 능력
정서를 통한 사고의 촉진	• 중요한 항목에 우선적으로 주의를 집중하는 능력 • 감정이입 • 정서상태를 보는 관점의 차이를 이해하는 능력 • 문제해결을 위해 최적의 감정을 만들어 활용하는 능력
정서의 이해와 분석	• 다양한 정서를 명명하고, 정서 간 차이와 관계를 이해하며, 정서의 강도에 따른 명칭의 차이를 이해하는 능력 • 정서가 발생한 원인, 과정, 결과를 이해하는 능력 • 복합 정서를 해석하고, 여러 정서를 함께 경험할 수 있음을 이해하고 활용하는 능력 • 감정이 어떻게 변화하는지 이해하고 예측할 수 있는 능력
정서조절	• 정서를 받아들이고 이에 반응하는 능력 • 경험한 정서가 자신에게 유익한지 고려하여 그에 맞게 정서를 표현하거나 차단할 수 있는 능력 • 자신의 정서가 타인에게 어떻게 비춰질지 이해하고, 타인에게 끼치는 영향을 평가하는 능력 • 자신의 감정을 사회문화적으로 수용될 수 있는 방식으로 조절하고, 타인의 정서까지 조절할 수 있는 능력

Mayer와 Salovey의 정서지능의 위계구조를 숙지하고 있다면 교사는 자신의 정서지능이 어느 단계인지, 어떤 부분이 부족한지, 발달을 위해 무엇을 고려해야 하는지 이해하는 데 도움이 될 것이다.

2. 정서조절과 뇌 발달의 관계

MacLean(1993)은 뇌가 뇌간, 변연계, 대뇌피질의 3층으로 구성되어 있고([그림 6-1] 참조), 뇌의 각 층들이 서로 밀접한 상호작용을 한다고 하였다. 비슷한 주장을 한 Damasio(1994)는 자신의 환자 중, 유능한 비즈니스맨이었던 엘리엇이 전전두엽의 종양 제거 수술 후에 지능과 인격에는 아무 문제가 없고 감정만 느끼지 못하게 되었는데, 직장에서 직업수행능력이 떨어지고 가정생활에도 어려움이 생겨 결국 파탄에 이르게 된 것을 관찰했다. 이러한 관찰을 통하여 감정은 사람이 판단과 결정을 내릴 수 있도록 돕는 내비게이션 같은 역할을 한다고 결론을 내리고, 변연계와 대뇌피질 간의 상호작용의 중요성을 강조하였다. 다른 많은 연구에서도 변연계와 전두엽의 협력 없이는 이성적 판단에 어려움을 갖는다고 했다. 즉, 감정이 없다면 이성도 없다고 본 것이다.

우리는 매일 분노, 슬픔, 기쁨, 공포 등의 감정을 느끼며 그 속에서 살아가고 있다. 모든 인간이 공통적으로 가지고 있는 즐겁거나 불유쾌한 마음의 상태인 1차적인 감정은 뇌의 변연계에서 처리한다. 그러나 2차적 감정은 학습을 통해 사물, 사건, 상황에 연결되는데, 사물과 사건을 파악하고 이전의 기억들을 분석하는 것은 대뇌피질의 역할이다. 특히, 대뇌피질의 겉뇌인 전두엽의 역할은 문제를 해결하고, 이성적인 판단을 하며, 감정을 조절하고, 목표를 설정하여 노력하며, 타인의 의도를 이해하여 설득하고, 건강한 인간관계를 맺는 등의 능력을 발휘하는 것이다. 또한 전두엽은 인간이 느끼는 감정을 원만하게 해결하기 위해서 정서의 관리자 같은 특별한 역할을 한다. 전두엽은 변연계로부터 오는 신호들을 약화시켜서 감정적 반응을 완화시켜 주는 역할을 하며, 감정적 상황에 대해 구체적인 행동계획들을 만들어 낸다. 즉, 변연계의 편도핵이 고도의 감정적 상황에서 응급처치의 기능을 한다면, 전두엽은 감정을 정밀하게 조정하는 기능을 한다. 그런데 대뇌피질은 뇌의 다른 층들과의 상호작용을 통해서만 이러한 일들을 해낼 수 있다. 즉, 변연계가 제 기능을 발

- **뇌간**(생명보존을 위한 뇌): 호흡이나 신진대사처럼 우리가 살아가는 데 매우 중요하나 대개 무의식적으로 수행되는 기능들을 담당하고 있으며, 충동과 본능, 반사작용 등을 조절한다.

- **변연계**(정서-감정의 뇌): 0~3세까지 결정적 발달 시기다. 변연계는 뇌간을 둘러쌓고 있으며, 정서, 수면, 주의집중, 신체조절, 호르몬, 성욕 및 냄새 등 인간의 감정을 다룬다.
  - 편도체: 부정적 정서 유발과 관련된다.
  - 해마: 모든 정서적 경험을 저장하는 창고로, 단기기억을 장기기억으로 전환하는 역할을 한다.

- **대뇌피질**(인지-이성의 뇌): 3~6세까지 결정적 발달 시기이나, 사람의 뇌에서 가장 늦게까지 완성된다. 6세까지 1차 완성되었다가 사춘기 전후로 재편되다가 20대까지 발달한다. 전두엽은 변연계를 둘러싸고 있으며, 사고, 계획, 기억과 같이 고차원적인 뇌 활동을 다룬다.
  - 전두엽: 가장 넓게 차지하고 있는 부위로 고도의 종합적 사고와 인간성을 담당한다.
  - 두정엽: 신체를 움직이는 일과 입체 공간적 인식 기능을 담당한다.
  - 측두엽: 언어적 능력과 청각에 관련된 일을 한다.
  - 후두엽: 눈으로 보고 느끼는 시각적인 정보를 담당한다.

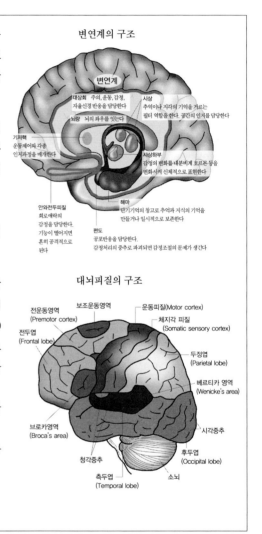

그림 6-1 뇌의 3층 구조

휘하지 못하면 대뇌피질도 자기 기량을 발휘하지 못하는 것이다.

인간은 슬픔, 우울, 짜증, 공포, 분노 등과 같은 부정적 정서가 지배적일 때는 분노하게 된다. 그런데 이러한 분노는 기억력을 떨어뜨리고, 피곤하게 하며, 깊은 수면을 취하지 못하게 하고, 일이나 공부에 집중하지 못하게 한다. 이는 화재경보기 같은 역할을 하는 편도체가 격한 분노 감정이 일어나는 상황을 위급 상황으로 판단하여 전투태세를 갖추려 하기 때문이다. 따라서 편도체는 여러 가지 부정적 정서로 전두엽을 흔들어 놓으면서 그 역할을 방해하여, 전두엽이 부정적 감정을 억제해서 차분하고 이성적인 상태를 유지하지 못하게 하는 것이다. 다시 말해, 부정적 정서는 편도체를 활성화시키고, 전두엽의 기능을 저하시킨다. 마찬가지로 자신의 감정변화를 잘 인지하지 못하거나, 감정조절이 서투르거나, 충동을 잘 통제하지 못하는 것도 전두엽의 기능이 약화되어 편도체를 통제하는 능력이 부족하기 때문이다. 전두엽이 무력화되면 마음의 힘을 발휘할 수 없게 될 뿐만 아니라 스스로 분노나 감정을 조절하는 능력이 매우 약해져 폭력적 행동, 우울, 자살 등을 보이게 된다.

그렇다면 전두엽의 기능은 왜 약화되는가? 정서조절을 가장 어렵게 하는 것이 스트레스인데 이러한 스트레스에 장기적으로 노출되면 전두엽은 구조적으로 약화된다. 현대사회를 살아가는 사람들은 다양한 측면에서 스트레스를 받고 있으며, 스트레스로 인한 음주, 흡연, 게임 등은 또다시 전두엽을 위협하게 된다. 또한 뇌를 다쳐 뇌 앞쪽에서 출혈이 생기면 전두엽이 망가지게 되고, 그러면 정서조절이 잘 되지 않아 감정이 떠오르는 즉시 말이 나오고, 화가 나는 대로 행동에 옮기게 된다. 뇌출혈, 뇌경색, 파킨슨병 환자도 여기에 해당될 수 있다. 유아의 경우에도 컴퓨터 게임에 지나치게 노출되거나, 가정에서 부모의 사이가 좋지 않거나, 부모가 정서조절을 잘 못하여 아이에게 화를 자주 내거나, 지나치게 학습을 강조하거나 과잉보호를 해도 전두엽에 문제를 초래할 수 있다. 따라서 정서조절을 잘 하기 위해서는 편도체에서 느끼는 부정적 정서가 활성화되지 않도록 하고, 긍정적 정서를 다루는 전두엽을 활성화시키도록 노력할 필요가 있다.

전두엽을 활성화시키기 위해서는 독서나 운동 혹은 자신의 감정을 살리는 취미생활이 도움이 된다. 김주환(2011)은 뇌를 긍정적 뇌로 변화시키는 것은 자기조절능력과 대인관계능력에 영향을 미치고, 이러한 능력은 자신에게 닥치는 역경과 어려움을 오히려 도약의 발판으로 삼을 수 있는 회복탄력성에 영향을 미친다고 했다. 결국 긍정적 뇌는 정서조절을 넘어 질 높은 삶에도 영향을 미친다고 본 것이다.

3. 정서조절

1) 정서인식과 정서조절

정서인식은 앞에서 살펴본 정서지능의 구성요소로서, 일상생활 중 매 순간 자신에게 일어나는 느낌을 알아차리는 능력을 의미한다. 즉, 자신의 마음상태를 아는 것이다. 정서인식은 정서를 표출하는 것과는 다르다. 정서를 표현하지 않고도 정서인식은 가능하다. 정서인식은 첫째, 누구에게나 감정이 있고, 둘째, 감정을 일으키는 상황은 다양하며, 셋째, 감정은 내가 느끼는 것과 타인이 느끼는 것을 서로 잘 전달시켜 주고, 넷째, 감정을 나타내는 표현방법은 여러 가지이며, 다섯째, 내가 느끼는 것과 타인이 느끼는 것이 다를 수 있고, 여섯째, 내가 느끼는 것과 타인이 느끼는 것을 바꾸기 위한 일을 해 볼 수 있다는 것을 아는 것이다. 자기 감정을 잘 인식하는 사람은 타인의 정서나 감정도 더 잘 알아채고 대응할 수 있다.

정서인식을 잘 하기 위해서는 무엇보다 어느 정도는 혼자 있는 시간을 가질 필요가 있다. 바쁜 일상을 잠시 접어 두고 산책하기, 기도하기, 일기 쓰기, 악기 연주하기, 그림 그리기 등 혼자서 하는 활동을 하는 것은 평소 자신의 감정을 알아채는 데 도움이 된다. 또한 자신의 정서 상태를 잘 인식하기 위해서는 감정과 관련된 단어를 충분히 알고 있어야 할 필요가 있다(〈표 6-3〉참조). 사람은 마음속에서 느끼는 복잡한 감정에 대하여 안정을 찾고 싶어 하는데, 이때 감정을 언어로 표현할 수 있으면 더 쉽고 빠르게 감정에 다가가고 대처할 수 있게 된다. 즉, 감정을 언어로 표현하게 되면 느끼고 있는 감정을 어떻게 처리해야 할지 명료하게 생각할 수 있게 되는 것이다. 이런 이유로 Gottman(1997)은 감정에 이름을 붙여 표현하는 것은 마치 문에 손

■·〈표 6-3〉 감정 단어들

기쁨	행복하다, 기쁘다, 편안하다, 뿌듯하다, 유쾌하다, 즐겁다, 흥이 난다, 상큼하다, 시원하다, 마음이 가볍다, 상쾌하다, 황홀하다, 안심이 된다, 재미있다, 흐뭇하다, 날아갈 것 같다, 만족스럽다, 훌륭하다, 짜릿하다
분노	화난다, 성질난다, 가슴이 무너진다, 속이 부글부글 끓는다, 답답하다, 속상하다, 불쾌하다, 나쁘다, 안 좋다, 싫증난다, 지겹다, 패씸하다, 신경질 난다, 억울하다, 불만이다, 골치가 아프다, 짜증난다, 싫다, 아프다, 무시당한 것 같다, 귀찮다, 울화가 치민다, 마음에 안 든다, 밉다, 숨 막힌다
슬픔	슬프다, 외롭다, 절망스럽다, 처량하다, 가슴이 찢어진다, 울고 싶다, 답답하다, 상처받았다, 불쌍하다, 캄캄하다, 아무 소용없다, 혼자인 것 같다, 공허하다, 좌절감을 느낀다, 속 썩는다, 불행하다, 가슴 아프다, 서럽다, 가엾다, 측은하다, 안타깝다, 한스럽다
사랑	사랑스럽다, 인정받는다, 매력을 느낀다, 따뜻함을 느낀다, 관심이 간다, 고맙다, 평화스럽다, 도와주고 싶다, 사랑받는다, 보살핌을 받고 있다, 정성스럽다, 사랑을 느낀다, 존경스럽다, 다정하다
놀라움	놀랍다, 당황스럽다, 흥분된다, 감격했다, 두근거린다, 곤혹스럽다, 화끈거린다, 충격받았다, 머리칼이 곤두선다, 긴장을 느낀다
무서움	공포를 느낀다, 겁난다, 초조하다, 간이 콩알만 해졌다, 위협을 느낀다, 소름이 끼친다, 몸이 떨린다, 피하고 싶다, 큰일날 것 같다
욕심	욕심을 느낀다, 약 오른다, 경쟁심을 느낀다, 질투를 느낀다, 고집부리고 싶다, 갖고 싶다, 부럽다, 배 아프다, 조급함을 느낀다, 잘하고 싶다, 성에 안 찬다, 부족하다
의아함	의심스럽다, 불확실하다, 아득하다, 막막하다, 혼돈스럽다, 절망적이다, 낯설다, 이해할 수 없다, 정리가 안 된다, 아리송하다, 조심스럽다, 마음이 불편하다, 안정감을 못 느낀다, 뭐가 뭔지 모르겠다, 답답하다, 이상하다, 걱정된다, 생소하다
수치심	창피하다, 쥐구멍을 찾고 싶다, 죄책감이 느껴진다, 마음이 무겁다, 한심하다, 부끄럽다, 미안하다, 죄의식을 느낀다, 캄캄하다, 수치스럽다, 쑥스럽다
힘없음	약하다, 기대고 싶다, 쉬고 싶다, 기운이 없다, 관심이 없다, 공허를 느낀다, 압도당한 느낌이다, 능력이 없다, 맥이 풀린다, 허전하다, 의존하고 싶다, 생기를 잃었다, 지쳤다, 낙담했다, 아무 가치가 없다
힘있음	뿌듯하다, 자랑스럽다, 자신감을 느낀다, 감 잡았다, 필요를 느낀다, 큰 것 같다, 희망을 느낀다, 쉽다, 포부가 생긴다, 확신한다, 마음이 든든하다, 이겼다, 강해진 것 같다, 안전하다, 대단함을 느낀다, 자유롭다

출처: 이영애(2012).

잡이를 달아 주는 것과 같아서, 문에 손잡이가 있으면 방에서 쉽게 나갈 수 있듯이 감정을 언어로 표현하면 그 감정에서 쉽게 벗어나는 데 도움이 된다고 했다. 교사가 감정 단어를 많이 알고 있으면, 자기 정서인식에 도움이 될 뿐 아니라 유아들이 행동으로 나타내는 부정적 정서도 언어로 표현해 줄 수 있을 것이다.

정서조절은 자신의 감정을 정확히 인식하고 그 감정이 타인에게 끼칠 영향을 고려하여, 자신이 속한 사회가 기대하는 정서 상태로 조절하는 능력을 말한다. 일상생활에서 정서를 잘 다루지 못하면 삶의 다양한 측면이 어려움에 처할 수 있는 반면, 정서를 적절히 잘 다루면 대인관계와 일의 영역에서 긍정적인 피드백을 얻으며 성취감을 맛볼 수 있게 된다. 따라서 정서를 조절하는 능력은 정서적 정보를 처리하는 능력 중 우리의 삶에 가장 중요한 영향을 끼친다고 할 수 있다(이지영, 2013). 이지영 (2013)은 정서조절을 못하면 사람과 직장을 잃게 되고, 집중을 잘 못하여 성적이 떨어지며, 건강까지 잃게 된다고 하였다. 결국 정서조절은 자신과 타인 모두에게 긍정적, 부정적 영향을 미치지만, 부정적 영향은 모두에게 해로운 것이다. 유아교사가 정서조절에 어려움을 겪는다면 유아들에게 부정적인 영향을 끼칠 것은 자명하다. 그러므로 교사는 평소에 자신의 감정을 잘 인식하고 조절하기 위한 노력을 게을리 하지 말아야 할 것이다.

2) 정서조절 방법

정서조절의 중요한 측면은 결과를 예측할 수 있는 사고능력이다. 그러나 자기중심적 사고를 하는 사람은 정서조절이 어려운데, 특히 긍정적 정서보다 부정적 정서가 더 문제가 된다. Spivack과 Shure(1974)는 정서불안이나 정신질환은 정서조절을 유연하게 할 수 없어서 생기는 것이며, 정서조절의 근본적 기제는 문제해결 사고라고 주장하였다. 어떤 상황에서 화난 감정을 느꼈다면, [그림 6-2]의 과정처럼 화를 충동적으로 표출하기 전에 먼저 왜 화가 났는지 그 원인을 생각해 보고, 화를 풀 수 있는 다양한 방법을 생각해 보면서, 각 방법마다 초래되는 결과를

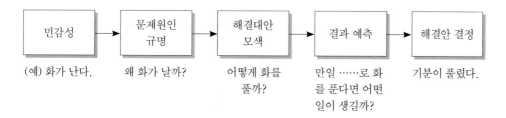

<table>
<tr><td>민감성</td><td>→</td><td>문제원인
규명</td><td>→</td><td>해결대안
모색</td><td>→</td><td>결과 예측</td><td>→</td><td>해결안 결정</td></tr>
</table>

(예) 화가 난다.   왜 화가 날까?   어떻게 화를
풀까?   만일 ……로 화
를 푼다면 어떤
일이 생길까?   기분이 풀렸다.

그림 6-2 정서조절 과정

예측해 보며, 타인에게나 사회 기대 면에서 최선이라고 판단되는 방법을 선택하여 화를 풀어내는 방식의 정서조절 과정을 거친다면 보다 쉽게 정서를 조절할 수 있을 것이다.

정서조절은 삶에 있어 중요한 적응적 기능을 한다. 자기 감정을 조절하여 관리할 줄 아는 사람은 대체로 부정적 정서는 억제하고 긍정적 정서는 유지하거나 강화하려고 할 것이며, 부정적 정서를 긍정적 정서로 변화시키고자 노력할 것이다. 사람마다 느끼는 감정에는 다소 차이가 있으나, 모든 사람은 매일 다양한 자극에 반응하며 감정을 경험하게 되며 그러한 감정으로부터 영향을 받는다. 감정을 잘 이해하고 처리하는 능력을 갖고 정서를 잘 조절하는 사람도 있지만, 감정을 차곡차곡 쌓아 두거나 느끼는 대로 표현해 버리면 자신과 다른 사람에게 부정적인 영향을 미치게 된다. 따라서 유아교사는 감정을 효과적으로 조절하는 방법을 익혀 유아에게 긍정적인 영향을 미칠 수 있도록 해야 한다.

이지영(2013)은 불쾌한 감정을 회피하지 말고 그대로 느끼고 받아들이며, 상황을 파악하여 그 원인과 과정을 이해하고 받아들일 부분은 받아들이고 해결할 수 있는 부분은 직접 행동해야 한다고 주장하면서, 감정과 그 감정을 유발한 상황에 직접 접근하여 처리하여야 궁극적인 정서조절이 가능하다고 하였다. 일상생활에서 경험하는 불쾌한 감정을 어떻게 조절하고, 어떤 정서조절 방법을 사용하느냐에 따라 정신건강에 미치는 영향도 달라진다. 이지영(2013)은 정서조절 방법의 요인을 〈표 6-4〉와 같이 네 가지로 구분하였다.

■·〈표 6-4〉 정서조절 방법의 네 가지 요인

적응적 방법			부적응적 방법
지지 추구적 방법	주의 분산적 방법	접근적 방법	

• 조언이나 도움 구하기
• 친밀한 사람 만나기
• 감정을 표현하고 공감
  얻기
	• 수동적으로
	  생각하기
	• 즐거운 상상하기
	• 기분전환 활동
	  하기
		• 능동적으로
		  생각하기
		• 문제해결
		  행동하기
		• 인지적으로
		  수용하기
		• 감정 수용하기
			• 부정적으로 생각하기
			• 타인 비난하기
			• 타인에게 부정적 감정 분출하기
			• 안전한 상황에서 부정적 감정
			  분출하기
			• 폭식하기
			• 탐닉 활동 하기

〈표 6-4〉에서 보는 바와 같이, 우울할 때는 좀 더 능동성을 증진할 수 있는 활동을 많이 하고, 다른 사람에게 자신의 우울한 감정을 표현하고 공감을 구하거나 조언과 도움을 구하는 방법을 자주 사용하는 것이 효과적이다. 불안할 때는 자신의 감정을 마주하고 느끼며 받아들여 수용하는 것이 더 효과적이다.

이지영(2013)은 정서조절 과정을 논리적이고 체계적으로 정리하여 [그림 6-3]과 같이 4단계로 정리하였다. 단계 1에서 자신의 감정을 알아차린 후 감정이 격앙되어 있어서 직접 다룰 수 없는 상황이면 단계 2를 적용하고, 감정이 격앙되어 있기는 하지만 그 감정에 접근하여 직접 다룰 수 있는 상황이면 단계 3을, 감정이 격앙되어 있지 않으면 단계 4를 적용하면 된다.

(1) 단계 1: 알아차리기

정서를 조절하기 위해 가장 먼저 해야 할 것은 내가 어떤 감정을 느끼고 있는지 알아차리는 것이다. 즉, 앞에서 설명한 정서인식이 필요하다. 내 감정이 무엇인지를 알고, 내적 상태와 외적 상태를 파악해야 그 감정을 조절하기 위해 어떠한 조치를 취할 것인지 결정할 수 있다. 알아차리기 위해서는 자신의 감정에 주의를 기울이

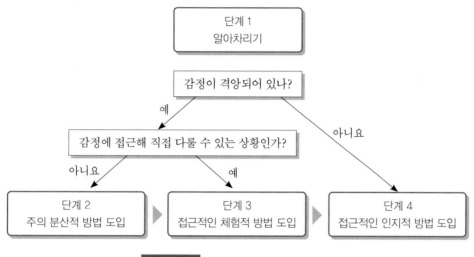

그림 6-3 효과적인 정서조절 4단계

는 과정이 선행되어야 한다. 이때 〈표 6-3〉에 있는 것과 같은 감정 단어들을 많이 알고 있으면 도움이 된다. 그다음에 자신의 내적 또는 외적 상태를 알아차려야 한다. 이를 위해서는 현재 자신의 신체에 어떤 변화가 느껴지는지 또는 생리적으로 어떤 신체 감각이 지각되는지 살펴보고, 감정이 유쾌한 상태인지 불쾌한 상태인지 느껴 보며, 불쾌하다면 어떤 감정을 어느 정도 강하게 느끼고 있는지 살펴보면 된다. 이렇게 살펴본 후 자신의 감정이 격앙되어 있다면 단계 2와 3의 방법을 적용하는데, 이때 불쾌한 감정을 직접 다룰 수 없다면 단계 2를 적용하고, 그 감정을 다룰 수 있다면 단계 3의 방법을 활용한다. 그리고 자신의 감정이 격앙되어 있지 않다면 단계 4의 방법을 활용한다.

(2) 단계 2: 주의 분산적 방법 도입하기

불쾌한 감정이 격앙되어 있어서 그 감정에 접근하여 직접적으로 다루기 어려운 상황이라면 주의 분산적 방법을 사용함으로써 일시적으로 불쾌한 감정을 완화하는 작업이 필요하다. 주의 분산적 방법에는 〈표 6-5〉와 같이 네 가지 방법이 있다.

▶ 〈표 6-5〉 네 가지 주의 분산적 방법

주의 분산적 방법	예
인지적 방법	• 생각하지 않으려고 하거나 잊으려 하기 • 주의를 관련 없는 곳으로 돌리기 • 다른 유쾌하고 즐거운 일을 생각하기 • 위안이 되는 말을 되뇌기
체험적 방법	• 심상을 사용하여 편안하거나 유쾌한 장면 떠올리기
행동적 방법	• 감정 유발 상황이나 장소 피하기 • 유쾌하거나 기분 좋은 활동하기 • 즐거움을 주는 장소에 가기 • 중성적인 활동에 몰입하기
생리적 방법	• 긴장이완 훈련 • 복식호흡

(3) 단계 3: 접근적인 체험적 방법 도입하기

격앙된 감정이나 충동을 다룰 수 있는 상황에서는 감정에 접근하는 체험적 방법을 도입한다. 감정이나 충동이 격앙되어 있다는 것은 그것을 느끼고 표현하기를 요구한다는 뜻이므로, 단계 2의 주의 분산적 방법만을 사용한 채 그대로 두면 심리구조 내에 축적되어 다양한 방식으로 부정적 영향을 끼치게 된다. 따라서 궁극적으로 정서를 조절하기 위해서는 감정을 느끼고 표현하며 만나는 체험적 과정이 반드시 필요하다. 접근적인 체험적 방법의 구체적 내용은 〈표 6-6〉과 같다.

▶ 〈표 6-6〉 네 가지 접근적인 체험적 방법

체험적 방법	내용
감정 명명하기	막연한 감정을 언어로 명명하면 자신이 어떤 감정 상태인지 명확해지므로 그 감정에 대해 개입하고 조절하기 쉬워짐

느끼고 표현하기	심상, 빈 의자 기법, 역할 연기 등을 통해 느껴지는 감정을 그대로 느끼고 표현하면 지금까지 느껴지지 않았거나 표현되지 못했던 미해결된 감정을 표현하게 됨으로써 그 감정이 해소됨
감정과 만나기	안전한 상황에서 과격한 언어적 표현과 행동을 분출하면 내면에 있던 충동이 해소되고 가라앉는 느낌을 받으면서 일차적 감정과 이차적 감정을 구분할 수 있게 됨(예: 공포를 분노로, 수치스러움을 화로, 분노를 우울로 표현했음을 알게 됨)
감정 수용하기	감정과 만나고 해소하는 과정을 통해 자신의 감정을 수용하면 그 감정으로부터 벗어날 수 있게 됨

(4) 단계 4: 접근적인 인지적 방법 도입하기

궁극적인 감정조절을 원한다면, 불쾌한 감정이 발생한 원인과 과정을 이해하고 대안적인 사고로 대체하는 작업이 필요하다. 이때 감정이 격앙된 상태가 아니라면 〈표 6-7〉에 제시한 인지적 방법을 사용할 수 있다.

■ 〈표 6-7〉 두 가지 접근적인 인지적 방법

인지적 방법	내용
감정의 원인과 과정 이해하기	감정의 유발 원인을 찾아 그런 감정을 느끼게 된 상황과 그런 상황에서 그 감정을 유발한 자극과 그러한 자극에 대해 어떻게 의미를 부여하고 해석하였는지 확인함
합리적이고 적응적인 사고로 대체하기	불쾌한 감정을 유발한 생각에 대해 그 타당성과 현실성, 효과성, 특히 그렇게 생각하는 것이 내 자신이 원하는 것을 얻는 데 도움이 되는지를 따져 보고, 달리 생각해 볼 수는 없는지 좀 더 현실적이고 긍정적인 방식으로 대안적인 생각을 찾아봄(감정은 자극에 대해 어떤 의미를 부여하느냐에 따라서 달라지기 때문에 생각이 달라지면 감정도 달라짐)

정서조절 코칭 연구소(www.emotioncoach.co.kr)에서 온라인 검사를 통해 자신이 사용하는 정서조절 패턴에 대한 자가 테스트를 할 수 있다.

□ **정서조절 연습: 분노에 대하여**

유아교사가 현장에서 주로 느끼는 감정은 화남, 즉 분노가 다수를 차지하므로, 이런 감정을 조절하는 방법을 소개한다(한국보육진흥원, 2016; Gottman, 1997). 유아교사는 하루 일과 중에 분노나 좌절감을 느끼는 순간이 있다. 예를 들어, 계속 떼를 부리고 아무리 설득해도 자기 마음대로 안 되면 드러눕는 아이와 대치 상황이 생길 때, 친구를 때리고 나서 계속 친구 탓을 하며 거짓말을 하고 교사가 설명해도 들으려고 하지 않다가 중재가 끝나자마자 다시 친구를 때리는 아이를 볼 때 등 다양한 상황을 만나게 된다. 또한 교사는 유아들 뿐만 아니라 유아의 부모들이 분노를 느끼게 하는 상황을 만나기도 한다. 다음에 제시한 것들은 분노라는 정서조절 연습에 도움이 되는 활동들이다. 이 활동들을 제시된 순서대로 연습할 필요는 없다.

■ **분노 감정 인식 테스트하기**

자기 분노를 인식할 수 있는 사람은 그런 감정을 이야기할 때 다른 사람들과는 달리 자신과 타인에게서 부정적 감정을 쉽게 포착할 수 있다. 감정의 인식 정도가 높은 사람은 감정의 인식 정도가 낮은 사람들에 비해서 타인의 화를 금세 알아채고 대응할 수 있다. [그림 6-4]를 이용하여 자신의 분노에 대한 감정의 인식 정도를 알아보자.

> ※ 다음 44개 문장을 읽고 자신이 동의하는 정도에 따라 문장 옆의 괄호에 예, 아니요, 모르겠음 중 하나를 골라 답하시오.

1. 나는 여러 가지 다양한 종류의 화를 느낀다. (　)
2. 나는 침착하게 있든지 아니면 화가 나서 폭발한다. 내게 중간이란 없다. (　)
3. 내가 조금만 짜증을 내도 사람들이 눈치챈다. (　)
4. 나는 화를 내기에 훨씬 앞서서 아주 언짢다거나 심술이 심하게 난다고 말할 수 있다. (　)
5. 나는 다른 사람들이 화가 났다는 징후를 조그만 것이라도 포착할 수 있다. (　)
6. 화는 해롭다. (　)
7. 나는 화가 났을 때 무언가를 질근질근 씹거나, 이를 악물거나, 아작 깨물거나, 덥석 물고 있는 것 같은 느낌이다. (　)

8. 나는 내 몸에서 화가 난다는 신호를 느낄 수 있다. (　)

9. 감정은 사적인 것이라서 표현하지 않으려고 애쓴다. (　)

10. 나는 화가 나면 몸이 뜨거워진다. (　)

11. 내게 있어 화를 내는 것은 울분이 쌓이고 혈압이 오르는 것이다. (　)

12. 내게 있어 화를 내는 것은 울분을 터뜨리고 혈압이 떨어지는 것이다. (　)

13. 내게 있어 화를 내는 것은 혈압이 오르고 또 오를 뿐 가라앉지 않는 것이다. (　)

14. 나는 화를 내면 곧 자제력을 잃을 것같이 느낀다. (　)

15. 내가 화를 내면 사람들은 내게 무례하게 대할 수 없다는 것을 안다. (　)

16. 나는 화를 낼 때 심각하고 엄격해진다. (　)

17. 화는 내게 힘이 된다. 상황을 극복하고 결코 패배하지 않도록 동기를 부여한다. (　)

18. 나는 화를 억누르고 밖으로 드러내지 않는다. (　)

19. 화를 억누르면 재앙을 초래한다고 생각한다. (　)

20. 내게 있어 화는 재채기처럼 자연스러운 일이다. (　)

21. 내게 있어 화는 불 붙은 화약고 같아서 곧 폭발할 것 같다. (　)

22. 나는 화가 나면 불에 타 버릴 것 같은 느낌이 든다. (　)

23. 나는 화가 사라질 때까지 그저 참고 견딘다. (　)

24. 나는 화를 파괴적인 것으로 본다. (　)

25. 나는 화가 교양 없는 짓이라고 생각한다. (　)

26. 나는 화를 내는 것이 익사하는 것과 같다고 본다. (　)

27. 내게 있어 화를 내는 것과 공격적 성향은 큰 차이가 없다. (　)

28. 나는 아이가 화를 내는 것은 나쁜 일이며 벌 받아야 하는 일이라고 생각한다. (　)

29. 화에서 나오는 에너지는 어딘가로 분출해야 한다. 화는 표현하는 편이 낫다. (　)

30. 화는 에너지, 원동력을 제공한다. (　)

31. 내게 있어 화는 마음의 상처와 함께 온다. 내가 화를 낼 때는 상처받았기 때문이다. (　)

32. 내게 있어 화는 두려움과 함께 온다. 내가 화를 낼 때는 마음속 깊은 곳에 불안함이 도사리고 있다. (　)

33. 나는 화를 낼 때 내가 힘있는 위치에 있다고 느낀다. 내 권리를 찾기 위해 궐기한 것 같다. (　)

34. 화는 대체로 참기 힘들다. (　)

35. 나는 그저 시간을 보내면서 화를 추스른다. (　)

36. 내게 있어 화는 무기력과 낙심을 의미한다. (　)

37. 나는 화를 절대 내보이지 않는다. (　)

38. 내가 화내는 모습을 사람들이 보면 창피하다. (　)

39. 통제 가능하다면 화를 내도 괜찮다. (　)

40. 사람들이 화 내는 건 마치 타인에게 쓰레기를 와르르 쏟아붓는 것과 같다. (　)

41. 화를 없애는 것은 내 몸에서 아주 불쾌한 것을 몰아내는 것과 같다. (   )

42. 감정을 표현하는 것은 당황스러운 일이다. (   )

43. 건강한 사람은 화를 내지 않는다. (   )

44. 화는 말싸움이나 몸싸움을 수반한다. (   )

A. 아래 있는 번호의 문항 중에서 '예'라고 대답한 문항의 개수를 모두 더하시오. ____개

문항:

1, 3, 4, 5, 7, 8, 10, 11, 12, 15, 16, 17, 19, 20, 29, 30, 31, 32, 33, 44

B. 아래 목록에 있는 번호의 문항 중에서 '예'라고 대답한 문항의 개수를 모두 더하시오. ____개

문항:

2, 6, 9, 13, 14, 18, 21, 22, 23, 24, 25, 26, 27, 28, 34, 35, 36, 37, 38, 39, 40, 41, 42, 43

C. A에서 구한 문항 수에서 B에서 구한 문항 수를 뺀 값을 적으시오. _____

해석: C에서 구한 점수가 높을수록 감정 인식 정도가 높은 것이다. 만약 전체 문항에서 10개 이상 '모르겠음'으로 답했다면, 자신과 타인의 화를 잘 인식할 수 있도록 노력해야 할 필요가 있다.

그림 6-4 분노에 대한 인식 정도 테스트

출처: Gottman (1997).

▣ 대처 방안 생각하기

분노 상황에서 해 볼 수 있는 것은, 먼저 대처 방안을 생각해 보는 것이다. 〈표 6-8〉은 분노에 대한 대처 방안의 내용이다.

■▸〈표 6-8〉분노에 대한 대처 방안

부정적 정서	분노의 의미	대처 방안
분노	• 분노에는 약간 짜증스러운 느낌, 화나는 상태, 분개, 증오, 격노에 이르기까지 다양한 감정이 있음 • 분노는 자기가 중요하게 여기는 규칙이나 기준을 누군가가 또는 자기 자신이 침해했다는 신호임	• 상대방은 내가 가진 기준이나 규칙을 모르고 있었을 거라는 식으로 생각을 바꾸거나, 자신의 기준과 규칙을 직접적으로 전달하기 　－예: "이것은 나한테 정말 중요한 일이거든."이라고 말하기

▣ 의식적으로 분노 조절하기

분노가 느껴지는 상황에서는 순간적으로 부정적 정서가 격하게 표출되지 않도록 하기 위해 다음과 같이 의식적으로 분노를 조절하는 방법을 적용할 필요가 있다.

- 화가 나거나 분노가 생길 때는 크게 심호흡을 여러 번 한다. 이는 순간적으로 치솟는 화를 가라앉힐 수 있는 가장 쉽고 직접적인 방법이다.
- 그래도 화를 참기가 어려울 때는 영유아를 다른 성인에게 맡기고 그 자리를 피한다. 영유아가 없는 곳에서 화를 가라앉힌 후 돌아온다.
- 영유아가 의도적으로 교사의 권위에 도전한다고 생각하면 분노 감정이 순간적으로 치솟기 쉽다. 영유아는 의도적으로 교사에게 도전하지 않는다. 단지, 보다 적절하게 자신의 감정이나 요구를 표현하는 방법을 모를 뿐이다. 이 점을 항상 염두에 두도록 한다.
- 영유아의 문제행동이 발생할 때 영유아를 탓하기보다는 영유아가 아직 익히지 못한 사회 · 정서적 기술을 가르칠 수 있는 계기로 삼도록 한다.

▣ 왜곡된 사고 살펴보기

분노를 일으키는 비합리적인 생각들이 있다. 분노를 느낄 때 자신에게 〈표 6-9〉와 같은 왜곡된 생각은 없는지 살펴볼 필요가 있다.

〈표 6-9〉 분노에 관한 왜곡된 사고의 예

당위적 생각	• 반드시 내 말을 따라야 해. • 절대로 해서는 안 돼. • 절대로 나를 무시해서는 안 돼.
이분법적 생각	• 한 사람은 좋은 사람이고, 다른 사람은 나쁜 사람이야. • 내가 원하는 대로 행동하면 좋은 사람이고, 나를 거절하는 사람은 나쁘고 벌을 받아야 마땅해.
과잉 일반화적 생각	• 내가 원하는 일들은 꼭 이루어져야 하고, 내가 싫어하는 것들은 없어져야 해. • 내가 하면 꼭 나쁜 상황이 돼.

■ 비합리적 생각을 합리적 생각으로 바꾸기

[그림 6-5]의 사례에서 비합리적 생각은 무엇이고, 이에 대한 합리적 생각은 무 엇인지 살펴보고, 자신이 경험한 분노 상황을 떠올려 본 후 그에 대한 비합리적 생 각과 합리적 생각을 적어 보자.

문제 상황	비합리적 생각	합리적 생각
○○가 옆에 있는 친구를 때리고 위험한 행동을 해서 계속 지도를 했는데, 말을 듣지 않고 같은 행동을 반복했다. 결국 여러 번 같은 말을 하다가 크게 화를 냈다.	• 저 어린 것이 나를 무시하다니!	• 아직 만 3세라서 충동성 억제가 어려울 수 있어.
	• 내가 그렇게 여러 번 말을 했는데 어떻게 모를 수가 있어. 일부러 저러는 거야.	• ○○는 내가 말할 때 마음으로 듣고 있지 않는구나. 어떻게 하면 내가 하는 말을 생각해 보게 할 수 있을까? 그림동화로 말을 해 볼까? 아니면 손가락 인형으로 이야기 나누기를 해 볼까?
내가 경험한 분노 상황	내가 바꿔야 할 비합리적 생각	유념할 합리적 생각

그림 6-5 분노에 대한 비합리적 생각과 합리적 생각

■ 분노를 느끼는 시간대 찾아보기

[그림 6-6]의 그래프에 자신이 부정적 정서(분노)를 느끼는 순간이 어느 때인지, 하루일과 중 시간별, 요일별 그래프를 그려 보고 왜 그런지 생각해 보자.

◗ 어제 개인적으로 느꼈던 스트레스 정도를 시간별로 빗금 쳐 보세요.

스트레스 정도						
시간	8~10시	10~12시	12~14시	14~16시	16~18시	18~20시

◗ 지난 주에 개인적으로 느꼈던 스트레스 정도를 요일별로 빗금 쳐 보세요.

스트레스 정도							
요일	월	화	수	목	금	토	일

그림 6-6　분노를 느끼는 시간대

■ **자신의 부정적인 정서 상태를 긍정적으로 알리기**

자신의 부정적인 정서 상태를 무조건 참고 숨기기보다는 다른 동료들에게 자신의 심적 상태를 유머 있게 알려서 이해와 공감을 얻는 방법도 있다. 자신이 느끼는 감정 상태를 동료들에게 알릴 수 있는 재미있는 문구, 예를 들어 '절대안정'(몸과 마음 모두 지쳐서 아무도 나를 건드리지 않았으면 함), '투명인간'(오늘 웃고 있지 않아도 오해마시고 없는 사람 취급해 주셨으면 함) 등을 적어서 목걸이로 만들어 목에 걸거나 시트지로 만들어 가슴에 붙이고 생활해 보는 방법이다.

제7장

폭력 예방을 위한
유아교사의 효과적 대화

의사소통은 어떤 사람이 타인에게 영향을 주고 타인을 이해하는 데 사용되는 모든 수단을 포함하는 것으로, 개인의 감정, 태도, 신념 및 사실을 전달하는 과정이다. 의사소통은 언어로만 전달되는 것이 아니라 억양이나, 얼굴표정, 몸짓, 눈짓, 침묵과 같은 비언어적 신호나 단서를 통해 서로 의미를 주고받을 수 있다. 따라서 의사소통을 잘한다는 것은 말하는 사람이 정보를 정확히 잘 전달하며 듣는 사람이 말하는 사람의 말을 정확히 잘 이해하는 것을 의미한다. 즉, 의사소통이란 사람 사이에서 언어를 통해 상호간에 공감이 성립되도록 하는 과정이라고 할 수 있다(권연옥, 1997). 효과적인 대화가 어떤 것인지 이해하기 위해서 여기에서는 Gordon의 부모효율성 훈련, Popkin의 현대의 적극적 부모역할 훈련, Gottman의 감정코칭, Rogenberg의 비폭력 대화 등을 중심으로 살펴본다.

1. 유아 행동에 대한 수용 정도와 문제의 소유자 파악하기

1) 유아 행동에 대한 교사의 수용 정도

유아의 문제행동에 대한 교사의 수용 정도란 유아의 행동 중에서 어떤 행동은 수용이 가능하나 어떤 행동은 수용할 수 없다는 판단의 차이점을 말한다. [그림 7-1]에서 제시한 것처럼 동일한 행동에 대해서도 어떤 교사는 수용의 폭이 넓지만, 어떤 교사는 수용의 폭이 좁다. 교실에서 유아가 보이는 행동에 대해 어떤 교사는 '만지지 마라.' '이 선을 벗어나면 안 된다.' '시키는 대로 해라.' '~것은 절대 안 된다.' 등의 말을 자주 사용하여 마치 유아들이 하고 있는 모든 것이 못마땅한 것처럼 보이는 경우가 있다. 그런가 하면 어떤 교사는 '유아가 저 정도면 괜찮지.' '유아들이니 당연히 그런 것 아니겠어.' 하면서 모든 것을 이해하고자 하는 경우도 있다. 수용 영역과 비수용 영역을 구분하는 선의 위치는 부분적으로는 교사 자신의 내부에 있는 요인에 의해 영향을 받지만, 다른 한편으로는 유아에 의해 결정되는 부분도 있다. 유아들 중에는 정말 수용하기 어려운 유아도 있는데, 주로 공격적이거나 지나치게 활동적이거나, 지나치게 울거나, 잠자는 시간에 절대 잠을 자지 않으려고 할 때 교사는 수용하기에 어려움을 느낀다.

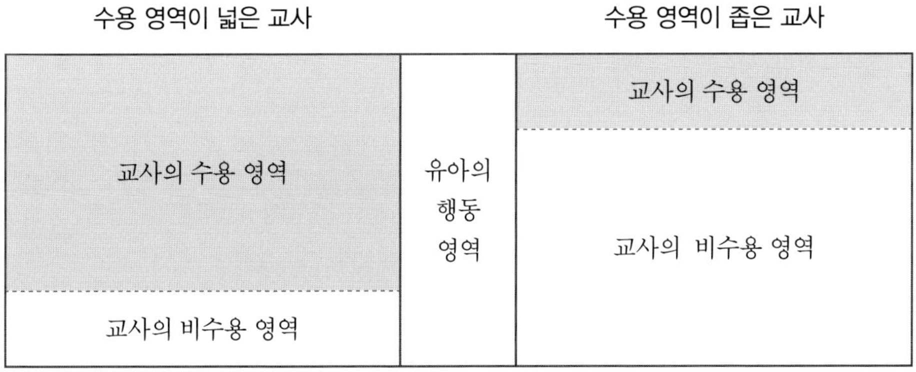

수용 영역이 넓은 교사		수용 영역이 좁은 교사
교사의 수용 영역	유아의 행동 영역	교사의 수용 영역
교사의 비수용 영역		교사의 비수용 영역

그림 7-1 유아 행동에 대한 교사의 수용 정도

　교사의 수용 정도는 유아에게 영향을 미친다. 타인이나 유아에 대해 수용적인 성격의 교사는 대개 정서적으로 안정되어 있고 자존감이 높으며 포용적인 태도를 가지고 있다. 이러한 교사는 있는 그대로의 자기 개방이 가능하여 마음을 털어놓고 대화할 수 있는 사람이다. 반면, 비수용적인 교사는 타인이 일반적으로 쉽게 접근하기에는 부담스러운 특징을 지니고 있다. 자기만의 편견이나 고정관념을 고수하거나 매사에 옳다 그르다는 식의 비판과 평가의 태도를 가지고 있다. 따라서 교사는 유아와의 관계에서 유아 행동에 대한 자신의 수용 정도를 파악해 봄으로써 효과적인 대

화에 한걸음 나아갈 수 있을 것이다.

2) 문제의 소유자 파악하기

교사와 유아 간에 문제나 갈등이 발생하면 그 상황이나 사건을 누가 문제로 느끼느냐를 파악하는 것이 문제해결에 중요하게 작용한다. 그것은 누구에게 문제가 되고 있는지, 즉 문제의 소유자에 따라 해결방법의 모색이 달라질 수 있기 때문이다. 교사와 유아 관계에서 교사는 그 상황에서 유아의 행동을 문제로 느끼지 않고 수용할 수 있지만 유아는 그 상황을 문제로 여기는 경우가 있으며, 반대로 유아는 문제로 느끼지 않지만 교사는 문제로 여기는 경우가 있다. 이러한 두 가지 경우에 교사가 하는 역할은 〈표 7-1〉과 같다.

▶〈표 7-1〉 문제의 소유자에 따른 교사의 역할

유아가 문제를 소유하고 있는 경우	교사가 문제를 소유하고 있는 경우
• 듣는 입장(카운슬러의 역할)	• 말하는 입장
• 아이를 도우려고 함	• 아이에게 영향을 주려고 함
• 아이의 모습을 비춰 주는 거울 역할을 함	• 교사 자신의 입장을 주장함
• 아이가 스스로 문제해결을 할 수 있게 함	• 거울 역할이 아니라 문제를 밝혀 들춰 내기 원함
• 아이의 해결책을 수용함	• 교사가 해결책을 찾지 않으면 안 된다고 여김
• 먼저 아이의 욕구에 관심을 가짐	• 먼저 교사 자신의 욕구에 관심을 가짐
• 보다 수동적인 입장	• 보다 적극적인 입장

〈표 7-2〉는 문제의 소유자가 누구냐에 따라 주로 어떤 대화방법을 사용해야 할지 제시하고 있다. 교사가 문제를 소유하고 있는 경우에는 교사의 입장을 잘 전달할 수 있도록 나-전달법이나 비폭력 대화 방법을 적용할 수 있으며, 유아가 문제를 소유하고 있는 경우에는 유아를 수용하고 진지하게 듣는 적극적 경청을 통해 유아의 문제해결을 도울 수 있다. 물론 효과적인 대화는 어느 한 가지를 적용하기보다는 이러한 기술을 연습하여 통합적으로 적용할 수 있어야 할 것이다.

▶〈표 7-2〉 문제의 소유자에 따른 주된 대화방법

수용 정도	문제의 소유자	이유	상황	대화방법
수용 영역	유아	교사는 수용할 수 있는 행동이지만, 유아가 문제로 여기고 있음	• 예방접종을 맞을 때 우는 경우 • 유아가 친구가 괴롭힌다며 이제부터 놀지 않겠다고 말함 • 유아가 자신은 그림을 못 그린다고 투덜댐	→ 적극적 경청 (유아의 말 진지하게 듣기)
	문제 소유자 없음	교사가 수용할 수 있고, 유아에게도 문제가 되지 않는 행동임	• 친구와 사이좋게 지냄 • 동화책을 친구에게 읽어 줌	→ 좋은 관계를 위한 말과 기술 사용
비수용 영역	교사	유아의 행동이 교사에게 문제가 되고, 부모가 수용할 수 없음	• 유아가 교실에서 친구들에게 장난감을 던짐 • 교사가 이야기 나누기를 하는데 자꾸 드러눕고 옆 친구를 건드림 • 정리정돈 시간이 시작되면 정리를 하지 않고 화장실에 감	→ 나-전달법 (교사의 생각 전하기)

2. 적극적 경청

1) 적극적 경청과 의사소통의 걸림돌

교사와 유아의 관계가 권위적이고 강압적이면 유아는 올바른 가치관과 바람직한 도덕성을 함양하기 어렵다. 가장 효과적인 의사소통 방법은 유아의 말을 진지하게 듣는 것이다. 유아가 느끼고 의미하는 숨은 의도까지 교사가 끄집어내 줌으로써 유아로 하여금 '이해하고 수용되었다'고 느끼게 하는 것을 적극적 경청이라고 한다. 즉, 유아가 자신의 문제를 처리해 나갈 때 유아를 지지해 주는 교사의 대화기술을 말한다. 교사는 유아가 문제 상황에 대해 이야기할 때 비판하거나 판단하지 말고,

문제 상황에 대한 유아의 감정을 있는 그대로 수용해야 한다. 교사는 유아와 상호존중을 바탕으로 서로의 마음을 터놓고 의사소통할 수 있는 분위기를 조성한 가운데, 유아의 의견을 승인하는 것과는 상관없이 유아의 감정을 받아들이고 수용한다는 것을 보여 주어야 한다. 그리고 교사 자신의 감정을 일시 중단하고 유아의 수준에서 문제를 이해하고자 노력할 필요가 있으며, 유아가 스스로 문제에 책임을 지고 해결 방안을 찾도록 도움을 줄 수 있어야 한다. 이러한 적극적 경청은 교사와 유아 간의 온정적인 관계를 증진시키고, 문제가 되는 감정의 정화작용을 촉진하며, 유아 스스로 문제를 분석하고 해결책을 찾도록 격려하여 독립심을 길러 준다.

그런데 유아와의 대화에서 〈표 7-3〉과 같은 의사소통의 걸림돌을 사용하면 대화를 단절시킬 수 있기 때문에 주의해야 한다. 예를 들어, 유아가 "나 주사 안 맞을 거야."라고 말하는데 교사가 "주사는 건강을 위해서 맞아야 돼." "다른 아이들은 다 잘 맞는데 왜 너는 그러니?"와 같이 말한다면 의사소통의 걸림돌이 된다. 이 상황에서 교사는 우선 "너 주사가 무서운가 보구나."라고 유아의 감정을 이해해야 한다.

▶ 〈표 7-3〉 의사소통의 걸림돌

의사소통의 걸림돌	의도	유아가 존중받지 못한다고 느끼는 이유
명령하기	상황을 통제하고 유아에게 빠른 해결책을 주고 싶음	'너는 너 자신의 문제를 어떻게 다룰 것인가를 결정할 권리가 없다.'는 뜻으로 들림
충고하기	논쟁과 의견을 통해서 유아에게 영향력을 행사하고 싶음	'너는 스스로 해결책을 떠올릴 만큼 좋은 판단력을 가지고 있지 않다.'는 뜻으로 들림
회유하기	유아의 고통을 없애 주고 싶음. 즉, 유아의 기분을 더 좋게 해 주고 싶음	'너는 네가 느끼는 감정에 대해 권리가 없다. 너는 고통을 다룰 능력이 없다.'는 뜻으로 들림
심문하기	문제의 발단을 알아보고 유아가 무엇을 잘못했는지를 찾아내고 싶음	'틀림없이 네가 뭔가를 잘못했을 거야.'라는 뜻으로 들림
관심 돌리기	화제를 바꿈으로써 유아를 그 문제로부터 보호하고 싶음	'네가 정확한 해결책을 찾을 때까지 겪어야 할 고통을 견뎌낼 수 있을 것 같지 않다.'는 뜻으로 들림

심리분석 하기	유아의 행동을 분석하고 동기를 분석함으로써 다시는 그런 문제가 생기지 않도록 도와주고 싶음	'나는 너에 대해 너보다 더 많이 알고 있다. 그래서 나는 너보다 더 우월하다.'는 뜻으로 들림
빈정대기	유아가 자신을 바보같이 느끼게 함으로써 유아의 태도와 행동이 몹시 잘못되었다는 것을 가르쳐 주고 싶음	'너는 정말 어리석구나.'라는 뜻으로 들림
도덕적 판단하기	유아에게 문제를 올바르게 다루는 방법을 가르쳐 주고 싶음	'감히 네 자신의 가치관을 따르다니, 무례하구나. 그러면 안 된다.'라는 뜻으로 들림
해결사 노릇하기	어떠한 문제가 있어도 해결할 수 있는 자원인 부모가 곁에 있다는 사실을 유아에게 보여 주고 싶음	'내가 다 알고 있으니까 너는 아무것도 알 필요가 없다.'는 뜻으로 들림

2) 적극적 경청의 효과적인 활용 방법

적극적 경청을 위해서는 다음과 같은 방법을 사용하면 효과적이다(Popkin, 1993에서 재인용)

(1) 적극적으로 듣기

유아의 말을 충분히 잘 듣는다는 것은 수동적인 입장이지만 대화에 적극적으로 참여하는 입장으로, 상대방이 생각하고 느끼는 것을 더 잘 표현하도록 하는 역할을 한다. 이때 자신의 말은 최소한으로 줄이고, 주의를 집중해서 공감하면서 들으며, 듣고 있다는 확신을 주기 위해 '아' '그래' '음~' 등의 추임새나 적절한 어조, 표정, 제스처를 보여 준다.

(2) 감정에 귀를 기울이기

경청이 어려운 이유는 유아가 하는 말에 대해 유아의 감정보다는 그 내용에 초점을 두기 때문이다. 경청하기 위해서는 유아가 느끼는 감정이 어떤 감정인지를 알아

보고 그 감정을 알고 있음을 표현해 주어야 한다. '~해서 많이 속상 했겠구나.' '~가 두려운가 보구나.' '~해서 기분 좋은가 보구나.' '~해서 화가 났구나.' 등으로 감정을 이해했음을 알려 주어야 한다. 이를 위해서는 감정과 관련된 단어를 충분히 이해할 필요가 있다(〈표 6-3〉 참조).

(3) 감정과 이야기 내용을 연관시키기

유아가 이야기한 내용과 느끼는 감정을 연결시켜 "○○이(가) 네가 사용하고 있던 장난감을 빼앗아 가서 화가 났구나." "친구들이 너의 말을 들어주지 않아 속상했구나." "평균대 위를 걷기가 두려운가 보구나." "블록으로 높고 큰 성을 완성해서 기분 좋은가 보구나." 등과 같이 유아의 말을 교사의 말로 다시 들려주면서 그 감정을 알아주면 유아는 교사가 자신을 충분히 이해해 준다고 느낀다. 그러나 "다른 친구들은 무서워하지 않고 평균대 위를 걸을 수 있는데 너는 왜 못한다고 하니!" 등과 같이 유아의 감정보다는 내용에 초점을 맞춰 대화하면 의사소통에 어려움이 생긴다.

(4) 대안을 찾아보고 결과를 평가하기

유아가 스스로 문제를 해결하도록 돕는다는 것은 유아로 하여금 다른 대안들을 찾아보고 가능한 결과들을 예측해 보도록 하는 것이다. 유아가 자신의 감정과 이야기 내용을 연결할 수 있도록 도와주는 것만으로도 충분한 해결책이 되는 경우가 많다. 유아 힘으로 해결하기 어려운 문제가 있을 때는 상황을 개선하기 위한 교사의 조치가 필요할 때도 있으나, 되도록 유아가 가능한 대안을 찾아보도록 격려하는 것이 좋다.

(5) 추후지도 하기

교사는 유아가 문제해결을 위해 사용한 방법이 어떤 결과를 가져왔는지 물어봄으로써 추후지도를 할 수 있다.

□ 적극적 경청 연습

"선생님! ○○이는 나빠요."라고 유아가 말한다면, 구체적 상황을 모르므로 "○○(이)와 무슨 일 있었니?"라고 먼저 물어봐야 한다. 이때 교사가 유아에게 "친구에게 그런 말 하면 안 되지!"라고 말한다면 대화는 단절되고 만다. 무슨 일이 있었는지 묻고, 유아가 상황을 이야기할 때 감정에 초점을 두어 적극적 경청이 이루어지도록 해야 한다.

※ 다음의 연습에서 교사의 대화 내용을 교사가 적극적 경청을 하고 있음을 유아가 알 수 있게 해 주는 내용으로 바꿔 보시오.

- 연습 1:
  한 유아가 가지고 놀던 자동차를 다른 유아가 빼앗아 가 버린 상황
  유아: "선생님! ○○가 장난감을 빼앗아 갔어요!"
  교사: "네가 그동안 많이 가지고 놀았으니 이젠 친구들에게 양보해야지!"
  　→ _____

- 연습 2:
  신체활동 시간에 평균대 위 걷기를 하는데, 한 유아가 올라가지 않겠다고 하는 상황
  유아: "선생님! 이것 못해요!"
  교사: "다른 친구들은 다 잘하는데 왜 못해? 잘 할 수 있어. 다시 해 볼까?"
  　→ _____

- 연습 3:
  교사가 등원하는 유아를 맞이하고 있는데, 한 유아가 엄마와 떨어지기 싫어서 엄마의 옷자락을 붙들며 실랑이를 하고 있는 상황
  유아: "엄마! 교실에 들어가기 싫어요. 나도 엄마랑 집에 갈 거예요."
  교사: "○○보다 더 어린 반 친구들도 엄마와 잘 떨어지는데, 어린 반 친구들이 보기 전에 빨리 교실로 들어가자."
  　→ _____

- 연습 4:
  선생님은 우리 반에서 ○○를 제일 예뻐하고 자신을 예뻐하지 않는다고 투덜거리는 상황
  유아: "선생님은 ○○만 제일 예뻐하고 나는 안 예뻐해요."
  교사: "아니야. 선생님은 우리 반 친구들 똑같이 예뻐하지. 너도 정말 예뻐해."
  　→ _____

3) 적극적 경청을 위해 도움을 주는 감정코칭

유아의 갈등이나 분노 상황에서는 적극적 경청과 아울러 감정코칭(최성애, 조벽, 2012; Gottman, 1997)을 활용하여 교사가 유아의 마음을 이해하고 공감한다는 사실을 알려 주면 유아는 자신의 정서적 감정을 신뢰하고 자기존중감을 키우게 된다.

(1) 1단계: 감정 인식하기

- 작은 감정을 보일 때 빨리 알아차리기: 유아가 무엇을 느끼고 원하는지 제대로 읽어 주지 않으면 유아는 정서적으로 버림받았다고 느끼게 되며, 정서적 결핍으로 자신의 감정을 신뢰하지 못하게 되고 감정조절을 배울 수 없게 된다. 유아의 감정을 방치하면 감정이 누적되므로 작은 감정의 변화도 포착해서 다가가야 한다.
- 행동의 숨은 감정에 주목하기: 유아들은 모든 감정을 직접적으로 표현하지 않는다. 따라서 언어적 표현뿐 아니라 유아의 표정, 음성, 몸짓과 과식, 식욕부진, 악몽, 반항, 복통 등의 비언어적 표현에도 주의를 기울여야 한다.

(2) 2단계: 감정적 순간을 좋은 기회로 삼기

- 감정이 격할수록 좋은 기회로 삼기: 유아가 강한 감정을 보일수록 유아와 공감대를 형성하고 친밀감을 조성할 수 있는 좋은 기회로 여기고, 유아에게 감정에 대한 대처법을 가르칠 수 있는 좋은 기회로 삼아야 한다. 누구나 자신이 격한 감정을 경험하고 있을 때 그 감정을 잘 알아주고 공감해 주면 자기 편을 얻었다고 느끼게 된다. 그러나 유아가 격한 감정을 보이는 상황을 친밀감 형성을 위한 좋은 기회로 여기는 것은 쉬운 일은 아니다. 그렇게 하기 위해서 교사는 평소에 자신의 감정을 인식하고 조절하는 연습이 필요하다.

(3) 3단계: 감정 공감하고 경청하기

- 긍정적 감정, 부정적 감정 모두 공감해 주기: 감정을 좋은 것과 나쁜 것으로 구분하기 때문에 부정적 감정에 공감하기 어려운데, 긍정적 감정뿐만 아니라 부정적 감정도 공감해 주어야 한다.

- 언제나 진지하게 감정을 공감하기: 진지하게 감정에 공감해 주면 유아는 교사가 자신의 감정을 소중하게 여긴다는 것을 알게 된다. 유아는 자신이 이해받았다고 느껴야 부정적 감정이 해결된다. 이때 "그때 기분이 어땠니?" "선생님이라면 ~할 것 같은데 넌 어떠니?" "좀 더 자세히 말한다면 ~했던 거야?" 등으로 감정을 탐색하고 난 후, "창피했겠네." "억울했겠네." 등으로 감정에 공감할 수 있다.

- '왜' 대신에 '무엇' '어떻게'로 접근하기: '왜'는 결과만 놓고 잘잘못을 따지는 것으로 유아에게 비난의 느낌이 들게 하지만, '어떻게'는 과정을 묻는 질문이므로 유아가 좀 더 편안하게 대답할 수 있다. "어쩌다가 그랬니?" "어떻게 하다가 그렇게 되었는데?" "그래서 어떻게 되었니?" 등으로 물을 수 있다.

- 거울 반영법(mirroring)을 활용하여 공감하기: 유아가 감정을 표현하면 그 내용을 교사의 말로 다시 들려주면서 공감해 주는 방법이다. "네 말은 ~라는 것이지?"라는 표현을 사용할 수 있다.

(4) 4단계: 감정을 표현하도록 도와주기

- 감정에 이름 붙여 주기: '화난, 슬픈, 두려운, 시샘하는' 등의 감정 단어를 제공하여 형태가 없고 불편하게 느껴졌던 자신의 감정을 언어로 표현해 주는 것은 불확실한 감정을 구체화하거나 명료화해 주는 것이므로 나중에도 그 감정에 대해 얘기하기가 좋다. 자기 감정이 언어로 표현되는 순간, 유아는 마음이 좀 놓이고 감정에 휩쓸리기보다는 어떻게 해야 하는지에 대해 생각할 여지가 생긴다. "그런 걸 ~라고 해." 하면서 감정의 이름을 말해 줄 수 있다.

- 유아 스스로 감정에 이름을 붙이도록 돕기: 자신이 처한 상황 속에서의 자신의 느낌을 그대로 말로 표현하도록 격려해야 한다.

(5) 5단계: 바람직한 행동으로 선도하기

- 먼저 공감한 후에는 행동의 한계 정해 주기: 유아가 해야 할 것과 하지 않아야 할 것에 대한 한계를 설정한다. 한계를 정할 때는 유아의 감정이 아니라 행동이 잘못되었다는 점을 알도록 해야 한다. 이때 "자신과 남을 해치는 행동은 안 된다."와 같이 명확한 기준을 제시하는 것이 좋다.
- 유아가 원하는 목표 확인하기: 유아가 자신이 무엇을 원하는지 목표를 확인하는 과정이 있어야 그 목표를 이루기 위한 해결책이 어떤 것이 있는지 찾아볼 수 있게 된다. "네가 가장 원하는 것이 뭐야?"라고 물어본다.
- 해결책 찾아보고 검토하기: 유아에게 어떻게 하면 좋을지를 물어보고 스스로 해결책을 찾도록 돕고, 유아가 제시한 방법을 하찮게 여기지 않아야 한다. "그걸 위해 뭘 할 수 있을까?" "그것을 하면 어떻게 될까?" 등을 묻는다.
- 스스로 해결책을 선택하도록 돕기: 해결책의 선택은 유아가 하도록 한다. "선생님이 한 번 말해 볼까?" "어떤 것이 더 좋겠니?" 등의 질문을 한다.

3. 나-전달법

1) 나-전달법과 너-전달법

나-전달법은 유아의 행동이 교사에게 문제가 되는 경우, 교사의 생각이나 감정을 효과적으로 유아에게 전달하기 위하여 사용하는 방법이다. 나-전달법은 너-전달법을 사용하는 경우와 달리 유아의 행동을 판단하지 않으면서도 교사 자신의 감정 상태를 전달할 수 있기 때문에 교사와 유아의 관계를 원만하게 이끌고 교사가 수용할 수 없는 유아의 행동을 변화시키는 데 유용하게 활용할 수 있다. 나-전달법을 활용하면 교사는 유아에게 화를 내지 않으면서 교사의 느낌, 의사 및 의도가 이해되도록 생각을 교환할 수 있다. 그러나 교사가 화를 내면서 나-전달법을 전달한다면 적대감을 나타내는 너-전달법이 되어 버릴 수 있음을 유념해야 한다.

　교사가 교실에서 유아와 효과적으로 대화하는지 알아보려면 자신이 주로 사용하는 말에 '나'와 '너' 중 어느 것이 생략되었는지 확인해 볼 필요가 있다. 너-전달법을 사용하면 교사의 감정보다는 유아의 잘못된 행동을 탓하게 된다. 따라서 유아는 교사가 자신을 나쁜 아이로 규정하여 인격을 무시하는 것으로 생각하여 자아존중감은 더욱 낮아지고 저항감이 생겨 행동은 쉽게 변하지 않는다. 그러나 나-전달법은 유아가 한 행동에 대한 교사의 느낌에 대한 책임이 유아가 아니라 교사 자신에게 있다는 것을 전달하기 때문에 유아 행동의 변화가 보다 잘 이루어진다. 또한 나-전달법은 솔직한 표현방법이기 때문에 유아도 마찬가지로 어떤 감정을 표현할 때 솔직한 메시지를 사용할 수 있도록 해 준다. 즉, 상호관계에서 나-전달법을 사용하면 상대방의 나-전달법을 촉진시키는 효과가 있다는 것이다. 너-전달법과 나-전달법의 차이는 〈표 7-4〉에 제시한 바와 같다.

〈표 7-4〉 너-전달법과 나-전달법의 차이

너-전달법	나-전달법
유아의 행동을 탓함(비난, 네 탓, 잘못 등)	유아의 행동에 대한 교사의 생각이나 느낌만 설명(기분, 영향, 내 느낌 등)
(너) 그걸 그만두지 못해! (너) 왜 그 모양이야. (너) 그럼 그렇지. 그럴 줄 알았다. (너) 왜 그렇게 아기처럼 행동하니?	정리정돈을 안하는 것을 보면 (나는) 힘이 든단다. 편식하는 것을 보면 (나는) 걱정이 된단다. 할 말을 하지 않고 있는 것을 볼 때 (나는) 답답하단다. 친구를 때리는 것을 보면 (나는) 화가 난단다.

2) 나-전달법의 장점

➊ 유아를 비난하지 않고, 교사가 말하는 내용에 대한 책임을 교사 자신에게 돌린다.
➊ 교사가 유아 행동을 부정적으로 평가하지 않기 때문에 유아는 교사의 이야기를 더 잘 경청하게 된다.

✚ 유아의 행동이 야기한 결과로써 교사가 느끼게 된 감정을 유아가 알게 된다.

✚ 유아의 행동을 변화하도록 강조할 뿐이지, 유아의 성격을 지적하지는 않는다.

✚ 교사가 원하는 행동이 무엇인지 유아에게 분명한 정보를 제공해 준다.

3) 나-전달법의 효과적인 활용 방법

✚ 1단계: 행동 서술

• 교사가 문제로 보는 유아의 행동이나 상황을 그대로 "나는 ~을 보고 들었어."라고 말한다. 유아가 나쁜 아이가 아니라 유아가 하는 행동에 문제가 있는 것이므로, 유아의 행동에 대해서만 언급하여 유아의 자아존중감을 공격하지 않아야 한다.

✚ 2단계: 해석/생각 서술

• 교사가 유아의 행동에 대한 자신의 해석이나 생각을 "나는 ~라는 생각이 들었어."라고 말한다. 유아가 취한 행동에 대해 교사는 어떻게 생각하고 해석했는지 설명해 줄 필요가 있다. 유아의 행동에 대한 교사의 해석(생각)을 설명하지 않으면 유아는 교사의 감정을 납득하기 어렵다.

✚ 3단계: 감정 서술

• 교사가 그 상황에 대해 느끼는 바를 "나는 ~라고 느꼈어."라고 말한다. 교사가 문제 상황에서 느끼는 감정을 그대로 표현한다. 문제 상황에서 교사는 큰소리를 내지 않고 그 문제가 교사에게 심각하다는 것을 유아에게 인식시켜야 한다.

✚ 4단계: 요구 서술

• 교사가 원하는 바를 유아에게 구체적으로 "나는 ~을 원해."라고 말한다. 유아들이 어떻게 해 주기를 원하는지 구체적으로 말해 주어 유아가 행동하도록 해야 한다. 교사가 말을 하지 않고 있을 때에 비해 구체적인 요구를 할 때 유아는 더욱 협조적이 된다는 점을 알아야 한다.

⟨표 7-5⟩에 나-전달법의 단계와 예시를 제시했다.

▪▶〈표 7-5〉 나-전달법의 단계와 예시

관계	예시	설명
행동 서술	"선생님은 네가 음식을 골고루 먹지 않고 편식하는 것을 봤어."	먼저 유아 행동에 대해서 보고 들은 것을 표현해 주는 것이 바람직함
해석/생각 서술	"그걸 보고 선생님은 네가 건강하지 않게 되고 아프게 될 거라는 생각이 들었어."	교사를 방해하고 화나게 만드는 것은 유아의 행동이 아니라 그 행동에 대한 교사의 해석/생각 때문임
감정 서술	"그래서 선생님은 걱정이 된단다."	교사의 느낌에 대한 책임은 교사에게 있음을 인식해야 함
요구 서술	"선생님은 네가 음식을 골고루 잘 먹는 것을 원해."	교사가 요구하고자 하는 것을 구체적으로 이야기함으로 유아가 행동하도록 함

□ 나-전달법 연습

※ 다음의 연습에서 교사의 말을 나-전달법으로 바꿔 보시오.

• 연습 1:
한 유아가 산만하고 부산스럽게 교실의 여기저기를 돌아다니고 있는 상황
교사: "○○야 너 조용히 앉아서 놀지 못하겠니?"
→ ○○야, 선생님은 내가 얘기하고 있을 때 네가 교실을 돌아다니는 것을 보면, 다른 친구들이 너를 보느라고 선생님 이야기를 잘 듣지 못할 것 같다는 생각이 들고, 너도 선생님이 하는 중요한 이야기에 집중하지 못할 것 같다는 생각이 들어서 화가 나. 선생님이 이야기하고 있을 때는 자리에 앉아 있어 주길 바랄게.

• 연습 2:
정리정돈 시간마다 가지고 놀던 놀잇감을 정리하지 않고 눈치를 보면서 화장실에 가려고 하는 상황
교사: "○○야! 너는 정리정돈 시간에 장난감 정리는 안 하고 또 화장실 가려는 거지?"
→ _____

• 연습 3:
레고 블록 바구니를 들고 책상 위에 앉아서 친구들에게 레고 블록을 던지고 있는 상황
교사: "왜 또 친구에게 레고 블록을 던지는 거니? 한 번만 더 던지면 선생님한테 혼날 줄 알아."
→ _____

• 연습 4:
자신의 요구사항이 있을 때마다 울면서 이야기하여 교사나 다른 유아들에게 방해가 되는 상황

교사: "너는 왜 항상 울면서 말을 하니? 울음 뚝 그치고 말해 보자."
　　→

4) 나-전달법에 도움이 되는 비폭력 대화법

최근 비폭력 대화법(Non-Violent Communication)이 강조되고 있는데, 비폭력 대화는 진솔하게 표현하기와 공감적 듣기가 바탕이 되어 자신의 욕구를 솔직하게 표현하면서도 상대방의 마음에는 상처를 주지 않는 공감과 소통의 의사소통 방법이다(Rogenberg, 2011). 비폭력 대화는 인간 사이의 관계와 소통이 자비로운 마음과 연민의 마음을 바탕으로 이루어져야 한다는 철학을 담고 있다. 즉, 우리 마음 안에서 폭력이 가라앉고 자연스러운 본성인 연민으로 돌아간 상태로 대화함으로써 견디기 어려운 상황에서도 인간성을 유지할 수 있는 능력을 키워 주는 대화방법이다. 비폭력 대화는 '관찰-느낌-욕구-부탁'이라는 절차를 거쳐 말하게 되어 있다. 상대방의 행동이나 말을 그대로 관찰하여, 그것을 보거나 들은 나 자신의 내면에 드는 느낌을 확인한 다음, 그 느낌 뒤에 존재하는 나의 욕구를 확인하여, 상대방에게 자신의 욕구를 충족할 수 있는 것을 부탁하며 전달하는 것이다. 나-전달법에서 자신의 느낌은 상대의 행동에 대한 자신의 해석 때문임을 말해 주는 것과 같이, 비폭력 대화에서도 자신의 느낌이 상대의 행동이 아니라 자신의 욕구 때문임을 말해 준다. 비폭력 대화법의 순서와 요소는 〈표 7-6〉과 같다.

■▶ 〈표 7-6〉 비폭력 대화법의 순서와 요소

순서	요소	설명
1	관찰	평가와 관찰을 분리하여 관찰한 행동만을 표현한다.
2	느낌	그 행동을 보았을 때 어떻게 느끼는지 표현한다.
3	욕구	그러한 느낌을 일으키는 자신의 욕구나 가치관을 찾아 말한다.
4	부탁	원하는 것을 구체적으로 부탁한다.

□ 비폭력 대화의 예

상황: 바깥놀이를 나가는데 유아가 코트를 입지 않고 나가겠다고 함

관찰	느낌	욕구	부탁
네가 코트를 입지 않고 싶다고 말하는 것을 들었을 때	나는 걱정이 되는구나.	왜냐하면 난 네가 감기에 걸리지 않고 건강하기를 바라거든.	네가 방금 들은 얘기를 다시 말해 줄래?

위의 예에서 교사는 유아가 코트를 입고 바깥놀이를 나가는 것이 문제가 아니라 교사가 유아의 건강을 걱정하는 마음이 유아에게 전달되기를 바라는 욕구가 있는 것이다. 그래서 유아가 교사의 말을 이해했는지 알고 싶어서 들은 얘기를 다시 말해 달라고 유아에게 부탁한 것이다. 이때 교사의 부탁에 대해 유아가 "그러니까 코트 입으라는 거죠?"라고 한다면, 교사는 "네 생각을 말해 줘서 고맙다. 네가 선생님 말을 어떻게 생각했는지 알겠구나."라고 말해 줄 수 있다. 그런 다음, "다시 말해 줄게. 잘 들어봐. 오늘 날씨가 많이 추운 것 같아. 선생님은 네가 언제나 건강하게 잘 뛰어 놀 수 있기를 바라는데 그러려면 옷을 따뜻하게 입어야 한다고 생각해."라고 말할 수 있다. 사실 코트를 입는 것은 건강을 위한 여러 가지 방법 중에 하나일 뿐이다. 코트대신 두꺼운 스웨터를 껴입는 방법 등을 알려 줄 수도 있다.

4. 유아의 행동지도를 위한 논리적 결과 사용하기

1) 인간 행동 목적

Dreikurs(1967)에 의하면 인간은 행동에 목적을 가지고 있는데, 이러한 기본적인 목적에 대해 긍정적 방식으로 해결을 얻지 못하게 되면 잘못된 행동 목표를 설정하여 행동하게 된다. 그는 인간행동의 목적을 접촉, 힘, 보호, 물러서기로 보았다.

첫째, 모든 인간은 소속되고 싶은 기본적인 욕구를 가지고 있어 타인과 신체적 · 정서적으로 접촉하려는 목적을 달성하려고 한다. 특히 영유아는 이러한 접촉의 욕구가 생존에 필수적이므로, 이러한 욕구 충족의 기회를 제공해야 한다. 둘째, 인간은 자신의 환경에 영향을 끼치며 적어도 어느 정도는 환경을 통제하는 힘을 갖고 싶어 한다. 모든 것이 자신의 뜻대로 되기를 바라며 그러한 힘이 있기를 바란다. 셋째, 인간은 자신이 다른 사람으로부터 보호받기를 원한다. 보호받는다고 생각할 때 행동은 보다 긍정적이며, 자기 자신과 다른 사람을 보호하고자 한다. 넷째, 인간은 가끔 물러나서 재충전하고 자신만의 시간을 갖고자 하는데, 이는 위험으로부터 물러서는 것을 배우게 해 준다. 유아는 접촉, 힘, 보호, 물러서기의 목적을 이루기 위해서 긍정적이거나 부정적인 접근방식을 사용한다. 이를 〈표 7-7〉에 제시했다.

■▶ 〈표 7-7〉 유아 행동의 목적과 접근방식

긍정적 접근방식		인간행동의 목적		부정적 접근방식 (잘못된 행동 목표)
기여하기	←	접촉	→	부당한 관심 끌기
독립성	←	힘	→	거역하기(반항)
주장하기, 용서하기	←	보호	→	앙갚음
자기만의 시간 갖기	←	물러서기	→	부당한 회피

유아가 잘못된 행동 목표를 설정하여 부정적 접근방식을 사용한다면, 교사는 먼저 유아가 행동하는 목적을 파악하고 교사 자신의 행동을 점검해야 한다. 부당한 관심 끌기를 하는 유아들은 대부분 그 행동에 대해 교사가 계속해서 주의시키고, 잔소리하고, 달래고, 불평하고, 설교하고, 꾸짖는 방식으로 교사와의 접촉을 유지하고 있다. 교사의 이러한 행동이 유아로 하여금 그릇된 방식으로 접촉의 욕구를 만족시켜 주고 그 행동을 강화시키게 되는 것이다. 거역하는 유아는 주로 교사와의 관계에서 이기고자 하는 데 목표가 있다. 그런데 교사가 유아의 거역에 대해 분노하거나 양보하게 되면 유아는 목표를 이루게 되는 것이므로 계속 거역하게 될 것이다. 앙갚

음은 유아가 목표를 이루지 못해 힘겨루기가 증가하게 될 때 취하게 되는 방식이다. 교사가 처벌과 멸시로 유아의 기를 꺾어 상처를 주면, 유아는 교사에게 상처를 되돌려 줄 권리가 자기에게도 있다고 생각하여 앙갚음을 하게 되는 것이다. 부당한 회피는 극단적으로 기가 꺾여 자신의 자존심이 너무 많이 손상된 나머지 어떠한 노력도 시도하지 않으려는 것이다. 이런 행동은 교사가 지나치게 높은 기대를 하거나, 무시하고, 잘못된 부분만 지적하는 등 완벽주의를 보일 때 주로 나타난다.

유아가 정말 원하는 숨겨진 목적을 알아내려면, 갈등을 느끼는 동안 유아의 감정은 어떤지, 마음이 상하고 무기력하게 느끼고 있는지, 잘못된 행동을 수정하려는 교사의 시도에 대해 유아가 어떻게 반응하고 행동하는지 등을 파악할 필요가 있다. 유아와의 원만한 관계를 유지하기 위해서는 유아의 행동 목적을 이해하는 것이 중요하다. 유아의 행동 목적을 이해하고 나-전달법을 사용해도 해결되지 않을 때는 유아들의 행동을 통제하기 위한 전략으로 논리적 결과를 사용할 수 있다.

2) 논리적 결과와 긍정적 표현

(1) 논리적 결과

논리적 결과는 사회적 규칙을 위반하고 행동하는 경우에 체득하게 되는 부정적 결과를 의미한다. 즉, 유아가 교실에서의 규칙이나 교사의 지시를 따르지 않을 때에 유아를 가르치기 위하여 그 대가로 따르게 되는 결과(손해)를 논리적으로 경험하게 하는 방법이다. 논리적 결과로 주어질 수 있는 대표적인 것에는 바람직한 행동을 반복하여 연습하기(예: 줄의 맨 끝으로 가서 기다리기), 자신의 행동으로 잘못된 것을 회복시키기(예: 낙서한 것 지우기), 자신이 남용했던 권리를 잠시 상실하기(예: 잠시 미끄럼틀 타지 못하기) 등이 있다. 이러한 논리적 결과는 논리적으로 행동과 관련된 결과를 교사와 유아가 합의하여 결정할 수 있다. 이를 통해 유아는 자신의 그릇된 행동 결과로부터 오는 불편함을 체험하고 그릇된 행동 목표를 수정할 기회를 갖게 된다. 이때 교실의 규칙을 반드시 지켜야 할 것으로 강요하기보다 이러한 규칙을 지키지 않음으로 인해 초래되는 논리적 결과를 체험하도록 인내심을 가지고 도와주어야 한다. 논리적 결과를 효과적으로 사용하기 위해서는 유아들에게 선택권 주기, 자기 행동의 결과를 치르는 대가를 유아에게 설정하도록 하기, 결과는 논리적으로 타당하게 하기, 실천 가능한 선택권만 주기, 단호하지만 조용한 목소리로 말하기, 선택권을 주고 나서는 반드시 그대로 실행하기 등을 지켜 나가야 한다.

논리적 결과 사용의 예

❈ 예 1: 장난감 정리를 하라고 지시했는데도 유아가 정리를 하지 않고 있는 상황

비논리적 결과: 장난감을 정리하지 않으면 다 버려 버릴 거야.

논리적 결과: 장난감을 정리하지 않으면 3일간 이 장난감을 가지고 놀 수 없어.

❈ 예 2: 유아가 만들기 시간에 만들기를 하지 않고 교실을 돌아다니고 있는 상황

비논리적 결과: 만들기 시간에 만들기를 하지 않고 돌아다니면 간식을 주지 않을 거야.

논리적 결과: 만들기 시간에 만들기를 하지 않고 돌아다니면 다른 친구들이 재료를 다 사용하고 없을 거야.

논리적 결과는 처벌과 차이가 있다. 논리적 결과는 유아의 그릇된 행동과 연관 지어서 논리적으로 받게 되는 결과이며, 책임감 있는 행동을 가르치기 위한 의도로 조용하지만 단호한 태도로 시행해야 한다. 그러나 처벌은 유아의 그릇된 행동에 대한 교사의 고의적인 보복행위이며, 복종적인 행동을 가르치기 위한 의도로 분노와 원망의 분위기에서 시행되는 것이다.

(2) 효과적인 관계 형성을 위한 긍정적 표현

긍정적 사고를 가진 교사는 유아에게 격려와 긍정적 표현을 잘 한다. 부정적 사고나 언어보다는 긍정적 사고와 언어습관을 갖는 것이 결국 좋은 인간관계를 갖는 데 도움이 된다. 교사의 마음이 부정적이면 유아의 마음도 부정적이 되며, 교사의 마음

이 긍정적이면 유아의 마음도 긍정적이 된다. 따라서 교사는 긍정적 사고와 표현을 통해 교실의 분위기를 안정시키고, 유아의 내적 통제감과 자아존중감 형성에 도움을 주어야 한다.

긍정적 표현의 중요한 방법이 격려다. 격려는 모든 상황에서 유아의 장점과 긍정적인 부분에 초점을 맞추어 그것을 표현해 주는 것이다. 격려는 유아가 잘할 때, 못할 때, 실수할 때, 실패할 때 등 언제든지 사용할 수 있으므로, 교사는 격려의 방법을 잘 활용함으로써 유아가 자신감과 자아존중감을 갖도록 해야 한다. 유아가 자신의 행동에 대해 책임을 지고 규칙과 약속을 지키는 사람으로 성장하도록 돕기 위해서는, 물질적 보상이나 야단치기보다 스스로 행동의 결과를 경험하게 하고 격려하는 것이 중요하다.

교사가 유아를 격려하기 위해서는 무엇보다도 진정성이 바탕이 되어야 하고, 유아가 무엇을 격려받고 있는지 알 수 있도록 구체적으로 격려해야 하며, 비교를 통해 유아를 평가하지 않아야 한다. Dinkmeyer와 MaKay(1976)는 격려하는 태도에 대해 다음과 같이 설명한다.

- 아무런 조건이나 전제 없이 유아를 있는 그대로 수용하고 믿는다.
- 유아가 주어진 상황이나 과제를 충분히 극복할 수 있을 것이라고 기대하고, 이러한 교사의 기대를 행동으로 직접 표현해 준다.
- 유아가 잘못된 행동을 했을 때, 유아의 행동과 그러한 행동을 한 유아를 구분하여 어떠한 잘못된 행동을 했다 하더라고 한 인간으로 존중하고 수용한다.
- 유아가 이르는(고자질하는) 것을 무시하고, 긍정적인 행동에 관심을 보여 준다.
- 장점, 잘한 점, 기여한 점에 초점을 둔다.
- 노력과 성취를 인정한다.
- 유아를 다른 유아와 비교하지 말고, 유아의 행동에서 다른 유아와의 차이를 인정해 준다.

제8장

폭력 예방을 위한
유아교육기관 운영체제

1. 폭력 예방을 위한 유아교육기관 차원의 운영체제의 개요

1) 교육기관 차원 폭력 예방 운영체제의 필요성

학교폭력의 심각성이 고조되면서 그에 대한 대책을 마련하기 위해 2004년에 「학교폭력예방법」이 제정되었다. 그 후, 교육과학기술부의 학교폭력 종합대책(2012. 2. 6.)이 발표되었으며, 2013학년도 이후에 입학한 모든 사범계열의 대학생들은 '학교폭력 예방 및 학생의 이해'라는 과목을 교직 소양 과목으로 반드시 수강하게 되었다. 그에 따라 유아교육 전공 학생들도 '학교폭력 예방 및 학생의 이해'라는 과목을 필수로 수강해야 한다. 물론 현행 「학교폭력예방법」에 따르면 유치원이나 어린이집의 원아는 학교폭력의 대상이 될 수 없기 때문에, 현재로서는 유치원이나 어린이집에서 발생한 사안은 「학교폭력예방법」을 적용할 수 없으므로 자치규정에 따라 조치가 이루어져야만 한다. 그러나 학교폭력 발생 빈도가 지속적으로 증가하고 있고 학교폭력 발생 연령이 계속 낮아지고 있는 현 상황에서 예비유아교사들도 「학교폭력예방법」에 대한 기본적인 지식이 필요하고, 유아교육기관 내의 폭력을 예방하고 대처하는 방법을 알고 있어야 할 것이다.

사실, 예비유아교사들은 대학에 다니는 동안 강의실에서 유아의 폭력과 같은 문제행동을 다루는 여러 가지 방법들을 배운다. 하지만 그들이 유아교육현장으로 나가면 대학에서 배운 것들을 곧바로 적용하기보다는 지금까지 과거 자신의 경험을 통해 이미 본인에게 익숙해진 방법을 사용하는 경우가 더 많다. 그러한 방법이 효과가 없을 뿐만 아니라 유아의 문제행동의 강도와 빈도를 더 높이고 유아와 교사 간의 관계를 악화시키는 결과를 가져온다 할지라도 쉽게 자신의 익숙한 방법을 버리지 못하는 경우도 많다. 이렇게 교사는 과거에 배웠던 방식대로 가르치고, 훈육받았던 방식대로 징계나 처벌에 초점을 두는 전통적인 전략을 교육현장에서 계속 사용하게 된다(Rogers & Freiberg, 1994).

설령 어느 한 교사의 노력으로 문제행동을 자주 보이는 유아에게 바람직한 행동을 가르쳤다 하더라도, 그 교사가 가르친 바람직한 행동을 교육기관 전체에서 지원해 주지 못한다면 유아는 새로 배운 행동을 실행하지 못하고 부적절한 옛날 방식으로 되돌아가기 쉽다. 즉, 자신의 익숙한 문제행동 패턴으로 되돌아가 버리는 것이다.

이처럼 교육현장에서 지속되고 있는 유아의 행동문제를 해결하려면 교사가 대학에서 배운 방법들을 체계적으로 쉽게 적용할 수 있고, 교육기관 전체에서 유아가 새로 배운 바람직한 행동을 지원받을 수 있도록 현재의 교육현장 시스템을 변화시킬 필요가 있다. 그런데 시스템을 어떻게 변화시킬 것인지 설명하기 전에 우선되어야 하는 것이 있다. 가장 먼저 교육기관에서 유아를 상대하는 모든 성인(교사와 직원을 모두 포함)들이 유아의 행동은 그 유아가 속해 있는 환경과 기능적 관계가 있다는 사실을 명확히 이해해야 한다(Stormont, Lewis, Becker, & Johnson, 2012).

쉽게 바뀌지 않고 지속되는 문제행동은 유아가 처한 환경에서 반복적으로 만나는 사람들과 상호작용하면서 학습된 결과다. 유아가 평소에 적절한 행동을 할 때에는 관심이나 칭찬을 받지 못하는데, 부적절한 행동을 할 때에는 어른들의 관심이 주어진다면 그 행동은 강화된다. 예를 들어, 유아가 조용할 때는 교사가 칭찬이나 긍정적인 관심을 주지 않다가 옆 친구와 떠들면 주의를 주거나 야단을 치는 경우가 있다. 교사의 입장에서는 꾸중이라는 부정적인 자극을 주었다고 생각하지만 유아의 입장에서는 부정적이라 할지라도 교사의 관심을 얻는 데 성공한 셈이다. 어른들의 관심에 목말라 있는 유아라면 비록 부정적인 관심일지라도 아무런 관심을 받지 못하는 것보다는 낫다고 생각한다. 따라서 바람직한 방법으로 교사의 관심을 얻는 방법을 배우지 못한 유아는 이후에도 같은 방법으로 교사의 관심을 얻으려 할 것이다.

또한 유아가 부적절한 행동을 하는 경우에 어른이 그것을 빨리 해결하고 넘어가고자 물질을 제공하거나 유아가 원하는 것을 들어주게 되면, 그 문제행동도 강화된다.

예를 들어, 교사의 지시에 대해 유아가 소리 지르며 거부할 때 유아를 다른 장소로 보내는 타임아웃을 적용한다면, 유아는 결과적으로 자기가 싫어하는 활동에 참여하지 않게 되었으므로 다음에도 하기 싫은 활동이 주어지면 부적절한 행동으로 그 활동을 거부하려 할 것이다. 결국 교사는 유아의 소리 지르는 행동을 강화한 것이다. 즉, 유아는 교사의 지시를 어떻게 피할 수 있는지 학습하게 된 셈이다. 이렇게 의도치 않게 부적절한 행동을 강화하게 될 때 강화의 덫에 걸렸다고 한다(Patterson, 1982).

또한 보통 일반 유아들은 어른들의 긍정적인 자극에 의해 적절한 행동을 유지하지만, 대개 문제행동을 지속적으로 보이는 유아는 긍정적인 자극을 받을 기회가 많지 않을 뿐더러 긍정적인 자극을 받으려는 것보다는 혐오적인 결과를 피하려는 것에 동기부여 되어 있는 경우가 더 많다(양명희, 2012). 그렇기 때문에 그들에게 체벌이나 징계와 같은 혐오적인 자극을 제시하는 방법은 적절하지 않다. 그보다는 부적절한 행동은 받아들여지지 않고 바람직한 대체행동을 하게 될 가능성이 높은 환경을 만들어 주어야 한다. 이와 같이 유아의 행동이 환경과 기능적으로 밀접히 관련되어 있다는 사실을 교육기관 안의 모든 성인들이 이해하고 있을 때, 유아의 문제행동을 더욱 효과적으로 다룰 수 있다.

유아의 행동이 환경과 기능적으로 밀접한 관련이 있다는 것에 대한 이해가 실제가 되기 위해서는 유아교육기관에는 이를 지원하는 두 가지 체계가 있어야 한다(Kauffman, 1993). 하나는 교사들의 전문성 신장을 위한 교수적 지원체계이고, 다른 하나는 교사들이 습득한 지식과 기술을 유아들에게 원활하게 적용할 수 있도록 하는 제도적 지원체계이다. 교수적 지원체계를 통해서는 전체 교직원을 상대로 유아의 행동과 환경이 기능적 관계가 있다는 사실을 충분히 이해시켜야 하고, 제도적 지원체계를 통해서는 유아의 부적절한 행동을 의미 없게 만들 뿐 아니라 바람직한 행동을 일관성 있게 강화하는 긍정적인 교육기관 환경을 만들어야 한다. 이와 같은 개념을 실행하려는 것이 '학교 차원의 긍정적 행동지원(school wide positive behavior support)'이다(Sugai & Horner, 2009). 이 개념은 2000년대에 등장한 '긍정적 행동지원' 개념을 개인을 넘어서 학교 차원에 적용하려는 것이다. 학교 차원에서 적용하는 긍정적 행동지원의 목적은 교육기관의 체계와 절차를 개선하여 교사들의 긍정적인 행동 변화를 촉진하고, 유아들의 행동을 변화시켜 교육기관의 환경 전체를 변화시키려는 것에 있다(Sugai & Horner, 2009). 긍정적 행동지원이 한 유아의 행동지원에 초점을 두고 중재방안을 고려하는 것이라면, 학교 차원의 긍정적 행동지원은 문제행동을 많이 나타내는 몇몇 유아들뿐 아니라 교육기관에 소속된 모든 유아들에게 긍정적 행동지원의 이념을 실천하는 것이다. 그런데 유아가 다니는 교육기관은 학교가 아니므로 학교라는 단어를 유아교육기관으로 바꾸었다. 이 장에서는 '유아교육기관 차원의 폭력 예방 운영체제'로서 '유아교육기관 차원의 긍정적 행동지원'을 소개하며 설명하겠다.

2) 효과적인 교육기관 조직의 특징

오래 전 Gilbert(1978)는 구성원 모두에게 유익한 효과적이고 효율적이며 적절하게 작동되는 조직/기관(organization)이 가지고 있는 공통적 특징은 ① 공동 비전/가치, ② 공동 언어, ③ 공동 경험, ④ 질 높은 리더십이라고 했다. 이는 긍정적 행동지원을 실행하려는 유아교육기관에도 동일하게 해당된다. 이를 그림으로 제시하면 [그림 8-1]과 같다(OSEP, October 2015a).

그림 8-1 효과적인 조직/기관의 특징

출처: 양명희(2016).

(1) 공동 비전/가치

공동 비전/가치란 교육기관의 대다수에 의해 수용되는 목표나 목적을 의미한다. 공동 비전이나 가치는 모든 구성원들의 공통된 필요를 반영해 주는 것으로, 실행 계획이나 의사결정의 기초가 된다. 학교의 교훈, 집안의 가훈, 회사의 사훈이 이와 비슷한 개념이라 할 수 있다. 그런데 이러한 것은 그 기관의 대표가 임의적으로 결정하는 것이 아니라 구성원들이 모두 수용할 수 있는 것이어야 한다. 모두가 동의하는 공동 비전은 기관이 앞으로 나아가는 원동력이 되며 걸림돌을 헤쳐갈 수 있는 힘이 된다. 구성원들 사이에 갈등과 문제가 있을 때에도 동의된 공동 비전이 있다면 서로 양보하고 협력할 수 있기 때문이다. 그러므로 유아교육기관의 공동 비전과 가치를 정립하는 것은 중요하다.

(2) 공동 언어

공동 언어란 교육기관의 비전과 활동 및 운영을 설명해 줄 수 있는 모두가 이해하는 용어와 문구를 뜻한다. 공동 언어는 기관의 구성원들에게 효과적이고, 효율적이며, 적절한 의사소통이 이루어지게 한다. 공동 언어가 있다면 설득과 설명을 위해 긴 시간을 할애할 필요가 없이 효율적으로 일할 수 있다. 예를 들어, 뒤에서 설명하는 '1차 예방' 또는 '행동지원' 같은 용어를 공동 언어로 가지고 있지 않으면, 구성원들에게 계속 반복해서 그 개념을 구체적으로 설명해야 하고 그 내용이 항상 동일할 수 없기 때문에 의사소통에 어려움이 있을 수 있는 것과 같다. 그러므로 유아교육기관의 교직원은 공동 언어에 대해 모두 이해하고 사용할 수 있어야 한다.

(3) 공동 경험

공동 경험은 교육기관의 모든 구성원들이 실행해 보았거나 경험해 본 활동이나 일과, 절차를 의미한다. 이런 공동 경험에는 단지 함께 해 보았다는 경험적 사실뿐아니라, 공동 경험 활동의 질을 평가하는 피드백 체계가 반드시 포함되어야 한다. 예를 들어, 유아교육기관에서 가족이 참여할 수 있는 행사(예: 체육대회, 발표회, 부모님 오시는 날 등)의 계획부터 마무리까지 전 과정을 평가할 수 있는 체계(예: 설문조사, 평가회 등)를 갖춘 경험을 공유하는 것이다. 그러한 공동 경험은 성공의 여부와 관계없이 함께 어려움을 넘고 기쁨을 나누었기 때문에 구성원들의 유대감을 높여 주어 서로를 하나로 연결해 준다. 그리고 그 경험에 대한 진솔한 피드백은 다음 공동 경험 활동의 밑거름으로 사용될 수 있다. 그러므로 유아교육기관은 구성원 모두를 하나 되게 하고 성장하게 하는 공동 경험이 필요하다.

(4) 질 높은 리더십

질 높은 리더십이란 기관의 공동 비전과 공동 언어, 공동 경험을 만들어 내고 유지하기 위해 조직된 직원과 정책 및 구조를 꾸려 가는 수준의 리더십을 의미한다. 어느 기관이나 리더십의 중요성은 아무리 강조해도 지나치지 않다. 질 높은 리더십이란 Haggai(1999)가 말한 것처럼, 집단의 진정한 필요를 채워 줄 수 있는 유익한 목표를 향해서 구성원으로 하여금 행동하도록 이끌어 주는 특별한 영향력을 신중하게 훈련하는 것이라고 할 수 있다. 전 구성원의 유익을 위한 공동 비전을 세우고 공동의 언어와 경험을 만들어 가면서 그 방향을 향해 함께 갈 수 있도록 행동할 수 있게 이끌어 주는 영향력이 필요한 것이다. 그러한 리더십 아래 있는 구성원들은 힘들거나 어려운 일이 있고 갈등이 있어도 끝까지 함께 갈 수 있으며, 그 과정에서 집단뿐 아니라 자신의 성장도 있음을 확신하게 된다. 그러므로 유아교육기관은 구성원 모두의 유익을 이끌어 낼 수 있는 리더가 필요하다.

언급한 네 가지 특징을 모두 갖춘 교육기관이라면, 그 특징들을 기반으로 하여 문제행동을 지도하기 위한 체계를 갖출 수 있을 것이다. 체계 운영을 위해서는 소규모라 할지라도 행동지원을 담당할 팀이 있어야 하고, 행동지원의 연속체계가 있어야 하며, 교육기관의 모든 유아들에게 모든 영역에서 모든 성인에 의한 일관성 있는 행동지원이 이루어져야 한다. 물론 대부분의 유아교육기관은 학교와는 달리 그 규모가 크지 않은 경우가 많아서 적용하기가 더 쉬울 것이다.

2. 유아교육기관 차원의 긍정적 행동지원 체계

1) 연속적 행동지원 체계의 적용 원리

연속적 행동지원 체계라는 개념은 Walker와 동료들(1996)이 반사회적 문제행동 패턴을 예방하기 위해 내놓은 개념이다. 이는 문제행동에 대한 중재를 행동의 빈도나 심각성 정도에 따라 단계적으로 구분하여 해당 유아나 아동에게 적합한 중재를 찾아 실행해 주는 위계적 중재 접근을 의미한다(Sugai & Horner, 2009). 즉, 강도가 심한 문제행동일지라도 전체를 대상으로 하는 지원체계부터 소집단이나 개인을 위한 지원체계가 단계별로 있다면, 각 단계에서 그 문제행동의 빈도는 점점 감소하고 강도도 약해질 수 있다는 생각을 체계화시킨 것이다. 이런 지원체계를 가진 예방 프로그램이 시행된다면 행동문제가 커지기 전에 미연에 방지할 수 있을 것이다.

이를 유아교육기관에 적용하자면, 유아교육기관 전체 유아들을 위한 전체집단 지원체계, 문제행동을 자주 보이는 전체의 1/5 정도에 해당하는 유아들을 위한 소집단 중심의 지원체계, 지속적으로 심각한 문제행동을 보이는 소수의 유아를 위한 전문적이고 개별적인 1:1 지원체계를 구성하는 것이다. 이런 연속적 지원체계에서는 문제행동의 빈도나 강도가 증가할수록 행동지원의 강도도 증가하게 되어 있다. 이러한 3단계 지원체계는 전체를 대상으로 하는 보편적 중재, 소집단을 대상으로 하는 목표중심 중재, 개별 유아를 중심으로 하는 집중적 중재라고 명명하는 경우도 있고, 1, 2, 3차 예방체계라고 명명하기도 하는데, 여기에서는 1, 2, 3차 예방체계라는 용어를 사용한다(Scott & Caron, 2005; Sugai & Horner, 2009; Sugai et al., 2000; Sugai, Sprague, Horner, & Walker, 2000). 이를 그림으로 나타내면 [그림 8-2]와 같다.

3단계 지원체계를 간략히 설명하자면, 1차 예방(primary prevention) 단계는 교육

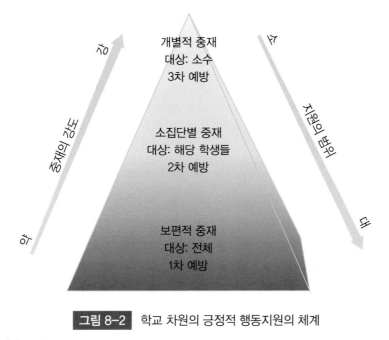

그림 8-2   학교 차원의 긍정적 행동지원의 체계

출처: 양명희(2016).

기관 전체 환경에서 모든 유아들을 대상으로 보편적인 중재를 실행하는 것이며, 그 목표는 모든 환경에서 교직원과 유아들을 위한 질 높은 학습 환경을 제공하여 문제 행동의 새로운 발생을 예방하는 데 있다. 그리고 보편적 중재에도 불구하고 여전히 문제행동을 보이는 유아들에게는 2차 예방(secondary prevention) 단계를 적용하는데, 여기서는 주로 위험행동을 할 가능성이 높은 유아들을 대상으로 소집단을 구성하여 구체적인 목표행동을 정하고 중재를 실행하는 것이다. 2차 예방 단계의 목표는 기존에 보이던 문제행동의 출현율을 감소시키고자 하는 데 있다. 마지막으로, 2차 예방 단계에도 반응을 보이지 않는 유아들에게는 3차 예방(tertiary prevention) 단계를 적용하는데, 여기에서는 지속적이고 심각한 문제행동을 나타내는 소수의 유아들을 대상으로 개별화된 지원을 집중적으로 실행한다. 그 목표는 이미 보이고 있는 문제행동의 강도와 복잡성을 경감시키려는 데 있다. 각 단계의 예방 목표를 정리하면 〈표 8-1〉과 같다.

■▶ 〈표 8-1〉 연속적 행동지원 체계의 예방 목표

	목표
1차 예방	유아교육기관의 모든 환경에서 교직원과 아동을 위한 질 높은 학습 환경을 제공하는 것으로 문제행동의 새로운 발생을 예방하고자 함
2차 예방	1차 예방에 적절히 반응하지 않거나 고위험 문제행동으로 발전할 가능성이 있는 문제행동에 대해 소집단 중재를 자주 제공하여 그 문제행동의 출현율을 감소시키고자 함
3차 예방	1차와 2차의 예방적 노력에도 불구하고 여전히 존재하는 문제행동에 대해 개별화된 중재를 제공하여 문제행동의 강도나 복잡성을 감소시키고자 함

출처: OSEP (October 2015a), p. 6.

앞에서 설명한 유아교육기관 차원의 연속적 행동지원 체계의 각 예방적 접근을 종합하여 서로 비교할 수 있도록 정리하면 〈표 8-2〉와 같다.

■▶ 〈표 8-2〉 연속적 행동지원 체계의 내용 비교

	목표	중재			
		대상 범위	강도	성격	적용 방법
1차 예방	새로운 문제행동의 발생 예방	교육기관 전체 유아	하	보편적	범집단적
2차 예방	기존 문제행동의 수 감소	고위험 유아와 위험 가능 유아	중	목표 내용 중심적	소집단적
3차 예방	기존 문제행동의 강도와 복잡성 경감	고위험 유아	강	집중적	개별적

출처: 양명희(2016).

이러한 연속적 행동지원 체계의 개념은 특별히 새로운 개념은 아니다. 어느 교육기관에도 전체를 위한 규칙이 있고, 소집단을 위한 프로그램이 있으며, 극소수를 위한 개별적인 지도를 하고 있을 것이다. 그러나 교육기관 차원의 긍정적 행동지원에서 말하는 연속적 행동지원 체계는 각각의 체계가 보편적 시스템 안에서 서로 직접적으로 연결되어 있다는 점이 다르다(Stormont et al., 2012). 교육기관 차원의 긍정적 행동지원에서는 2차나 3차의 예방 단계에서도 해당 유아들에게 전 교직원이 전체 유아들을 대상으로 하는 기대행동을 계속 요구할 뿐 아니라 2차나 3차의 프로그램은 반드시 1차에서 전체를 대상으로 했던 내용과 연계하여 계획되고 실행되어야한다. 다시 말하자면, 유아가 속해 있는 교육환경에서 유아의 문제행동은 힘을 잃고 의미가 없어지고, 바람직한 행동은 긍정적인 관심을 받는 분위기가 교육기관 전체에서 이루어질 수 있게 해야 한다는 것이다. 예를 들면, 1차 예방 단계에서 전체 유아들을 대상으로 '배려'를 위한 여러 가지 구체적인 행동을 가르친 유아교육기관이 있다고 해 보자. 그런데 자유놀이 시간에 반복해서 다른 친구가 가지고 노는 장난감을 친구의 허락 없이 빼앗아 가거나 혼자서만 장난감을 가지고 놀려는 행동 때문에 싸움을 일으키는 유아들이 있다면, 문제가 생길 때마다 그 자리에서 해결하고 넘어가기만 하는 것이 아니라 그런 비슷한 문제행동을 지속적으로 보이는 유아들을 모아서 소집단을 만들어 그 집단에게 장난감을 나누어 가지고 노는 방법을 체계적이고 집중적으로 직접 가르치는 것이 2차 예방 단계이다. 이때 유아에게 장난감을 나누어 가지고 노는 행동은 다른 사람을 배려하는 구체적인 방법임을 지속적으로 알려주어야 한다. 이를 통해 유아는 자신이 배우는 행동과 유아교육기관의 가치를 연결시킬 수 있고, 그런 행동이 왜 요구되는지 좀 더 잘 이해할 수 있게 된다. 이런 체계가 갖춰진다면, 유아는 교육기관의 기대행동을 반복해서 연습할 수 있는 기회를 자주 갖게 되고, 더 나아가 자신의 적절한 행동이 자연스럽게 보상받는 기회가 더 자주 주어지게 된다.

2) 1차 예방

1차 예방 단계의 근본 목적은 교직원 전체가 유아들의 적절한 행동을 지지하면서 긍정적인 교육기관 분위기를 형성하자는 것이다. 그렇게 하려면, 유아교육기관의 모든 환경에서 모든 시간에 전체 교직원에 의해 모든 유아들에게 적절한 행동이 가르쳐지고 강화받는 보편적 중재가 실행되어야 한다(양명희, 2012). 이를 위해서는 체계적인 계획과 적용이 필요하다.

이때 유아교육기관의 모든 환경이란 교육기관의 교실, 복도, 식당, 화장실 등의 실내 공간뿐 아니라 바깥놀이를 하는 놀이터, 등·하원 때 타고 다니는 차의 공간, 견학이나 산책을 나가는 공간 등을 모두 포함한다. 또한 모든 시간대란 유아의 등원부터 하원까지의 모든 시간을 의미한다. 즉, 자유놀이 시간, 대집단활동 시간, 간식시간, 점심시간, 바깥놀이 시간 등을 모두 포함한다. 전체 교직원이란 교사뿐 아니라 그 유아교육기관과 관련하여 일하는 모든 성인을 의미한다. 여기에는 교사, 원장, 기사, 조리사, 특별활동 담당 교사, 도우미 등을 포함하며, 등·하원 활동에 참여하는 유아의 양육자도 포함된다.

3단계 지원체계의 가장 단단한 기초가 된다고 할 수 있는 1차 예방의 핵심은 기대행동을 아이들에게 직접 가르치는 것에 있다. 기대행동이란 문제행동과 상반되는 행동으로 교육기관에서 유아에게 기대하는 바람직한 행동을 의미한다. 교사는 유아들이 바람직한 행동을 언제 어떻게 해야 하는지 알고 있다고 가정하거나 기대하지만 말고, 그 기대행동을 아이들에게 직접 가르쳐야 한다(Lewis & Doorlag, 2011). 1차 예방 단계는 다음과 같은 절차로 시행될 수 있다(OSEP, October 2015a).

① 유아교육기관 내 모든 영역에서 공통적으로 기대되는 행동을 결정한다. 이를 위해서는, 먼저 기대행동의 결정과 시행을 위한 위원(리더십 팀)을 정해야 할 것이다. 그리고 그 팀은 교육기관 전체 교직원에게 아이들의 행동과 환경에는 기능적 관계가 있다는 의미를 이해시키고, 유아들이 기대행동을 했을 때와 어겼을 때 어떤 후속결과가 어떻게 주어져야 하는지 가르치고 시행해야 한다. 물론 이런 가르침은 외부 전문가의 도움을 받을 수도 있다. 이 과정을 통해 전체 교직원이 아이들을 위해서라면 지금까지 사용해 왔던 자신들의 가르침이

나 행동지도 방법을 바꿀 필요가 있음을 인식하게 되는 것이 중요하다.

② 선정된 기대행동을 정의하고, 유아들에게 언제 어디서 어떻게 수행하는 것인지 구체적으로 가르친다. 이에 대한 자세한 내용은 10장을 참고할 수 있다.

③ 유아들이 기대행동을 하는 것이 관찰되면, 직원 모두가 그 행동을 강화한다. 즉, 기대행동을 정하고 가르치기만 하는 것이 아니라, 기대행동이 지켜졌을 때의 후속절차도 일관되게 시행해야 한다.

④ 유아가 기대행동이 아닌 문제행동을 할 경우에는 문제행동과 관련된 선행자극 요인을 판별하여 수정한다. 이에 대한 자세한 내용은 9장을 참고할 수 있다.

⑤ 선행자극의 수정으로 해결되지 않는 경우에는 문제행동을 직접 다루는 후속결과 전략을 개발하여 적용한다.

⑥ 문제행동에 대해 주어지는 후속결과는 지속적이고 일관성 있게 이루어지도록 한다. 그래서 과거에는 문제행동을 통해 자신이 원하는 것을 이룰 수 있었지만 이제부터는 아무리 문제행동을 하더라도 그것을 통해 이룰 수 있는 것이 없어야 한다.

⑦ 1차 예방 단계의 성과를 측정할 수 있어야 하며, 측정된 자료는 2차 예방 단계를 적용할 대상을 결정하거나, 1차 예방 단계에서 수정할 내용이 있는지 검토하고 결정하는 데 사용한다.

유아교육기관 차원의 긍정적 행동지원의 1차 예방 단계에서는 기대행동을 가르치는 것 외에도 물리적 환경 지원, 하루 일과 계획표 조정, 교수 환경적 지원, 그리고 문제행동의 기능(목적)에 근거한 선행사건 중재나 배경사건 중재 등이 실행되어야 한다. 그러한 것들에 대해서는 9장에서 구체적으로 설명하였다.

3) 2차 예방

2차 예방의 목적은 1차 예방 단계에도 불구하고 여전히 나타나는 문제행동의 횟수를 줄이고 그 강도를 약화시키는 것에 있다(OSEP, October 2015a). 1차 예방에도 불구하고 여전히 문제행동을 나타내는 유아들이란 앞으로도 계속 문제행동을 나타낼 가능성이 있거나 심각한 문제행동으로 발전시킬 가능성이 높은 유아들이다. 따라서 2차 예방에서는 대상 유아들에게 더 많은 시간의 지원, 즉 관심과 감독을 제공한다는 것이 핵심이다. 이때 전체 유아 중에서 문제행동을 지속적으로 보이거나 심각한 문제행동을 보일 가능성이 있는 유아는 그리 많지 않기 때문에 소집단의 형태로 지원이 이루어진다. 2차 예방의 중재 내용은 반드시 1차 예방에서 실시한 중재 내용과 관련 있어야 한다. 2차 예방 단계의 소집단 중재는 크게 대상 유아에게 교사의 관심과 점검을 더 많이 더 자주 제공하는 것과 소집단을 구성하여 필요한 기술을 직접 가르치는 것으로 나뉜다.

(1) 교사의 관심과 점검을 더 많이 제공하기

이는 교사가 대상 유아들을 매일 정기적으로 만나서 긍정적 관심을 주고 문제행동을 점검하는 것을 통해 유아들이 유아교육기관의 기대행동을 더 잘 지킬 수 있도록 도와주려는 것이다. 즉, 1차 예방에서 가르친 기대행동을 준수하도록 좀 더 적극적으로 지원하는 것이다. 교사의 관심과 점검을 더 많이 더 자주 제공하도록 개발되어 있는 여러 중재들(예: Carter & Horner, 2009; Todd, Campbell, Carter, & Dickey, 2009)의 공통적 순서는 다음과 같다.

① 유아가 등원하면 일과가 시작되기 전에 전담자를 만나 체크인을 한다. 체크인을 담당하는 전담자는 등원하는 유아와 긍정적으로 유쾌하게 상호작용하여 하루 일과를 기분 좋게 시작할 수 있도록 해 준다. 전담자는 유아교육기관 사정에 따라 원감이나 원장 등이 대신할 수 있다. 체크인은 주로 등원하여 다른 아이들이 자유놀이 하는 시간을 이용할 수 있다.

② 전담자는 유아에게 매일 유아의 기대행동이 적혀 있는 일일진보 보고서를 주고, 유아에게 각 활동시간의 기대행동에 대한 오늘의 목표점수를 알려 주고 일

일진보 보고서에 기록한다.

③ 유아는 교실로 가서 교사에게 자신의 일일진보 보고서를 제출하고, 시간마다 해당 교사로부터 점수를 받든지 아니면 일과를 마칠 때 점수를 받도록 한다.

④ 유아는 하루 일과가 끝날 때 등원하면서 만났던 전담자와 함께 체크아웃을 한다. 이때 총점을 확인하고 목표점수에 도달했는지 확인한다. 목표점수에 도달했으면 그 자리에서 유아에게 강화물을 주도록 한다.

⑤ 유아는 자신의 일일진보 보고서를 집에 가져가 부모 확인을 받고, 다음 날 전담자에게 제출한다. 이런 과정은 유아교육기관에서 주어지는 행동지원에 대해 부모가 관심을 갖고 가정에서도 연계하여 지도할 수 있도록 하기 위한 것이다.

이와 같이 하면 유아는 성인에게 더 많은 관심과 지원을 받으면서 자신의 목표행동을 인식할 수 있게 되고, 매일 자기 행동의 결과에 대해 피드백을 받게 된다. 유아가 매일 받아볼 수 있는 일일진보 보고서의 예는 [그림 8-3]과 같다.

날짜: ____월 ____일		이름:_____
하루일과	오늘 나는	목표점수(☆), 나의 점수(★)
등원	교실로 갈 때 걸어가요.	★★★★☆
자유선택활동	장난감을 친구와 같이 가지고 놀아요.	★★★★☆
정리정돈	가지고 논 장난감은 제자리에 놓아요.	★★★
간식	순서를 기다려요.	★★★
대집단활동	제자리에 앉아요.	★★★☆
점심	식사가 끝날 때까지 제자리에 앉아 있어요.	★★★
바깥놀이	친절한 말을 해요.	★★★☆☆
부모님 확인		총점: 별 18/23개

그림 8-3 일일진보 보고서의 예

[그림 8-3]을 보면, 매일의 목표점수는 전담자가 일일진보 보고서의 해당 칸에 별모양으로 그려 주게 되어 있고, 유아가 교사에게 제출하면 그때마다 또는 하원할 때 교사가 목표로 그려진 별모양 위에 유아의 행동수준만큼의 별모양 스티커를 붙여주거나 색칠하도록 되어 있음을 알 수 있다.

(2) 소집단으로 사회적 기술 가르치기

이는 비슷한 문제행동이 있는 유아들을 소집단으로 묶어 해당 기술을 직접 지도하는 것이다. 이때 그 중재 내용은 반드시 1차 예방에서 지도한 보편적 중재의 내용과 직접 연결되어 있어야 한다. 그렇게 하는 이유는 유아가 소집단에서 배우는 기술이 교육기관의 기대행동과 어떻게 연결되는지 이해할 수 있도록 돕기 위한 것이다. 예를 들어, 유아는 소집단에서 화를 참고 적절한 방법으로 표현하는 것을 배웠는데, 그런 기술이 바로 유아교육기관의 기대행동인 다른 사람을 '존중'하는 구체적인 방법 중의 하나임을 알 수 있게 연결시켜 주어야 한다. 이를 통해 유아는 존중하기 행동이 왜 요구되는지 좀 더 잘 이해할 수 있게 된다.

2차 예방에서 실행되는 소집단 중재가 지속 가능하려면, 다음과 같은 사항을 지켜야 한다(Stormont et al., 2012).

- 유아들의 행동지원 계획을 해당 유아들의 부모에게 친절하게 안내한다. 이는 가정에서도 긍정적 행동지원이 연계되어 실행될 가능성을 높이기 위한 것이다. 행동지원 계획은 가정과 연계하여 가족과 협력을 이루지 않으면 실효를 거두기 어렵다(이소현, 이화영, 2004; 이인숙, 조광순, 2008).
- 2차 예방 단계의 중재 내용은 1차 예방 단계의 보편적 중재와 직접 연결되어 있어야 한다. 예를 들어, 2차 예방에서 가르칠 사회적 기술을 선정할 때 반드시 1차 예방에서 기대행동으로 가르쳤던 내용과 연계되는 것을 선정해야 한다.
- 2차 예방이 필요한 아이들을 선정하는 객관적 기준이 있어야 한다. 즉, 더 자주 더 강도 있는 중재를 실행해야 할 필요성에 대한 결정은 객관적이고 보편적인

자료를 근거로 해야지, 단순히 교사의 주관적 판단으로 결정하면 안 된다는 뜻
이다. 예를 들면, 친구들과 다툼을 일으키는 횟수, 교사의 지시 불이행 횟수 등
을 기준으로 해야 한다.

- 소집단 선정기준에 따라 중재 내용이 달라져야 한다. 유아의 필요와 상관없이
  미리 계획된 사회적 기술을 가르치는 것이 아니라, 유아의 필요에 맞는 중재가
  실행되어야 한다. 예를 들어, 친구들을 밀치고 때리고 장난감을 던지는 공격적
  행동을 자주 나타내는 유아는 분노 다스리기 훈련 프로그램이 적절할 것이다.
  반면에, 말수가 없고 친구들로부터 고립되어 있는 유아라면 친구 사귀기 프로
  그램이 적절할 것이다.
- 소집단 중재를 실시하는 교사뿐 아니라 유아교육기관 내에 있는 모든 교직원에
  게 소집단 중재의 기본적인 내용과 그 내용이 1차 예방의 기대행동과 어떻게 연
  관되는지 이해시켜야 한다.
- 유아들이 소집단에서 어떤 활동을 했는지 담임교사와 공유하여 수업이나 일과
  생활에서 연계될 수 있도록 해야 한다. 예를 들어, 담임교사에게 오늘의 분노
  다스리기 활동에서 무엇을 했는지 알려 주고, 그 내용을 수업에서 어떻게 촉진
  하고 연습시키고 강화할 수 있는지 정보를 제공해 주는 것이다.
- 소집단 중재 성과를 점검하고 평가한다.
- 소집단 중재의 계획과 실행 내용을 기록에 남겨 둔다. 이런 기록은 비슷한 문제
  를 보이는 다른 유아들을 지도할 때에 유용하게 사용될 수 있고, 학부모와 상담
  할 때도 유용한 자료로 사용될 수 있다.

2차 예방 단계에서 가르치는 사회적 기술은 1차 예방 단계에서 모든 유아와 함께
배운 기대행동에 대한 사회적 행동의 심화과정이라고 할 수 있다. 2차 예방 단계에
서 사회적 기술을 가르치는 구체적 방법은 11장을 참고할 수 있다. 그 외에도 2차
예방 단계에서 가르칠 수 있는 중재로는 화가 난 상황에서 화를 조절할 수 있도록
하는 분노 조절 훈련, 깊은 호흡을 하거나 근육의 긴장을 이완시켜서 흥분을 가라앉

히도록 하는 긴장 완화 훈련, 문제 상황이나 문제 유발 요인을 파악하고 문제에 대한 해결방안을 찾고 평가한 후 대안적 방법으로 반응하도록 하는 사회적 문제해결 훈련, 스스로 목표를 설정하고 자신의 행동을 점검하며 스스로 강화하고 평가하도록 하는 자기관리 기법 등이 있다.

4) 3차 예방

3차 예방은 만성적인 문제행동을 보이는 극소수의 유아들을 대상으로 구체적이고 개별화된 지원을 집중적으로 실행하는 것이며, 그 목표는 1차와 2차 예방의 노력에도 불구하고 여전히 존재하는 문제행동의 강도나 복잡성을 감소시키려는 데 있다(OSEP, October 2015a; Sugai & Horner, 2002). 3차 예방도 2차 예방과 마찬가지로 그 내용은 반드시 1차 예방의 보편적 중재 내용과 연계되어야 한다. 이렇게 하는 것은 유아가 자신이 속한 모든 환경에서 성인들로부터 지속적이고 효과적인 지원을 받을 가능성을 높이기 위해서다.

3차 예방의 실행을 위해서는 유아의 문제행동의 기능을 파악해야 한다. 문제행동의 기능에 따라 유아를 위한 행동지원 계획서를 작성하고 개별 중재를 실시한다. 중재에 대한 평가는 반드시 자료에 근거하여 내려져야 한다. 그리고 평가는 다음 중재 계획에 반영되어야 한다. 이렇게 3차 예방에서 개별 중재를 받는 유아는 자신이 이전에 하던 문제행동으로는 원하는 것이 이루어지지 않지만, 개별 중재를 통해 습득된 기술로는 원하는 것이 이루어진다는 것을 경험할 수 있어야 한다. 그런데 3차 예방에서 실행되는 개별 중재의 효과는 전체 유아를 대상으로 하는 보편적 중재와 소집단으로 실시되는 집중적 중재의 효과에 달려 있다고 해도 과언이 아니다. 개별적 행동지원을 계획하고 시행하려면 교사는 행동의 기능분석, 관찰 방법, 중재의 선택과 시행 등에 대한 전문 지식을 지원받아야 한다. 이에 대한 구체적 내용은 양명희의『행동수정이론에 기초한 행동지원』(2016)을 참고할 수 있다.

지금까지 살펴본 유아교육기관 차원의 긍정적 행동지원의 연속적 행동지원 체계의 성공적 수행을 위해서 특히 강조하고 싶은 것은 행동 지도력에서 기관장의 실행 의지이다. 그 첫 번째 이유는 유아교육기관 차원의 긍정적 행동지원의 1, 2, 3차 예방 전략은 유아교육기관에서 가장 중요하게 여기는 핵심 가치를 실행하려는 데 그 목적이 있기 때문에, 그 기관의 가치를 실현하고자 하는 기관장의 의지가 필요하다. 둘째로, 유아교육기관 차원의 긍정적 행동지원의 연속적 행동지원 체계는 유아교육기관의 모든 장소에서 모든 성인들이 유아들에게 일관성 있는 지도와 피드백을 주도록 되어 있기 때문에, 소수 성인의 노력만으로는 어렵고 그렇게 되도록 하는 시스템을 갖추어야 하는데, 이를 위해서는 기관장의 의지가 필요하다. 마지막으로, 1, 2, 3차의 예방 전략은 각각 독립적이지 않고 서로 긴밀하게 연결되어 있으며, 그 실행을 위해서는 행정적, 제도적 또는 재정적 지원이 필요하기 때문이다. 세 가지 이유를 종합해 보면 뜻있는 소수 교사들만의 의지로는 유아교육기관 차원의 긍정적 행동지원의 연속적 행동지원이 실행되기는 어렵다는 것을 알 수 있다.

전체 교육기관 안에서 긍정적 행동지원이 효율적이고 성공적으로 적용되면 직접적으로는 유아들의 문제행동이 감소되어 폭력을 예방할 수 있으며, 간접적으로는 교육기관의 전반적인 분위기가 긍정적으로 바뀌게 될 것이다. 아울러 유아들의 문제행동으로 인한 교사들의 소진 정도가 감소하기 때문에 교사는 가르치고자 하는 교수활동에 더 적극적으로 임할 수 있다는 부수적 효과도 얻게 된다.

제9장

폭력 예방을 위한
유아교육기관의 환경적 지원

1. 물리적 환경 지원

사람들은 누구나 환경의 영향을 받는다. 비좁고 고약한 냄새가 나며 바닥에는 쓰레기가 즐비하고 고함치는 사람들로 북적이는 병원 대기실과, 쾌적하고 넓고 조용하며 여유롭고 평온한 병원 대기실을 상상해 보라. 어느 장소에서 바람직하지 못한 행동들이 더 많이 발생하겠는가? 유아를 둘러싸고 있는 물리적 환경을 바꾸는 것만으로도 유아들의 공격적 행동과 같은 문제행동을 감소시킬 수 있다.

유아교육 환경의 물리적 구조를 생각할 때 가장 먼저 떠오르는 것은 사회적 밀도다. 사회적 밀도란 일정한 크기의 교육환경 내에 있는 유아들의 수를 의미한다. 교실의 사회적 밀도가 높다는 것은 한 교실에 많은 유아가 있다는 것이다. 한 공간에 유아가 많을수록 유아 개인에게 주어지는 교사의 관심은 더 적어질 것이다. 한 명의 교사가 상대해야 하는 유아가 많아질수록 상대적으로 한 유아에게 주어지는 관심의 양이 적어지는 것은 자명한 것이며, 유아들 간에도 관심의 분산으로 개별적 관심의 양은 줄어들 수밖에 없다. 뿐만 아니라 사회적 밀도가 높을수록 유아들 간의 긍정적인 사회적 상호작용 수준은 더 낮아지고(Evans, 2001), 또래와의 협력 수준도 더 낮아지며(Rimm-Kauffman, Laparo, Downer, & Pianta., 2005), 유아의 스트레스 수준은 더 높아진다(Legendre, 2003). 그 외에도 좁은 공간에 많은 유아가 있게 되면 이동할 때 서로 부딪히거나, 의자를 넘어뜨리거나, 선반이나 탁자 위의 물건을 떨어뜨리면서 문제행동이 발생할 수 있다. 그러므로 적정 수준의 사회적 밀도를 유지할 필요가 있다.

그리고 교육환경 내에서 개별 유아에게 요구되는 최소한의 공간 조건이 필요하다. 따라서 교사는 교실 내의 복잡하고 산만한 공간을 피하여 독립적 과업을 수행할 수 있는 공간을 계획해야 한다. 독립적 과제를 하는 공간은 많은 사람들이 드나드는 출입문 옆은 피해야 하고, 필요하다면 칸막이 등을 이용하여 만들어 줄 수 있다. 그러나 각 유아가 차지하는 교실 공간이 무조건 넓을수록 좋은 것만은 아니다. 강당처럼 넓은 교실에서 15명의 유아가 계속 활동을 하는 경우를 상상해 보라. 또한 나이가 어린 영아들은 교재교구 수가 너무 적어도 갈등을 일으켜 공격적 행동을 보일 수 있다(Bailey, Harms, & Clifford, 1983). 그러므로 교실에는 교실 공간 크기에 맞게 적절한 유아 인원과 교재교구가 있어야 한다.

교실 공간을 배치할 때 교사는 유아의 수, 활동의 종류, 소집단의 구성 등을 고려하되 교사나 보조교사들이 각 유아에게 쉽게 다가갈 수 있도록 책상과 가구를 배치해야 한다. 자리 배치를 할 때는 공격적 행동의 가능성이 있는 유아는 가능하면 교사와 가까운 자리에 앉히는 것이 좋다.

특히 구조화된 대집단 활동을 할 때 여러 유아가 서로 가까이 앉으면 갈등이 생기기 쉬운데, 그럴 때는 서로 너무 가까이 앉지 않도록 자리 배치를 할 수 있다. 모든 유아들이 적어도 한 뼘 정도의 거리를 유지하여 앉게 하되, 앉은 자리에서 모든 유아가 활동을 잘 볼 수 있도록 배치하여 자리 다툼이 발생하지 않도록 해야 한다. 다른 방법으로는 각자가 앉는 바닥의 위치에 자기 자리임을 표시하는 작은 네모 모양의 매트를 깔거나, 바닥에 사각형 모양으로 테이프를 붙여 유아가 자기 공간을 시각적으로 알

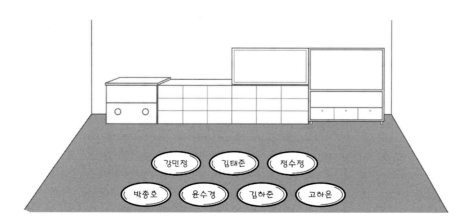

그림 9-1 이름이 적힌 방석으로 자리 표시

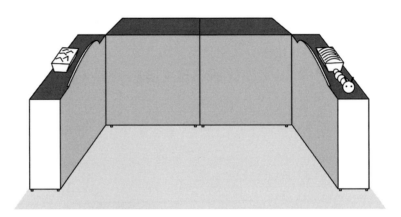

그림 9-2 교구장을 뒤로 돌려 놓은 영역

수 있게 해 주거나, 각자 자기 이름이 적힌 방석을 사용해도 된다([그림 9-1]).

대집단 활동을 할 때 놀이 영역이 개방되어 있어 놀이시간이 아닌 경우에도 유아들에게 유혹이 된다면 그 영역을 천으로 덮어 씌워 시각적으로 영역을 차단하는 시각적 신호를 주는 것이 좋다. 또는 유아의 손이 쉽게 닿는 곳에는 어떠한 물건도 두지 않도록 하거나, 그것이 어려운 경우에는 교구장을 뒤로 돌려놓거나([그림 9-2] 참조), 선반의 물건들을 모두 치우도록 하는 것도 문제행동 예방에 도움이 된다.

또한 공간 배치를 할 때 교사나 보조교사들이 언제라도 유아들을 한눈에 볼 수 있도록 해야 한다. 즉, 교사의 눈이 미치지 못하는 사각지대가 없도록 배치해야 할 것이다. 교실의 공간 배치는 교사가 계획하는 교육활동의 특성에 따라 활동에 필요한 배열 형태를 달리할 수 있어야 하므로 가구나 장비들은 이동이 쉽고 교육 자료에 접근하기 용이하도록 배치되는 것이 좋다. 교구들은 찾기 쉽게 배열되어야 하고, 교구장이나 가구들은 유아의 신체 발달과 학습에 적당한 크기여야 한다. 유아들의 개인 물품을 보관할 수 있는 적절한 사물함이 있어야 하는데 사물함처럼 유아들이 한꺼번에 몰릴 수 있는 지점들(출입문, 개수대 등)이 서로 밀집되지 않게 배치하는 것이 문제행동 예방에 도움이 된다. 뿐만 아니라 사물함은 유아들의 연령에 맞게 사용하기 편하도록 여닫이 형태를 갖추는 것이 좋다.

교실에서 활동 수준과 소음 수준이 서로 다른 활동 영역을 섞어 놓거나 지나치게 가깝게 배치하면 유아 사이에 갈등이 발생할 수 있다. 예를 들어, 언어영역과 같은 조용한 영역을 상대적으로 소란스러운 역할놀이 영역이나 쌓기놀이 영역과 너무 가까이 배치하는 경우에 방해행동이 발생할 가능성이 높아진다. 보다 효과적인 활동 영역 구성을 위해 [그림 9-3]에 제시된 Frost와 Kissinger(1976)의 흥미 영역 구성 원리를 적용할 수 있다.

그림 9-3 흥미 영역 구성 원리

출처: Frost & Kissinger (1976).

또한 한 놀이 영역에 너무 많은 아이들이 몰려 다툼을 일으키거나 아이들이 교실에서 뛰어다닌다면 교실의 물리적 배치를 점검할 필요가 있다. 놀이 영역이 명확하게 구분되고 각 영역마다 경계가 확실한 교실은 유아로 하여금 어디서, 언제, 어떻게 자료를 가지고 놀 수 있는지 시각적으로 알려 주므로 문제행동을 감소시키는 데 도움이 된다. 예를 들어, 교실에서 뛰어다니는 행동을 예방하려면 길고 넓게 트인 공간을 제한해야 하는데, 이를 위해서 L자나 U자 형으로 영역을 배치하거나 영역별

그림 9-4   색 테이프를 이용한 시각적 경계

로 색테이프 등을 이용하여 시각적 경계를 두는 것이 좋다([그림 9-4] 참조).

Sandall과 Ostrosky(2010)는 한 영역에 아이들이 너무 한꺼번에 많이 몰리는 것을 예방하기 위해서는 영역별로 숫자를 제한하는 방법을 사용하라고 제안했다. 예를 들어, 각 영역에 제한된 숫자의 고리를 걸어 두고 그 영역의 활동을 하고 싶은 아이는 자신의 이름표를 각 고리에 걸도록 한다. 그리고 모든 고리에 이름표가 걸려 있으면 그 영역은 가득 찼다는 시각적 신호가 되게 하는 것이다. 이렇게 숫자를 제한하면 유아는 소집단으로 놀이를 할 수 있고, 서로 절충하여 문제를 해결하는 연습을 할 수 있으며, 차례를 지키고, 자료를 공유하며, 우정을 쌓게 된다(Dodge & Colker, 1996). 이때 영역에 따라 숫자 제한을 달리할 필요가 있다(예: 블록쌓기 영역은 6명, 소꿉놀이 영역은 4명, 컴퓨터 영역은 2명).

또한 교실의 조명, 소음, 온도, 습도 등의 변수도 유아들의 행동에 영향을 미치므로 이러한 변수를 신중하게 고려해야 한다. 실제로 교실의 물리적 환경과 유아들의 사회적 행동은 상관관계가 높고(Weinstein, 1979), 구체적으로 교실의 소음 수준의 조절로 교사의 지시 불이행 행동이 감소한다(Maag & Anderson, 2006). 따라서 교사는 유아들의 문제행동의 예방과 감소를 위해서 교실의 쾌적한 물리적 환경을 구성하도록 주의해야 할 것이다. Sandall과 Ostrosky(2010)가 제안한 환경적으로 적절한 학급과 부적절한 학급을 [그림 9-5]에 제시했다.

a. 환경적으로 적절한 학급

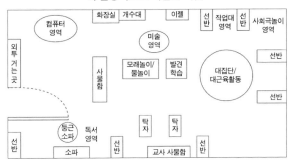

- 출입문 가까이에 시각적 단서가 정렬되어 있음
- 비구어적 아동을 위해 놀이 영역 관련 의사소통 그림이 붙어 있음
- 아동의 자립심을 촉진하기 위하여 사물함마다 아동의 사진과 이름이 붙어 있음
- 스스로 정리하는 것을 돕기 위해 선반마다 이름표가 있음
- 학급 규칙이 벽면에 게시되어 있음

- 영역마다 들어갈 수 있는 아동 숫자를 표시하는 고리가 걸려 있음
- 벽면의 시각적 자극을 최소화하였음
- 개인적인 시각적 시간표가 붙어 있음
- 각 놀이 영역 입구에 놀이의 그림/사진이 있음
- 학급 시간표가 게시되어 있음
- 모든 선반과 가구의 높이가 낮음
- 성인이 각 영역을 충분히 관찰할 수 있는 높이로 각 영역이 구분되어 있음

b. 환경적으로 부적절한 학급

- 미술 영역이 개수대와 가깝지 않음
- 장난감이 대집단 영역과 너무 가까이 있음
- 조용한 영역이 소란한 영역과 이웃함
- 놀이 영역 사이에 시각적 경계가 없음
- 선반에 이름표가 없음

- 대집단 영역에 개별 공간이 표시되어 있지 않음
- 간식 탁자들이 떨어져 있어서 사회적 상호작용을 제한함
- 달리기를 부추기는 공간임
- 벽면이 너무 어수선함

그림 9-5 환경적으로 적절한 학급과 부적절한 학급

출처: Sandall & Ostrosly (2010).

유아교육기관이 유아의 문제행동을 예방할 수 있는 물리적 환경을 갖추었는지 점검하기 위해 〈표 9-1〉의 질문을 사용하여 평가할 수 있다(양명희, 임유경, 2014; 장혜순, 박명숙, 최윤정, 손수민, 2011; Sandall & Ostrosky, 2010). 〈표 9-1〉의 대부분의 질문에 '예'라고 답할 수 있는 경우에 그 유아교육기관은 공격적 행동 같은 문제행동을 예방하기에 적합한 물리적 환경을 갖추었다고 할 수 있다.

▪▶〈표 9-1〉 문제행동을 예방하기에 적합한 물리적 환경 점검을 위한 질문

- 교실의 크기에 비해 유아의 수가 적절한가?
- 유아가 뛰어다니는 것을 예방하는 동시에 영역 사이의 이동이 쉽고 편하도록 충분한 공간이 있는가?
- 필요할 때 사용할 수 있는 독립된 개별 공간이 있는가?
- 교실의 크기가 적당한가?
- 유아의 수에 비해 교재·교구의 수가 충분한가?
- 교사가 유아들에게 다가가기 쉽게 배치되어 있는가?
- 교사는 교실의 어느 장소에서도 유아들을 한눈에 볼 수 있는가?
- 가구는 이동이 가능한가?
- 가구는 유아의 신체발달과 활동에 적당한 크기인가?
- 잠재적 위험이 있는 자료나 장비(예: 성냥, 화학약품, 세제, 청소 도구 등)는 유아들의 접근이 어렵도록 따로 보관하고 있는가?
- 개인 사물함이 교실에 있는가?
- 개인 사물함이 유아가 사용하기에 편리한 구조와 높이인가?
- 한꺼번에 유아가 몰릴 수 있는 공간(예: 출입문, 개수대 등)이 서로 떨어져 있는가?
- 한 영역의 공간이 충분하고 각 영역 사이에 시각적 경계표시가 있는가?
- 길고 넓게 트인 공간이 없는가?
- 한 흥미 영역에 유아가 몰리는 것을 예방하는 규칙이 있는가?
- 정적 영역(예: 듣기, 책읽기)과 동적 영역(예: 블록, 역할놀이)이 구별되어 떨어져 마련되어 있는가?
- 모든 유아들이 활동을 선택할 수 있을 정도로 충분한 영역들(미술 영역, 요리 영역, 수·과학 영역, 조작 영역, 언어 영역, 블록 영역, 역할놀이 영역, 음률 영역 등)이 있는가?
- 유아의 발달과 흥미에 맞는 교재·교구를 제공하였는가?
- 각 영역에서 필요한 자료와 도구들이 가까이 배치되어 있는가? 예를 들면, 미술 영역이 개수대 근처에 있는가?
- 충분한 수량을 제공하였는가?
- 교구의 정리를 위한 자리를 알려 주는 그림을 제공하였는가?
- 교실의 채광/조명이 충분히 밝은가?
- 교실의 소음 수준이 적절한가?

- 교실의 온도가 적절한가?
- 교실의 습도가 쾌적한 수준인가?
- 교실 환기는 자주 하는가?
- 복도의 넓이가 유아가 통행하기에 충분히 넓은가?
- 복도가 충분히 밝은가?
- 유아가 실외 놀이를 할 때는 언제나 교사의 감독이 있는가?
- 유아들이 한꺼번에 이용할 수 있을 만큼 공간이 충분한가?
- 유아가 넘을 수 없는 높이의 울타리가 둘러 있는가?

2. 하루 일과 계획표

하루 일과 계획표는 유아들에게 언제 어떤 활동이 있을지 알려 주는 역할을 한다. 일과가 자주 바뀔 경우 유아는 일과를 학습하기가 어려울 것이다. 교사는 유아들에게 그들의 일과가 계획표에 의해 이루어진다는 것을 알게 해 주어야 한다. 매일 정해진 순서대로 일과가 진행되면 유아들은 어떤 활동이 언제 일어날지 알게 되므로 안정감을 느끼게 되어, 일과가 무리 없이 진행되기 쉽다. 또한 일과 계획표가 일관성 있게 유지되는 것은 유아들의 문제행동에 대한 예측과 예방에 도움이 된다. 유아에 따라서는 일과가 흐트러지면 매우 불안해하고 짜증을 많이 낼 수 있다. 실제로 교육기관에서는 하루 일과 계획표 때문에 유아들의 문제행동이 발생하기도 한다(O'Neill, Horner, Albin, Storey, & Sprague, 1990). 효율적 일과 계획표를 규칙적으로 사용하는 것은 유아들의 교육기관 생활에 질서를 부여해 주어, 유아들과 교사들이 하루 생활을 순조롭고 효율적으로 진행하는 데 도움을 줄 것이다.

하루 일과 계획표는 유아들이 최대한으로 활동에 의미 있게 참여할 수 있도록 만들어져야 한다. 유아들이 활동에 참여하지 않는 시간은 문제행동을 만들어 내고, 이러한 문제행동은 다시 교사의 활동을 방해하게 되기 때문이다. 실제로 성공적인 교수활동 참여 시간은 유아들의 적절한 행동과 상관관계가 있으며(Martella, Nelson, & Marchand-Martella, 2003), 유아의 활동 수준에 따라 활동을 계열화하는 것은 유아의 행동에 긍정적 영향을 준다(Whaley & Bennett, 1991). 그러므로 하루 일과는 자유선택활동 시간, 대소집단활동 시간, 실외놀이 시간, 유아들의 생리적인 욕구를 반영하는 시간(간식, 중식, 화장실 가기, 손씻기 등) 등이 계획되어야 하며, 정적인 활동과 동적인 활동, 대소집단활동과 개별활동, 교사주도활동과 유아주도활동 등을 고려하여 계획해야 한다.

성인들도 사람마다 각자 능률이 높은 시간대와 그렇지 않은 시간대가 있는 것처럼 유아도 그럴 수 있다. 그러므로 각 활동마다 가장 좋은 시간대를 찾아서 하루 일과를 수정해 줄 필요가 있다. 예를 들어, 하루 일과가 끝나 가는 마지막 30분 동안을 항상 견디기 힘들어 하는 유아가 있다면, 교실 양쪽에 움직임이 많은 활동과 조용한 활동 공간을 따로 만들어 두고 원하는 것을 선택하게 할 수 있다. 그뿐 아니라, 유아가 싫어하는 활동에서 문제행동을 많이 보이는 경우라면, 그 활동 바로 다음 시간에 유아가 좋아하는 활동으로 계획표를 구성하여 좋아하는 활동을 기대하면서 좋아하지 않는 시간을 견디도록 도와줄 수도 있다. 동기가 낮은 활동 다음에 동기가 높은 활동을 넣도록 하는 것이다.

유아들의 경우에는 하고 있던 활동을 멈추고 다른 활동으로 전이하는 것이 쉽지 않아 문제가 되는 때가 있다. 더구나 너무 잦은 전이, 무계획적인 전이, 긴 시간에 걸쳐 일어나는 전이, 예고 없이 이루어지는 전이 등은 문제행동을 일으키기 쉽다. 특히 유아가 기다리는 동안 아무것도 할 것이 없는 경우에 문제행동을 일으킬 가능성은 더욱 높아진다. Sandall과 Ostrosky(2010)는 전이를 위해 다음 세 가지 방법을 제안했다.

- 전이 횟수를 줄인다. 전이에서 유아가 기다려야 하는 상황이 발생하는 것을 줄이기 위해, 활동을 먼저 끝낸 유아는 새로운 활동으로 옮겨 갈 수 있게 허락해 줌으로써 다른 유아들이 다 끝낼 때까지 기다릴 필요가 없게 해 주어야 한다.
- 전이가 일어나기 전에 예고한다. 그리하여 유아가 자신이 하는 활동을 갑자기 치워야 하는 당혹감을 덜 느끼도록 도와줄 수 있다. 예고하는 방법은 다양하게 할 수 있다. 예를 들어, 종 울리기, 형광등 깜박거리기, 정리 노래 부르기, 모래

시계 뒤집어 제시하기 등이 있을 수 있다.

● 전이가 즐거운 활동이 되도록 계획한다. 예를 들면, 경쾌한 음악을 틀어 주고 음악이 끝나기 전에 활동을 정리하도록 하거나, 다음 활동을 위한 준비가 끝난 유아에게는 손도장을 찍어 주거나, 다음 활동으로 가면서 손수레를 끌거나 동물 흉내 내기를 하도록 할 수 있다. 또 다른 예로는 교실에 다른 성인이 있다면 전이 준비가 끝난 유아를 위해서 책을 읽어 주거나 함께 노래 부르기를 할 수 있다. 아니면 그 성인이 다음 활동에서 아이들을 맞이하면서 먼저 활동을 시작하게 하여 활동의 일부를 겹치도록 할 수도 있다.

전이를 힘들어하는 유아를 위해서 일과 계획표를 시각적으로 만들어 일과의 변화를 알려 주면 유아는 미리 준비할 수 있다. 하루의 행사를 그림으로 표시한 일정을 교실 벽면에 붙여 놓고, 아침에 하루를 시작할 때 오늘 일과를 전체 학급 유아에게 또는 개별적으로 알려 주면 나중에 유아가 말썽부리는 행동을 예방할 수 있을 것이다. 특히 동일성에 대한 고집을 특성으로 하는 자폐성 장애를 지닌 유아가 통합되어 있는 경우에 시각적 일과표를 만들어 게시하는 것은 문제행동 예방에 매우 효과적이다. [그림 9-6]에 시각적 일과표의 예를 제시하였다.

시각적 일과 계획표는 무슨 일이 있을 것인지를 시각적으로 상기시켜 주는 것으로, 일련의 상징이나 사진, 글자를 사용하여 만들 수 있다. 이때 각 활동이 끝났으면 그 시간이 지나갔음을 보여 주고 다음 순서 활동이 기다리고 있음을 표시할 수 있게 만들면 더욱 효과적이다. 일어날 일을 순차적으로 작성하여 게시하고, 각 활동이 끝나면 그 일이 지나갔음을 보여 주고 다음 순서의 활동이 기다리고 있음을 표시하기 위해 끝난 활동의 표시는 [그림 9-6]처럼 일과표에서 벨크로를 이용하여 옆 빈 칸으로 옮겨 놓거나, [그림 9-7]처럼 끝난 활동 옆에 ×표를 벨크로를 이용하여 붙이면 된다(Hanbury, 2008). [그림 9-6]과 [그림 9-7]을 보면, 이제 간식 시간이 될 것을 알 수 있다.

그림 9-6 시각적 일과표의 예 1

일과 계획표

등원	⊗	
자유선택활동	⊗	
정리정돈	⊗	
간식	◌	⊗
대·소집단활동	◌	⊗
바깥놀이	◌	⊗
점심	◌	⊗
이 닦기	◌	⊗
하원	◌	⊗

그림 9-7 시각적 일과표의 예 2

3. 성인들의 감독과 관심

유아들에게 있어서 그들을 둘러싸고 있는 주위 어른들은 사회적 환경이다. 유아의 바람직한 행동과 성인의 감독의 양이나 질은 높은 관련성이 있다. 성인의 감독이 부족하거나 부재할 때 유아들은 부적절한 행동을 더 많이 하게 된다(Colvin, Sugai, Good, & Lee, 1997; Kauffman, 2001). 놀이터에서 교사의 감독이 있을 때와 없을 때를 상상해 보면 교사의 존재와 행동이 유아들의 행동에 영향을 미치는 것을 쉽게 알 수 있다. 교사가 부적절한 행동을 하고 있는 유아에게 가까이 다가가면 그 유아는 행동을 멈추고 다시 바람직한 행동에 몰입할 가능성이 커진다. 교사의 접근은 유아에게 바람직한 행동을 해야 한다는 비언어적 신호가 된다.

교사의 근접성뿐 아니라 교사의 일관적 반응도 중요하다. 유아의 행동에 대한 교사의 반응이 일관성이 없다면 유아들은 어떻게 행동해야 할지 학습하는 것이 쉽지 않을 것이다. 따라서 유아들은 자신의 적절한 행동이나 부적절한 행동이 어떤 결과를 가져오는지 분명하게 알고 있어야 하고, 교사는 유아들의 행동 뒤에 일관성 있는 결과를 적용해야 한다. 그리고 유아가 성인을 만날 수 있는 모든 환경, 즉 교육기관 외에 가정과 사회에서도 유아들은 자신들의 행동에 대해 최대한 일관된 관심을 받을 수 있어야 한다. 그러므로 10장에서 설명하는 유아교육기관의 기대행동은 가정통신문을 통해 부모들에게도 알리고 교육기관의 모든 교직원에게도 알려서 유아들에 대한 지도가 어느 곳에서나 유아와 관련 있는 성인들에 의해 일관성 있게 이루어지도록 해야 한다.

그런데 유아들이 부적절한 행동을 하는지 안 하는지에 대한 감독보다 앞서 이루어져야 하는 것이 유아와 교사의 긍정적인 관계다. 교육기관에서 교사와 긍정적인 관계를 지닌 유아들은 문제행동을 적게 나타내고, 사회적 능력이 높으며, 교육기관 적응도 잘한다(Pianta, Hamre, & Stuhlman, 2003). 유아의 경우에도 마찬가지로 교사와 긍정적인 관계를 맺은 유아는 문제행동이 감소하고 친구들과 협동적이며 초등

학교에 진학해서도 문제를 덜 일으켰다(Huffman, Mehlinger, & Kervin, 2000). 교사와 가깝게 지내고 자주 만나는 유아들은 자신의 개인적 감정을 밖으로 잘 표현하고, 유아교육기관을 긍정적으로 평가한다(Dwyer & Osher, 2000). 또한 유아들의 잠재적인 공격 또는 폭력행동에 대한 조기 경고신호를 확인할 수 있는 중요한 요인이 바로 교사와 유아 간의 관심 깊은 관계다(Dwyer, Osher, & Warger, 1998). 유아가 가정이나 유아교육기관, 사회에서 성인과 맺는 의미 있고 긍정적인 깊은 관계는 유아의 문제행동 발생에 대한 보호적 역할을 한다. 따라서 유아가 가정과 사회에서 부정적 영향을 받았다 할지라도 교사와의 긍정적 관계의 유지는 그러한 악영향으로부터 유아들을 보호하는 역할을 할 수 있다(Zionts, 2005). 교사들은 특별히 문제행동을 나타낼 가능성이 있는 유아들과 개인적이며 긍정적인 관계를 갖도록 노력해야 할 것이다.

Evertson, Anderson, Anderson과 Brophy(1980)는 교사들이 유아들과 긍정적인 관계를 맺기 위해 교사가 할 수 있는 것을 다음과 같이 제안했다.

- 공손하고 친절한 말 사용하기
- 유아들의 의견 경청하기
- 유아들과 함께 시간 보내기
- 유아들을 자주 칭찬하기
- 유아들의 성공을 확인하고 칭찬해 주기
- 유아들의 사적인 관심사를 알기
- 언행일치를 보여 주기
- 유머를 사용하기
- 유아들의 의견을 반영하기
- 학급의 전통을 개발하기
- 유아들의 필요에 반응하기

사실 교사들은 유아들의 적절한 행동은 간과하고, 바람직하지 못한 행동에 대해서는 자주 관심을 보이는 경우가 많다. 그러나 유아들과 긍정적 관계를 만들려면 유아들이 잘하고 있을 때 칭찬과 격려를 아끼지 말아야 할 것이다. 칭찬은 즉시, 자주 해야 하고, 칭찬할 때는 유아의 눈을 마주 보면서 칭찬받을 행동의 구체적 내용을 알려 주어야 하며, 칭찬은 진심이 담긴 다양한 방법으로 전해져야 한다. 유아교육기관 내의 모든 성인이 유아가 기대행동을 보일 때에 다음과 같은 구체적인 피드백으로 일관성 있게 칭찬하면 기대행동이 증가할 것이다.

- "손을 들고 끈기 있게 기다리다니, 선생님을 **존중**해 줘서 고맙다."
- "계단에서 뛰지 않고 천천히 **안전**하게 내려왔구나."
- "가지고 놀던 장난감을 정리했구나. 그게 바로 **책임감** 있는 행동이야."
- "친구에게 가위를 빌려주었구나. 정말 **친절한** 행동을 했구나."

또한 교사는 유아와의 관계에서 부정적인 말과 긍정적인 말의 비율이 최소한 1:4 이상으로 높게 유지되도록 주의해야 한다. 때로는 구체적인 언어적 칭찬과 격려가 아니더라도 단순히 유아 가까이 다가가거나 등을 가볍게 만져 주거나 바라봐 주는 개인적 관심만으로도 충분할 수 있다. 교사가 유아에게 개인적 관심을 나타내며 유아의 말을 경청할 때, 유아도 교사의 말에 주의를 기울이고 지시를 잘 따를 수 있다. 교사들은 유아들이 문제행동을 하는 것에 대해 자신들이 보호요인이 될 수 있음을 기억해야 한다.

이렇게 교사는 유아와 긍정적 관계를 맺기 위해서 다각도로 노력해야겠지만, 교사가 지시를 하거나 꾸중을 할 때도 다음과 같은 점에 주의하면 유아들의 순응행동을 이끌기 쉽다(Jensen, 1996).

- 질문 형식을 사용하지 않는다. 유아에게 하려는 질문에 대해 유아의 "안 해요./아니요."라는 대답을 용납할 수 없다면 질문 형식을 사용하지 않는다. 예를 들

어, "시작할 시간이지?"라고 하기보다는 "시작할 시간이다."라고 하고 "조용히 좀 해 줄래?"라기보다는 "조용히 하자."라고 하는 것이 좋다.

⊕ 유아 가까이 가서 말한다. 거리가 멀수록 소리를 지르게 되므로 팔 길이 정도 가까이 다가가서 말한다.

⊕ 큰 소리보다는 부드럽지만 단호하게 나지막한 소리로 말한다.

⊕ 유아의 눈을 보면서 말한다.

⊕ 유아에게 반응할 시간을 준다. 요구나 꾸중에 순응할 시간은 5초에서 10초 정도가 적당하다. 기다릴 때는 불필요하게 말한 내용을 반복하거나 새로운 내용의 지시나 꾸중을 하지 않는다. 다만 유아를 바라보며 지시 따르기를 기다린다.

⊕ 두 번 이상 요구하거나 꾸중하지 않는다. 두 번 말해서 듣지 않을 때에는 계획된 후속결과를 실행한다.

⊕ 여러 가지를 한꺼번에 요구하지 않는다. 한 번 요구하고 나서 반응할 시간 동안 기다려 주고, 순응하면 강화물이나 칭찬을 제공하며, 불순응하면 다시 요구하고 반응을 기다린 다음 순응하면 강화물이나 칭찬을 제공하고 불순응하면 다른 중재를 선택한다.

⊕ 지시를 구체적으로 진술한다. 유아에게 기대하는 행동을 구체적으로 말한다. 예를 들어, "떠들지 마라."라는 말보다는 "얘기하고 싶으면 손을 들어라."라고 하거나, "여기 보세요."라고 하기보다는 "의자에 바로 앉아서 발은 바닥에 붙이고, 손은 책상 위에 놓고, 선생님을 보세요."라고 말하는 것이 좋다.

⊕ 감정적이어서는 안 된다. 감정적인 표현은 소리 지르기, 위협하는 몸짓, 인상쓰기, 큰 소리로 이름 부르기(유아의 이름은 부정적인 내용보다는 긍정적인 내용의 전달을 위해 사용하는 것이 좋다), 죄책감을 불러일으키는 말 등이다. 부정적 감정 표현은 순응행동을 하게 하기보다는 상황을 악화시킨다.

⊕ 긍정적 표현을 사용한다. '~하지 마라'는 표현보다는 '~하라'고 말한다.

⊕ 유아의 능력 범위 내에 있는 것을 요구한다. 교사가 화가 나 있을 때 유아에게 불가능하거나 너무 지나친 요구를 하게 되는 것을 주의해야 한다. 예를 들면,

시간의 제한 없이 "내가 됐다고 할 때까지 꼼짝하지 마!"라고 요구하는 것은 좋지 않다.

4. 효율적 교수 적용

앞에서 하루 일과 계획표를 조절하는 것으로도 유아들을 성공적으로 활동에 참여하도록 할 수 있음을 살펴보았지만, 유아들의 성공적 활동 참여와 가장 밀접한 관련이 있는 것은 교사의 교수방법일 것이다. 교수를 시작하기 전에 다음에 제시한 내용이 잘 이루어진다면 유아들이 수업시간에 의미 있게 참여하는 시간을 증가시키고, 수업에 성공적으로 참여하는 만큼 많은 문제행동을 예방할 수 있을 것이다.

- ➕ 활동시간을 위한 구체적이고 자세한 계획을 미리 세우고 계획대로 진행한다.
- ➕ 유아들이 도착하기 전에 교구를 사용할 수 있도록 미리 준비한다.
- ➕ 활동에서 유아들과 함께 사용할 자료를 미리 끝까지 검토하여 활동 도중에 자료 사용이 중단되는 일이 없도록 한다.
- ➕ 의도하지 않게 활동이 중단되는 일이 발생할 때를 위한 계획을 세워 놓는다.

유아들의 문제행동은 교사의 효율적 교수방법과 직접적으로 어떤 관계가 있을까? 교사가 무엇을 어떻게 가르치느냐와 유아들의 문제행동은 깊은 관련이 있다 (Kerr & Nelson, 2006). 효율적 교수는 문제행동을 감소시킬 뿐 아니라 유아들의 수업 참여와 수행능력도 향상시킨다(Scott & Shearer-Lingo, 2002).

Sugai와 Tindal(1993)은 교사들이 효율적 교수를 하고 있는지 점검해 보기 위해 스스로 다음과 같은 질문을 던져 볼 것을 제안했다.

- ➕ 활동 진행의 속도가 활발했는가?

- 설명은 구체적이며 새로운 개념에 대한 가르침이 있었는가?
- 연습에 대한 시간 배분이 예정되어 있었는가?
- 가르친 기술에 대한 전체적인 검토를 했는가?
- 새로운 개념에 대해 다양한 방법의 평가가 이루어졌는가?
- 개별 유아와 적극적인 상호작용을 했는가?
- 피드백을 자주 자세히 주었는가?
- 긍정적 강화가 다양한 방법으로 제시되었는가?
- 교실 환경은 긍정적이고, 예측 가능하며, 구조화되어 있는가?
- 교수활동과 자료를 통해 유아들의 주의를 유지할 수 있었는가?
- 과제를 완성했을 때 유아들에게 강화를 주었는가?
- 예를 제시해야 할 상황과 제시하지 말아야 할 상황을 잘 조절했는가?
- 규칙과 기대에 대한 결과를 적용했는가?
- 시범을 적절하게 보여 주었는가?
- 유아들에게 역할극을 이용한 시연의 기회를 주었는가?
- 한 가지 과제 내에서 또는 과제와 과제 사이의 이동이 적절했는가?
- 정반응을 보인 유아의 비율이 높았는가?

수업시간에 문제행동을 하는 유아들을 교정하거나 처벌하기 전에, 유아들이 활동에 적극적으로 참여하도록 하는 것이 문제행동을 예방하는 바람직한 방법이다. 유아들이 활동에 적극적으로 참여하면 그들의 성취도 향상되지만 부적절한 행동도 감소시키는 일석이조의 효과가 있기 때문이다. Wehby, Symons, Canale과 Go(1998)는 효율적 교수를 위해서는 교사와 유아의 긍정적인 상호작용이 활발하게 이루어져야 한다고 하면서, 이를 위해서는 유아가 책상에서 혼자서만 과제를 수행하는 독립적 활동을 줄여야 한다고 했다.

Blackwell과 McLaughlin(2005)은 활동시간에 유아들의 적극적이고 능동적인 반응을 증대시키도록 하는 방법으로 '다 함께 대답하기'를 제시했다. 교사들은 유아들

oft.

이 주어진 과제에 주의를 기울이고 있는 것처럼 보이거나 방해행동을 보이지 않으면 주의집중하고 있는 것으로 간주하는 경우가 많은데, 사실은 그렇지 않을 때가 많다. 교사는 유아들로 하여금 능동적으로 반응하며 참여하도록 요구하는 방법을 사용하여 유아들이 실제로 수업에 참여하게 도와야 한다. '다 함께 대답하기'란 교사가 제시한 질문 또는 내용에 학급 유아 전체가 동시에 대답하는 것이다. 다 함께 대답하기를 효과적으로 사용하기 위해서는 먼저 유아들이 대답해야 하는 형태를 명확하게 가르쳐 주어야 한다. 필요하다면 대답 형태에 대한 예를 들어 보여 주고, 대답하기 전에 손으로 신호를 주어 유아들이 생각할 수 있는 시간을 갖게 해 주어야 한다. 그다음, 유아들이 동시에 대답할 수 있는 분명한 신호를 준다. 대답 후에는 다수의 유아들이 말한 대답에 대해 피드백을 준다. 유아들의 대답에서 정답만 들리면 정답을 인정해 주고 칭찬한 후, 즉시 다음 질문을 제시하여야 한다. 그러나 한두 개의 오답이 들리면 정답을 말해 준 다음, 같은 질문을 다시 해야 한다. 오답이 많이 들릴 경우에는 정답을 말해 주고 짧은 설명을 덧붙인 후, 즉시 같은 질문을 한다. 물론 나중에 같은 질문을 다시 하여 확인하여야 한다. 다 함께 대답하게 한 뒤에는 개별 유아를 무작위로 호명하여 대답하게 할 수 있다. 이렇게 할 때 이미 집단으로 정답을 한 번 말하였기 때문에 성취도가 낮은 유아들도 급우들 앞에서 성공적으로 대답할 수 있는 기회가 주어지게 된다. 또한 다 함께 대답하기를 할 때는 진행 속도를 활력 있게 유지하는 것이 중요하다.

활기찬 교수 속도를 유지하는 것도 효율적 교수방법이다(Darch & Kame'enui, 2004). 특히 집단으로 활동할 때는 진행 속도를 빠르게 해야 한다. Engelmann과 Becker (1978)는 교사가 1분에 질문을 12개 정도 했을 때 학생들의 정반응률이 80%였고 과제 이탈 행동은 10%였는데, 질문 속도를 1분에 4개로 낮추었을 때 정반응률은 30%로 감소하게 되고 과제 이탈 행동은 70%로 증가하게 됨을 발견했다. 활동 진행 속도가 빠르면 교사는 더 많은 양의 내용을 다룰 수 있고, 유아는 활동에 더 적극적으로 참여하고 반응하게 된다.

즉각적 피드백과 교정도 효율적 교수방법에 해당한다(Lewis, Hudson, Richterm &

Johnson et al., 2004). 정답을 말했을 때에도 칭찬과 함께 정답임을 알려 주어야 하지만, 오답을 말했을 경우에는 직접적이고 명확하게 교정해 주어야 한다. 이때 절대로 감정을 싣지 않고(예: "그것도 모르니?" 또는 "방금 한 것이지 않니?" 또는 "아휴, 답답해." 또는 "집중을 해야 알지?" 등), 방금 말한 답이 틀렸다는 사실만을 그대로 알려 주며(예: "그건 바른 답이 아니야."), 바른 답을 말해 준 다음(예: "정답은 ~야."), 정답을 따라 말하게 하는 것(예: "방금 말해 준 정답을 말해 볼래?")이 필요하다. 명확하고 적절한 오류 교정은 수업을 훨씬 쉽게 해 준다.

또한 활동시간에 독립과제가 주어졌을 때 문제행동을 일으킬 것이 예상되는 유아들에게는 과제를 수정하여 제시해 주는 것도 문제행동을 예방하는 방법이 된다. 수행하는 데 걸리는 시간이나 노력의 양을 줄여 주거나, 수행 방법을 바꾸어 줄 수도 있다. 또한 활동을 시작할 때 활동시간의 기대행동을 언급해 주기만 하는 것도 도움이 된다. 예를 들면, "이 시간에는 하고 싶은 말이 있을 때 손을 들고 선생님이 이름을 부를 때까지 기다려야 되는 것을 기억하세요."라고 말해 주는 것이다. 이는 10장에서 설명하는 사전 교정(precorrection)에 해당한다.

5. 선행사건 중재 적용

문제행동 발생을 예방하려면 문제행동의 발생 원인, 즉 문제행동을 유발 또는 유지하게 하는 환경적 원인을 찾아 그에 대해 가장 효과적인 중재를 적용하는 것이 바람직하다. 문제행동의 발생 예방을 위해 문제행동의 유발요인이 되는 환경을 재구성하는 것을 '선행사건 중재'라 한다. 선행사건은 문제행동 직전에 발생하는 사건을 뜻한다. 다시 말하자면, 선행사건 중재란 문제행동의 발생 원인이 될 수 있는 선행사건을 수정하거나 제거하여 더 이상 문제행동을 일으키는 요인으로 작용하지 않도록 하는 것을 의미한다(Bambara & Kern, 2008). 그러므로 앞에서 제시한 방법들, 즉 환경의 물리적 구조를 변경하고, 일과 계획표를 조정하며, 성인들의 관심과 감독을 증가시키고, 효율적 교수방법을 적용하는 것 등도 넓은 의미의 선행사건 중재다.

Scheuermann과 Hall(2009)은 문제행동을 예방하고 바람직한 대체행동을 증가시키는 선행사건 중재로 〈표 9-2〉와 같은 내용을 제안했다.

■·〈표 9-2〉 선행사건 중재의 예

- 교육기관의 기대행동을 가르친다.
- 지시는 명확하고 구체적으로 한다.
- 활동이나 독립과제에 필요한 시간을 알려 주고 타이머를 사용한다.
- 좀 더 짧은 과제를 제공한다.
- 활동에 필요한 선수 기술이 있는지 확인한다.
- 전이 시간을 구조화한다.
- 활동을 더 흥미롭게 하여 참여수준을 높인다.
- 물리적 환경을 수정한다.
- 교사가 아동 가까이 다가간다.
- 기대행동이 기억나게 돕는 표시를 제공한다.

구체적 문제행동에 대한 직접적인 선행사건 중재를 개발하기 위해서는 문제행동의 기능(목적)을 찾아내고, 행동을 유발하는 특정 선행사건을 찾아서 수정하거나 제거할 필요가 있다. 문제행동의 기능은 크게 얻고자 하는 것과 피하고자 하는 것으로 구분해 볼 수 있다. 유아들이 얻고자 하는 것은 사람들의 관심, 활동, 물건, 또는 감각적 자극일 수 있다. 무엇인가를 얻고자 문제행동을 한다면 그에 대한 선행사건 중재는 원하는 것을 얻기 위해 문제행동을 해야 할 필요를 없애 주는 것이다. 즉, 문제행동이 발생하기 전에 원하는 것을 계획적으로 제공해 주면 되는 것이다. 예를 들어, 교사가 유아와 함께 활동을 하거나, 주기적으로 유아에게 관심을 주거나, 또래와 활동을 같이하도록 하여 또래의 관심을 받게 해 주거나, 교사가 유아들 주위로 자주 돌아다니며 유아 가까이 가거나, 유아의 자리를 교사 가까이로 옮기거나, 유아가 선호하는 활동에 참여시켜 주거나, 주변을 감각적 자극이 풍부한 환경으로 바꾸어 주는 방법 등이 있다(Bambara & Kern, 2008). 또한 유아가 좋아하는 활동을 못하게 되거나 좋아하는 물건을 계속 갖지 못할까 봐 문제행동을 하는 경우에는 활동이 끝날 시간을 미리 알려 주거나 선호도에 따른 활동을 계획하여 유아로 하여금 다음 활동을 예측할 수 있는 환경을 만들어 줄 필요가 있다.

다음으로 유아들이 무엇인가를 피하기 위해 문제행동을 한다면 그에 대한 선행 사건 중재는 먼저 피하려고 하는 지시나 과제를 수정해 주는 것이 될 수 있다. 예를 들어, 지나치게 어려운 작업이나 활동은 난이도를 낮추어 주거나, 양이 많은 경우 는 줄여 주거나, 활동 중간에 휴식시간을 갖게 하거나, 수행 방법을 좀 더 쉬운 방법 으로 바꾸어 줄 수 있다. 또한 유아에게 선택의 기회를 주는 것으로 회피에 따른 문 제행동을 감소시킬 수도 있다. 선택의 기회는 유아에게 자신이 선택했다는 것만으 로도 강화가 될 수 있다. 한 수업시간에 사용할 자료의 유형(예: 필기도구 유형이나 색 깔 선택하기)이나 수행 장소(예: 책상 위, 교실 바닥 등) 등을 선택하게 할 수도 있다. 그 외에도 주어지는 활동 자체가 유아에게 의미 있고 기능적인 것이 되도록 하는 것도 지루한 활동을 피하기 위한 문제행동을 감소시키는 선행사건 중재에 해당한다.

Bambara와 Kern(2008)은 문제행동이 가지고 있는 기능과 관련된 선행사건 중재 의 예를 〈표 9-3〉과 같이 제시하였다.

■▶〈표 9-3〉 행동의 기능과 관련된 선행사건 중재의 예

행동의 기능	선행사건 중재의 예
얻고자 함 (관심, 물건, 활동, 감각자극 등)	• 성인과 함께 작업 • 성인이 주기적으로 관심 제공 • 또래와 짝을 지어 주기 • 좌석 배치를 바꾸어 주기 • 교사가 주기적으로 교실을 돌아다니기 • 교사가 다른 일을 해야 할 때는 아동이 좋아하는 활동을 하게 하기 • 좋아하는 활동을 마칠 시간이 되었음을 미리 알려 주기 • 활동의 선호도를 섞어서 활동 순서 짜기 • 흥미로운 활동으로 환경 구성하기 • 청각적 · 시각적 자극 제시하기

피하고자 함 (활동, 사회적 관심, 감각자극 등)	• 쉬운 과제 제시 • 좀 더 조용한 장소 제공 • 유아에게 선택의 기회 제공 • 유아의 취미나 관심사 포함하기 • 의미 있고 가치 있는 성과가 이루어질 수 있는 활동 제공 • 짧은 활동 제공 • 쉬는 시간 자주 주기 • 자료의 변경 • 활동의 변화에 대한 단서 제공 • 교사가 즐거운 목소리 사용하기

출처: Bambara & Kern (2008).

6. 배경사건 중재 적용

유아의 문제행동을 지원하는 데 있어서 배경사건의 이해는 대단히 중요한데도 지금까지 큰 주목을 받지 못한 것이 사실이다. 배경사건은 선행사건이나 즉각적인 환경적 사건이 문제행동의 촉발요인으로 작용할 가능성에 영향을 미치는 사건을 의미한다(Bambara & Kern, 2008). 다시 말하면, 선행사건에 대한 반응 가치를 높임으로써 행동의 발생 가능성을 높여 주는 환경적 사건이나 상태, 자극을 말한다. 예를 들어, 교실 밖에서 또래와 싸움을 하고 교실에 들어왔는데 교사가 힘든 과제를 지시했다고 하자. 이때 싸움은 유아에게 힘든 과제를 피하고 싶은 마음이 커지도록 작용하며, 평소처럼 주어지는 교사의 칭찬은 크게 효과를 거두지 못하도록 작용할 것이다. 따라서 유아는 교사의 힘든 과제 제시에 대해 소리를 지르고 과제 재료를 바닥에 집어던져서 교실 구석으로 보내진다면, 결국 힘든 과제를 피할 수 있게 된다. 여기에서 친구와의 싸움이 과제를 거부하는 행동의 선행사건은 아니지만, 과제 거부 행동의 발생 가능성을 높여 준 것을 알 수 있다. 또 다른 예로, 유아가 아침을 먹지 않고 등원한 경우에 유아에게 음식의 가치는 더 커지게 된다. 그런 상황에서 교실 탁자에 간식이 놓여 있다면 유아는 탁자로 달려가 간식을 집어먹으려 할 수 있다. 여기에서도 마찬가지로 아침을 먹지 않은 것이 함부로 음식을 먹는 행동에 대한 선행사건은 아니지만 허락 없이 음식을 먹는 행동의 발생 가능성을 높여 준다.

이와 같이 배경사건은 평소에 교사가 사용하는 지도방법의 가치를 일시적으로 바꾸어 버리고 문제행동의 촉발요인으로 작용하게 되어 평소와 똑같은 교사의 활동 제시에 대해 유아가 전혀 다른 반응을 하게 할 수 있다. 배경사건이 될 수 있는 것으로는 피곤, 질병, 음식의 포만이나 박탈, 수면, 온도나 소음 수준 같은 환경 특성, 한 가지 활동에서 다른 활동으로의 전이, 누가 함께 있는지에 따른 사회적 상호작용의 어려움 같은 사회문화적 상황, 약물 부작용, 물리적 자리 배치, 가족 구성원의 변화, 유치원 가기 전의 부모님 꾸중, 예고되지 않은 일정의 변화 등 여러 가지가 될 수 있다.

그러나 배경사건이 유아의 행동에 영향을 준다는 것을 안다고 할지라도, 배경사건은 시간적으로는 선행사건보다 앞서고 공간적으로는 문제행동 발생 장소와 다른 경우가 많으며, 교사의 통제권 밖에 있어 직접 제거하기 어려운 경우가 많아서 대부분의 교사는 배경사건에 대한 정보 수집에는 소극적이다. 하지만 교사가 유아의 문제행동에 대해 부모나 동료 교사들과 적극적인 의사소통을 통해 유아의 배경사건을 조사하여 알아보고 효율적으로 그 정보를 사용하는 것은 문제행동 예방에 대단히 효과적이다. 예를 들어, 수면 부족이 문제행동을 일으킨다면 충분한 수면을 확보하도록 부모님께 부탁하여 수면 부족 문제를 제거할 수도 있고, 유아의 수면이 부족한 것으로 파악된 날은 선행사건이 될 수 있는 활동을 짧게 해 주거나 쉬운 활동을 줄 수도 있다. 또 유아가 감기로 인해 문제행동을 보인다면 누워서 쉬게 하거나 감기약을 복용하게 하는 방법도 배경사건 중재에 해당한다. 이와 같이 배경사건 중재란 선행사건 중재와 마찬가지로 문제행동의 촉발요인을 제거하거나 변화시켜서 더 이상 문제행동을 일으키는 요인으로 작용하지 못하도록 하는 것을 뜻한다.

9장 전체에서 설명한 내용들이 학급에서 잘 시행되고 있는지 평가하기 위해서 [그림 9-8]과 같은 척도검사를 사용할 수 있다.

다음 척도를 활용하여 각 특성을 평가하라. (1=비일관적이거나 예측이 불가능한, 5=일관적이고 예측이 가능한)	1	2	3	4	5
I. 물리적 공간: 교육 자료에 접근이 가능하도록 물리적 공간이 조직화되어 있는가?					
• 영역의 구분이 분명하고, 작업장은 쉽게 확인이 되며, 수업과 연계된다.					
• 통행 흐름은 친구 간에 신체적 접촉을 최소화하고, 교사의 이동성을 최대화한다.					
II. 아동의 주의를 유지하기: 교사는 수업에 앞서서 유아의 주의집중을 이끌어 내는가?					
• 일관적이고 명확한 주의 신호를 사용한다.					
• 유아의 주의집중을 이끌어 내고 유지하기 위해 다양한 기술을 사용한다.					
III. 시간 사용: 교사는 유아의 주의집중을 이끌어 내고 유지하기 위해 교수적 단서와 자료를 사용하는가?					
• 자료를 수업 전에 미리 준비한다.					
• 전이 이전에 사전 교정(precorrects)을 한다.					
• 방해가 있을 것으로 예상되는 것을 일관성 있는 절차로 다루어, 예상 밖의 방해를 최소화한다.					
• 유아가 수업에 참여하는 비율이 높다.					
• 전이를 포함한 한가한 시간을 최소화한다.					
IV. 일과 사용 : 교사는 다음에 대한 명확하고 일관적인 절차와 일과가 있는가?					
• 수업 시작 시간					
• 협동 학습					
• 독립 학습					
• 특별 활동(영화, 집회, 간식, 파티)					
• 장비의 사용(컴퓨터, CD 플레이어)					
• 숙제 및 기타 과제의 관리					
• 개인 소유물(코트, 모자, 배낭)					
• 교실 출입(수업시간 동안, 화장실/식수대 사용, 급식실 가기)					
V. 교육과정, 내용, 교수 방법 : 교사는 효과적인 교수 전략을 사용하는가?					
• 수행기대를 명확히 하고, 유아에게 즉시 피드백을 준다.					
• 수업 속도가 빠르고 활기차다.					
• 유아의 참여율을 높이기 위해 유아 수준에서 내용을 제시한다.					

• 유아의 이해를 자주 점검한다.					
• 유아의 현재와 과거 기술에 기초하여 교수한다.					
• 유아가 정확하게 반응하는 기회를 자주 제공한다.					
• 도움을 제공한 뒤에 유아의 반응을 기다리는 시간을 준다.					
• 과제를 할당된 시간에 완성하도록 한다.					
• 과제 완성에 대한 명확한 설정과 방향성을 제시한다.					
• 추후 활동을 설명한다.					
• 활동 이후의 다음 활동을 계획한다.					

그림 9-8 평가 척도의 예

출처: Stormont, Lewis, Becker, & Johnson (2012)를 참조로 재구성.

제10장

폭력 예방을 위한
유아교육기관의 기대행동 지도

1. 기대행동 지도의 필요성

어떤 문제든지 발생 전에 예방하는 것이 발생 후에 일을 처리하는 것보다 훨씬 바람직하다. 이는 마치 불이 난 후에 얼마나 효과적으로 빨리 불을 끄느냐보다 불이 나지 않도록 예방하는 것이 더 중요한 것과 같다. 유아교육기관에서도 유아가 폭력적 행동을 일으킨 후에 조치를 취하는 것보다는 폭력적 행동을 일으키기 전에 폭력적 행동이 발생하지 않도록 환경을 지원하고 유아에게 효과적인 기술을 가르치는 것이 보다 더 바람직하다. 예를 들어, 장난감을 서로 먼저 가지고 놀겠다고 싸우는 유아에게 벌을 주는 후속 조치보다는, 충분한 장난감을 준비하거나 유아들에게 언제, 어디에서, 어떻게 장난감을 가지고 노는 것인지를 가르쳐 주는 것이 미래에 그 유아가 친구와 장난감을 가지고 노는 데 더 도움이 된다.

교육기관에서 수업시간에 교사의 지시를 따르지 않거나 수업에 참여하지 않는 행동 같은 작고 가벼운 행동이 결국 미래의 전반적이고 심각한 폭력적 행동과 상관관계가 있다(Walker, Ramsey, & Gresham, 2004). 교육기관에서는 교사의 지시를 따르지 않거나 친구들과 다투는 것과 같은 작은 폭력적 행동을 즉시 다루지 않으면 큰 문제로 확대되기도 하고, 반복되는 작은 폭력적 행동이 더 크게 발전하는 경우도 많다. 그런데 실제로 교육기관에서 발생하는 폭력적 행동의 50% 이상은 교육기관 전체 아동의 5~7%에 해당하는 소수에 의해 반복하여 발생한다(Horner & Sugai, 2000). 따라서 예측되는 폭력적 행동의 패턴을 보이는 아이들의 반복되는 작은 폭력적 행동을 사전에 예방하고, 작은 폭력적 행동의 발생에 대해서는 즉시 효과적으로 대처하는 것이 큰 폭력적 행동으로 발전시키지 않는 해결책이다(Kauffman,

1994).

이를 위해서 8장에서 설명했듯이 교육기관에 있는 모든 유아들에게 보편적 중재(general intervention)를 실시할 수 있다. 보편적이란 뜻은 폭력적 행동을 보이는 특정 유아에게만 적용하는 것이 아니라 교육기관 내에 있는 모든 유아에게 적용한다는 의미다. 모든 유아에게 적용하는 보편적 중재는 대부분의 유아가 일정한 수준 이상의 적절한 행동을 하는 것을 목표로 한다(Sugai et al., 2000; Walker et al., 2004). 이러한 보편적 중재가 교육기관의 모든 성인에 의해 모든 시간, 모든 장소, 모든 상황에서 모든 유아에게 적용되게 한다면 유아의 작은 폭력적 행동을 막을 수 있을 뿐 아니라 큰 문제로 발전될 수 있는 폭력적 행동도 예방할 수 있을 것이다. 보편적 중재는 폭력적 행동의 위험이 낮은 유아뿐 아니라 폭력적 행동의 위험이 높은 유아를 포함하여 모든 유아에게 큰 도움이 된다. 유아교육기관에서 폭력적 행동을 예방한다면, 폭력적 행동에 대한 중재를 위해 소비되는 교사의 시간과 노력이 절약될 뿐 아니라, 유아들이 교육기관 생활을 더 성공적으로 할 수 있도록 도울 수 있다.

보편적 중재의 핵심은 교육기관 전체에서 유아에게 기대되는 행동을 가르치고 적용하는 것이다. 교육기관의 기대행동을 지도해야 하는 이유는 학교폭력의 요인에 관한 연구에서도 밝혀지고 있다. 폭력적 행동 예방을 위한 기초 작업으로 폭력적 행동이 자주 발생하는 교육기관의 환경적 요인을 조사한 연구 결과, 학생들에게 가르칠 수 있는 간단하지만 분명한 기대행동이나 규칙이 없는 것이 학교폭력의 주요 요인 중 하나로 밝혀졌다(Sugai et al., 2000). 또한 우리나라 정부가 2012년 2월 6일에 관계부처 합동으로 발표한 '학교폭력근절 종합대책'에서도 규칙을 준수하는 학교문화가 정립되지 못한 것을 해결해야 할 과제로 지적하고 있다(김혜원, 2013). 즉, 학교 생활규칙 등 학생들의 생활을 규율하는 규칙이 문서상으로만 존재하고, 교육 차원에서 적극적으로 활용하지 못하는 것이 문제라는 것이다. 그 외에도 '교실에서 사회생활에 필요한 질서와 규칙을 배우고 실천한다.'는 설문지 내용에 대해 우리나라 초등학생의 18.4%만이 '그렇다'고 대답한 결과가 있다. 이는 학교에서 함께 살아가는 공동생활을 위한 질서와 규칙을 교육받는 것이 미약하다는 뜻이다. 이런 연구

결과 외에도 모두가 다 같이 즐거운 교육기관 생활을 위해서는 교육기관 전체 환경에 해당하는 기대행동이나 규칙과 그 결과에 대한 일관성 있는 지도가 반드시 필요하다(Sprague & Walker, 2005).

교사들은 유아들이 교육기관에서 기대하는 행동을 이해하고 있으며, 그 기대행동에 알맞게 행동하는 방법을 알고 있다고 간주하는 경우가 많다. 그러나 사실 유아들은 기대행동이 무엇인지 잘 몰라서 시행착오를 통해 배우게 되는 경우가 많다. 명시된 기대행동이 없을 때 유아들은 무엇이 올바른 행동인지 확신하지 못하고, 기대행동을 어기거나 폭력적 행동을 하게 된다. 그러면 교사는 기대행동을 준수하지 않은 대가로 처벌을 한다. 유아교육기관에서 이런 일이 발생하는 것은 다른 교육기관(초·중·고등학교)에 비교해서 상대적으로 낮을 수는 있겠지만, 유아교육기관이 예외라고 할 수는 없다. 유아가 또래와 장난감을 나누어 가지고 노는 것의 중요성을 알고 있을 것이라고 막연히 가정하는 경우가 있는데, 처음으로 유아교육기관에 오는 유아 중에는 장난감을 친구와 공유한 경험이 거의 없는 유아도 있을 수 있다. 누구나 처해진 상황에서 어떻게 행동해야 할지 안다면 적절한 행동을 하기 더 쉬운 것은 자명한 사실이다. 유아들이 교육기관에서 기대하는 행동을 어떻게 해야 할지 아는 것과 그들의 바람직한 행동의 실행은 정적 상관관계가 있다(Emmer, Evertson, & Anderson, 1980).

2. 기대행동 지도의 방법

1) 기대행동 선정하기

기대행동이란 교육환경에서 기대되거나 요구되는 행동이다. 교육기관의 교육환경 전체에 적용될 수 있는 기대행동은 보통 3~6개 정도가 적절하고, 대부분 유아교육기관이 중요하게 생각하는 문화와 가치를 담는 것이 바람직하다. 기대행동은 교육기관의 문화와 가치를 반영하는 것이어야 하므로, 교직원 전체가 가장 중요하게 생각하는 가치를 표현할 수 있어야 한다. 따라서 기대행동을 결정할 때는 어느 한 개인이 독단적으로 선정할 수 없고 교직원들의 합의를 구하는 과정이 필요하다. 이러한 기대행동은 전체 교직원 회의를 통해 결정할 수 있다.

학생들의 폭력과 파괴적 행동을 연구하는 미국의 한 연구소(Institute on Violence and Destructive Behavior, 1999)가 제안하는 기대행동의 세 가지 범주는 안전, 존중, 책임감이다. 우리나라의 성베드로학교는 기대행동을 '스스로, 바르게, 다 함께'로 선정했는데, 이는 학생들이 독립적이고 자발적으로 행동하고, 상황과 대상 그리고 장소에 따라 적절하게 행동하며, 상대방을 고려하여 서로 돕는 방식으로 행동하도록 독려하기 위함이었다(김정효, 2017). 유아교육기관에서 가장 많이 채택될 수 있는 기대행동은 존중하기, 책임지기, 친절하기, 지시 따르기, 배려하기, 협동하기 등이 있다. 유아교육기관 전체에 해당하는 기대행동은 교육기관의 모든 환경에 적용될 수 있어야 하기 때문에 구체적인 행동을 표현하는 문구(예: 친구에게 웃으면서 인사하기)보다는 함축적으로 표현하는 문구(예: 친절하기)를 선택하는 것이 좋다.

2) 기대행동에 대한 구체적인 사회적 행동 결정하기

유아교육기관 전체에 해당하는 기대행동을 선택하고 난 뒤에는, 기대행동이 유아교육기관 각각의 교육환경(예: 교실, 놀이터, 급식실, 도서관, 강당, 복도, 화장실 등)에서 구체적인 행동으로 어떻게 표현되어야 하는지 결정해야 한다. 이는 각 교육환경에서 하나의 기대행동에 대한 구체적인 사회적 행동이 무엇인지 결정하는 것이다. 유아들에게 교육기관의 각 장소에서 어떻게 행동해야 하는지 명시화되어 있다면, 유아들의 적절한 행동이 증가할 것이고, 결과적으로 많은 부적절한 행동을 예방할 수 있을 것이다. 교사들이 기대행동에 대한 구체적인 사회적 행동을 개발하는 데 많은 시간이 걸린다 할지라도 이는 할 만한 가치가 있다. 왜냐하면 그런 것이 없이 생활할 때 나타나게 될 유아들의 수많은 부적절한 행동 때문에 교사가 빼앗기는 시간이 기대행동에 대한 구체적인 사회적 행동을 개발하는 데 드는 시간보다 훨씬 많을 것이기 때문이다.

기대행동에 대한 구체적인 사회적 행동을 결정하기 위한 쉬운 방법은 각 환경에서 기대행동에 어긋나는 행동이 무엇인지를 먼저 생각해 보고, 그 행동에 대해 가르칠 수 있는 대체행동이 어떤 것인지 생각해 보는 것이다. 예를 들어, 유아교육기관의 기대행동이 '존중하기'일 때 존중하기에 어긋나는 행동은 수업 중인 교실에서 교사가 말을 하고 있거나 친구가 발표하고 있는데 끼어들며 말하는 행동일 수 있다. 그에 대한 대체행동은 말하기 전에 손을 들어 허락받기가 될 수 있다. 이러한 방법으로 유아교육기관의 각 교육환경에 해당하는 기대행동의 구체적인 사회적 행동을 결정할 수 있다.

기대행동에 대한 구체적인 사회적 행동을 결정할 때는 다음과 같은 기본 원칙을 따르는 것이 좋다.

- 기대행동에 대한 구체적인 사회적 행동은 누구나 기억하기 쉽도록 짧고 단순하며 이해하기 쉬운 용어로 만들어져야 한다. 예를 들어, 유아교육기관의 복도에 적용할 수 있는 구체적인 사회적 행동으로 '조용히 걷기'와 '타인에게 피해를 주지 않는 속도로 통로의 우측으로 보행하기' 중에서 어느 것이 더 적절하겠는가? 당연히 '조용히 걷기'가 더 바람직하다.

- 기대행동에 대한 구체적인 사회적 행동의 수는 적절해야 한다. 수가 너무 많으면 기억하기 어려울 뿐 아니라 무시되기도 쉽다. 기대행동에 대한 구체적인 사회적 행동의 수는 아이들의 발달과 성숙도에 따라 달라질 수 있지만, 유아교육기관의 각 교육환경에서는 세 가지를 넘지 않는 것이 바람직하다.

- 기대행동에 따른 구체적인 사회적 행동은 긍정적 언어로 정의되어야 한다. 즉, '~ 하지 않기'라는 표현 대신에 '~ 하기'라는 표현을 사용하는 것이다. 예를 들어, '복도에서 뛰지 않기' 대신에 '복도에서 걸어 다니기'라는 표현이 바람직하다. '복도에서 뛰지 않기'라는 행동을 정하게 되면 유아들에게 '깡충 뛰기'나 '한

발 뛰기' 등 다른 유형의 행동은 기대에 어긋나는 것인지에 대한 의문을 갖게 할 수 있다. 그러나 기대되는 행동을 긍정적으로 정의해 주면, 그 정의에 맞지 않는 행동은 모두 기대에 어긋나는 행동임을 알 수 있게 해 준다. 앞의 예에서 복도에서 걸어 다니는 행동이 아닌 다른 모든 행동은 기대에 어긋나는 행동인 것이다. 또한 긍정적 언어로 정의하면 유아들에게 하지 말아야 할 행동을 알려 주기보다는 해야 할 행동이 무엇인지 가르쳐 주게 된다. 즉, 기대행동에 대한 구체적인 사회적 행동을 긍정적 용어로 정의하면 유아의 부적절한 행동을 억제하도록 하기보다는 바람직한 행동을 하게 하는 목적을 반영해 줄 수 있다.

⊕ 기대행동에 따른 구체적인 사회적 행동은 유아들의 연령과 발달단계에 맞게 적절해야 한다. 유아가 규칙을 이해하지 못해서 위반하게 되는 경우가 생기지 않도록 유아들에게 이해될 만큼 분명하고 쉽게 정의되어야 한다. 분명하게 제시된 기대행동은 적용되는 범위에 따라 그 구체성의 정도가 수정될 수 있어야 한다.

⊕ 기대행동에 따른 구체적인 사회적 행동은 합리적이어야 한다. 이를 위해서 구체적인 사회적 행동을 결정하는 데 유아들을 참여시킬 수도 있다. 이런 참여 과정을 통해 유아들은 교사가 만든 내용을 일방적으로 따르기보다 자신의 행동에 대해 책임지는 것을 배우게 된다. 또한, 주인의식을 갖게 되어 정해진 행동을 바르게 지킬 가능성이 높아지게 된다. 유아들은 기대행동에 따른 구체적인 사회적 행동을 자신의 행동을 통제하려는 어른들의 규제로 생각할 때보다는 자신과 다른 사람들을 위한 관심으로 생각할 때 더 잘 따를 것이다. 그러므로 교사는 기대행동에 따른 구체적인 사회적 행동을 유아들이 서로를 위해 공정하게 만들도록 격려해 주어야 한다. 물론 이 과정에서 교사의 적절한 개입이 필요하다.

3) 기대행동 매트릭스 개발하기

앞에서 설명한 방법대로 유아교육기관의 각 교육환경의 기대행동에 대한 구체적인 사회적 행동이 결정되면, 그것을 매트릭스로 만드는 것이 바람직하다. 이러한 매트릭스는 유아교육기관의 기대행동과 그에 따른 세부적 행동을 한눈에 볼 수 있게 해 주므로, 구성원들이 쉽게 이해할 수 있다. 매트릭스는 열과 행에 각각 다양한 환경과 그 환경에서 기대되는 구체적인 사회적 행동을 적은 표다.

　유아교육기관을 위해서 작성한 기대행동에 대한 구체적인 사회적 행동을 매트릭스로 작성한 예를 〈표 10-1〉과 〈표 10-2〉에 제시했다.

■▶〈표 10-1〉 유아교육기관의 기대행동에 대한 매트릭스 작성의 예 1

기대 환경	안전	친절	책임감
교실	• 걷기 • 대집단활동 시간에 자신의 자리에 앉기 • 대집단활동 시간에 아빠 다리 하기	• 장난감 공유하기 • 친구와 함께 조용한 손 하기 • 친구와 친절한 단어 사용하기	• 교구를 가져오기 • 청소하기 • 손 씻기
버스	• 자신의 자리에 앉기 • 기사님 말을 경청하기 • 인도에서 기다리기	• 기사님께 인사하기	• 버스에서 내릴 때 자신의 가방 기억하기
복도	• 걷기 • 손을 자신 쪽으로 하기 • 눈을 앞으로 유지하기	• 조용한 목소리 사용하기 • 만나는 친구에게 미소 짓기	• 조용한 목소리 사용하기 • 줄 서기
놀이터	• 교사의 말 경청하기 • 엉덩이를 붙이고 미끄럼 타기 • 세발자전거 탈 때 주의하기	• 미끄럼틀과 그네 공유하기 • 친절한 말 사용하기	• 종소리에 집중하기
승강기	• 질서 지켜 타기	• 내린 후 타기	• 필요한 버튼만 누르기 • 필요한 때만 타기

출처: Stormont, Lewis, Becker, & Johnson (2012)을 참조로 재구성.

■▸〈표 10-2〉 유아교육기관의 기대행동에 대한 매트릭스 작성의 예 2

기대 환경	안전	친절	책임감
교실	• 발을 바닥에 놓기 • 걷기 • 조용한 목소리 사용하기	• 친구가 되기 • 다른 사람과 공유하기 • 경청하기 • 학교를 보살피기	• 좋은 조력자 되기 • 지시 따르기 • 청소하기 • 좋은 선택하기
화장실	• 비누와 물로 손 씻기 • 한 사람만 받침대를 사 　용하기	• 조용한 목소리 사용하기 • 손과 발을 자신쪽으로 　하기	• 화장실에서 물 내리기 • 물 잠그기 • 청소하기
운동장	• 엉덩이를 붙이고 미끄 　럼 타기 • 돌과 나뭇조각을 바닥 　에 두기(만지지 않기)	• 다른 사람이 놀도록 차 　례 지키기 • 다른 사람과 공유하기 • 친절한 단어 사용하기	• 기구를 정확하게 사용 　하기 • 일렬로 줄서기 • 청소하기
식사시간	• 의자를 책상 안으로 밀기 • 손을 자신 쪽으로 하기	• 예의범절 갖추기 • 미안하다고 말하기	• 음식을 접시에 두기 • 청소하기
복도	• 걷기 • 성인과 함께하기	• 조용한 목소리 사용 • 손과 발을 자신쪽으로 　하기	• 경청하기 • 일렬로 줄서기
버스	• 안전벨트를 계속 착용 　하기 • 등을 의자에 대기	• 조용한 목소리 사용 • 손과 발을 자신 쪽으로 　하기	• 기사/감독자의 말 경청 　하기 • 자신의 물건을 챙기기 • 버스 규칙을 따르기

출처: Stormont et al. (2012).

　〈표 10-1〉과 〈표 10-2〉을 보면 유아교육기관의 기대행동은 안전하게 행동하기, 친절하게 행동하기, 책임감 있게 행동하기임을 알 수 있고, 기대행동에 따른 사회적 행동이 각 교육환경에서 구체적으로 어떻게 나타나야 하는지 알 수 있다. 이처럼 유아교육기관의 기대행동에 대한 매트릭스는 각 교육기관의 형편에 맞게 작성할 수 있다.

4) 기대행동에 대한 구체적인 사회적 행동을 게시하기

유아들에게 기대되는 구체적인 사회적 행동을 결정했으면 그 내용을 교육환경의 필요한 곳마다 게시하여 모든 유아들이 일과 중에 쉽게 볼 수 있게 해야 한다(Bambara & Kern, 2008). 즉, 유아들에게 기대되는 구체적인 사회적 행동을 상기시켜 주기 위한 시각적 표시물(표어, 포스터 등)을 게시해야 하는 것이다. 이러한 시각적 표시물의 다양한 예는 이규미와 지승희(2008)의 『괴롭힘 없는 교실 만들기 2: 교사와 학생의 협동 프로그램』 등과 같은 책을 참고하여 만들 수 있다. 또한 www.pbis.org에서 아동들에게 기대되는 행동을 교육기관 곳곳에 게시한 샘플 자료들을 찾아볼 수 있다. [그림 10-1]과 [그림 10-2]에 유아교육기관의 정문 입구와 복도에 게시할 수 있는 기대행동에 대한 구체적인 사회적 행동을 제시하였다.

유아교육기관 정문 입구에는 [그림 10-1]에서 보는 것처럼 유아교육기관 전체에 적용되는 기대행동이 게시되어 있다. 기대행동은 안전, 친절, 책임임을 알 수 있다.

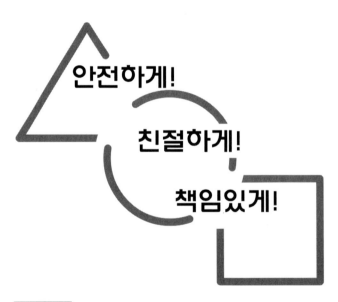

그림 10-1 유아교육기관 전체에 적용되는 기대행동의 게시 예

그림 10-2 계단에 적용되는 기대행동의 게시 예

또한 유아교육기관의 모든 계단 옆에는 [그림 10-2]와 같이 계단 사용에 대한 구체적인 사회적 행동을 게시할 수 있다. 유아교육기관의 기대행동인 '안전'과 관련된 계단 사용에 대한 구체적인 사회적 행동은 '난간을 잡고 계단 오르내리기'임을 알 수 있다. 이처럼 유아교육기관의 여러 장소(식당, 교실, 물 마시는 곳, 강당, 화장실 등)에는 그 장소에 해당하는 기대행동의 구체적인 사회적 행동들을 게시하여 모든 유아들이 볼 수 있게 해야 한다.

기대행동에 대한 구체적인 사회적 행동을 게시하는 목적은 교육환경에 들어오면 누구든지 5분 이내에 그곳에서 기대되는 행동이 무엇인지 알 수 있게 하는 것에 있다. 그러므로 기대되는 구체적인 사회적 행동을 글로 게시할 수도 있지만, 그 내용이 생각나도록 하는 시각적 표시물을 게시할 수도 있다. 예를 들어, 복도에서는 우측 통행을 해야 하는 것을 기억하도록 하기 위해서 복도 중앙에 페인트로 줄을 그어 놓을 수도 있고([그림 10-3] 참조), 복도가 서로 교차하는 지점에서 주변을 살피도록 교차 지점에 '멈춤' 표시를 만들어 놓을 수도 있으며([그림 10-4] 참조), 기대행동과 관련된 아이콘이나 사진(예: 손을 들고 선생님의 반응을 기다리는 유아의 사진을 교실 칠

그림 10-3 복도에서 기대행동 게시의 예

그림 10-4 기대행동을 알리는 표시판의 예

그림 10-5 교실에서 기대행동 그림의 예

그림 10-6 복도에서 기대행동 포스터의 예

판 위쪽에 붙임)을 게시하거나([그림 10-5] 참조), 필요한 장소에 기대행동에 관한 질문(예: 복도 벽면에 붙여 놓은 '복도에서 걷고 있나요?'라는 질문)을 포스터로 게시할 수도 있다([그림 10-6] 참조). 이런 게시물은 창조적이고 다양한 형태로 만들어져야 하는데, 이러한 게시물을 개발하는 데 유아들을 참여시킬 수도 있다. 시각적 표시물 외에도 기대행동에 대한 구체적인 사회적 행동을 기억하도록 돕는 청각적 신호나 수신호 등의 단서를 사용하여 발생 가능한 혼란을 예방할 수도 있다. 활동의 변경을 알리는 타이머 소리나 주목을 요구하는 손뼉 치기 등이 그러한 예다.

5) 기대행동에 대한 구체적인 사회적 행동을 가르치기

기대행동에 대한 구체적인 사회적 행동을 결정하고 유아들이 볼 수 있는 곳에 게시해 놓았다고 해서 아이들이 그대로 수행하리라고 생각해서는 안 된다. 정해진 내용을 모든 유아들에게 직접 정확하게 가르쳐야 한다. 유아들이 자신에게 기대되는 행동이 무엇인지 구체적으로 알고 있다는 확신이 있을 때에야 교사는 유아에게 바른 행동을 기대할 수 있다. 다시 말하자면, 유아가 무슨 행동이 기대되는지 모른다면 교사는 그런 행동을 유아에게서 기대할 수 없다는 뜻이다. 그러므로 교사는 유아에게 기대하는 행동이 무엇인지 가르쳐야 한다. 이런 가르침을 통해 유아는 자신에게 요구되고 기대되는 행동이 무엇인지 알 수 있어야 하고, 그것들을 준수했을 때 어떤 보상이 주어지고 어겼을 때 어떤 결과가 뒤따르는지 알 수 있어야 한다. 이때 유아에게 주어지는 후속결과에 대해 교사가 일방적으로 결정하기보다는 유아들과 논의할 기회를 갖는 것이 바람직하다. 그러나 유아는 특성상 도덕적 추론이 어렵기 때문에, 유아의 수준을 고려할 필요가 있다.

유아들에게 기대행동에 대한 구체적인 사회적 행동을 직접 가르치는 이점은 다음과 같다(Kerr & Nelson, 2006).

● 유아들이 유아교육기관의 모든 장소와 상황에서 정해진 행동 내용이 적용된다

는 것을 알고 적극적으로 행동할 수 있다.
- ➕ 유아들이 기대행동에 대한 구체적인 사회적 행동을 기억하기 쉽다.
- ➕ 바람직한 행동을 직접 가르치는 것은 그 행동을 높은 수준으로 유지하는 데 도움이 된다.

기대행동에 대한 구체적인 사회적 행동은 학기 초에 집중적으로 가르쳐야 하는데, 이때는 기대되는 구체적인 사회적 행동의 정의를 충분히 설명해 주고, 부적절한 행동과 적절한 행동의 예를 직접 시범 보여 주며, 유아들에게 역할놀이 등을 통해 적절한 행동을 연습할 기회와 함께 그에 대한 피드백이 주어져야 한다. 이때 실제 예를 보여 주는 것과 연습의 기회는 교육환경의 여러 다양한 장소에서 직접 이루어져야 한다. 예를 들어, '존중하기'라는 기대행동은 수업시간에 '말하기 전에 손들기'라는 구체적인 사회적 행동으로 표현되어야 함을 말해 주고, '말하기 전에 손들기'란 하고 싶은 말이 있으면 귀 옆으로 팔을 올려 머리보다 높게 손을 들고 기다리는 것이라고 정의하여 설명해 주며, 말하기 전에 손을 드는 바람직한 예를 교실에서 보여 준 후에 바람직하지 못한 예를 보여 주어 비교를 통해 개념을 가르친다. 교사가 예를 든 후에는 유아들에게 직접 연습할 기회를 주고, 연습 후에는 적절하고 구체적인 피드백으로 수정해 주거나 정확히 했을 때는 칭찬을 하면 된다.

직접적인 교수 외에도 이야기 나누기 같은 대집단활동 시간에 기대행동에 대한 구체적인 사회적 행동에 대해 이야기 나눌 수도 있다. 예를 들어, "선생님이 오늘 자유선택활동 시간에 친구와 물건을 사이좋게 나누어 쓰는 친구를 봤는데, 친구들 중에서도 그런 친구를 본 사람이 있나요?"와 같은 질문을 통해 기대행동에 대한 구체적인 사회적 행동을 가르칠 수도 있다. 또한 교사가 사회적 행동을 가르칠 때는 그 행동을 해야 하는 상황을 구체적으로 가르쳐 줄 필요가 있다. 그렇게 해야 일반화를 촉진할 수 있기 때문이다. 사회적 행동을 가르쳤다면, 유아들이 그 내용을 따르지 않을 때 단지 정해진 내용을 잘 지키고 있는지 묻는 것만으로도 올바른 행동을 하게 할 수도 있다.

기대행동에 대한 사회적 행동을 직접 가르치는 활동 계획안의 예를 [그림 10-7]

과 [그림 10-8]에 제시했다. [그림 10-7]과 [그림 10-8]을 보면, 각각 기대행동으로 결정된 것은 '조용한 목소리로 말하기'와 '안전하게 행동하기'임을 알 수 있다.

사회적 행동: 실내에서 조용한 목소리 사용하기

단계:
1. 실내의 안전을 위한 방법으로 '조용한 목소리 사용하기'에 대한 개념을 소개한다.
2. 교사는 큰 소리와 조용한 소리의 차이를 묘사하고 모방한다.
3. 교사와 친구들이 들을 수 있도록 하는 것이 왜 안전하고, 친절하며, 중요한 것인지 설명한다.
4. 조용한 시간의 필요성과 중요성(예: 조용한 목소리를 사용하면 지시를 들을 수 있음)을 설명한다.
5. 교사는 유아의 질문을 받으며 이해됐는지 검토한다.
6. 교사가 손들기, 음악을 켜고 끄기, 불을 켜고 끄기와 같이 주의집중을 위한 신호(attention signal)를 사용하여 하던 일을 멈추고 경청해야 할 시간임을 알린다.

가정과의 연계: 유아에게 조용한 소리가 무엇이며, 조용한 소리를 언제 사용하는지 물어보도록 하는 내용의 알림장을 부모에게 보내기

모델링/역할놀이	가능한 재료
1. 교사는 조용한 목소리를 시범 보인다.	• 큰 소리와 작은 소리를 나타내기 위한 손 인형
2. 유아는 조용한 목소리를 시범 보인다.	• 첫 번째 시나리오: 아픈 손인형이 선생님을 소리쳐 부르나 선생님은 교실이 너무 소란하여 그 소리를 들을 수 없다. • 두 번째 시나리오: 미술시간에 두 아이가 큰 소리로 말하고 있어서 친구들은 선생님의 지시를 들을 수 없다.

그림 10-7 기대행동에 대한 사회적 행동 활동 계획안의 예 1

출처: Stormont et al. (2012)을 참조로 재구성.

설명

- 교실에서 안전하게 지내는 방법에 대해 이야기 나누기
- 안전하다는 것의 정의에 대해 묻기, 유아의 반응을 관찰 가능한 행동(예, 걷기)으로 유도하기
- 교실에서 안전할 수 있는 몇 가지 방법의 예
  - 발을 바닥에 놓기 　　　　　 - 조용한 소리를 사용하기
  - 걷기 　　　　　　　　　　 - 재료를 안전하게 사용하기

시연

- 안전한 행동과 안전하지 못한 행동의 시범 보이기
- 각 사례 후에, 교사가 안전한 행동을 보였는지를 유아에게 질문하기
- 안전하지 못한 행동의 경우에는, 대신에 어떠한 행동을 해야 하였는지를 질문하기

시범의 예:

- 의자에 달려가서 앉기
- 가위와 연필을 적절히 움직이기
- 등으로 의자를 젖혀서 의자의 앞다리를 바닥에서 띄우기
- 소방/재난 훈련을 할 때, 소음/흥분 없이 출입문으로 이동하기

역할놀이

- 유아와 연습 기회를 갖기
- 각각의 역할놀이 후에 모든 유아와 함께 검토하기

검토와 평가

- 유아들에게 안전하게 행동하는 예를 들도록 하기
- 하원하기 전에 유아들이 어떻게 안전한 행동을 했는지 물어보기

그림 10-8 기대행동에 대한 사회적 행동 활동 계획안의 예 2

출처: Stormont et al. (2012)을 참조로 재구성.

기대행동에 대한 구체적인 사회적 행동을 직접 가르칠 때 〈표 10-3〉에 제시한 순서를 따르는 것이 바람직하다(Stormont, Lewis, Becker, & Johnson, 2012).

■▸〈표 10-3〉 기대행동에 대한 구체적인 사회적 행동을 가르치는 순서

1. 이미 배운 사회적 행동을 검토하기
2. 새로 배울 사회적 행동을 검토하기
3. 새로 배울 사회적 행동을 언제, 어디서, 왜 사용하는지 토의하기
4. 새로 배울 사회적 행동의 정의를 명확히 가르치기
5. 교사가 새로 배울 사회적 행동을 시범 보이기
6. 유아가 새로 배운 사회적 행동을 따라해 보기
7. 유아가 교사의 도움을 받으며 새로 배운 사회적 행동을 연습해 보기
8. 교사가 그 정확성에 대해 피드백 주기
9. 유아가 새로 배운 사회적 행동을 혼자서 연습해 보기
10. 교사가 그 정확성에 대해 피드백 주기

학기 초에 가르친 내용은 정기적으로 복습되어야 한다. 집중적 가르침 후에는 한 달 정도 주당 2회 정도의 질문과 퀴즈, 역할놀이 등을 통해 재검토하는 것이 좋다. 그 이후에도 필요할 때마다 재검토해야 한다. 예를 들어, 신입원아가 들어오게 되면 모두 함께 검토하는 시간을 가질 수 있다. 또 하루 일과를 시작하기 전에 기대행동 에 대한 구체적인 사회적 행동을 복창하는 것도 좋은 복습 방법이다. 새 학기가 시 작되면 새로운 내용이 추가되지 않았다 할지라도 지난 학기의 내용을 다시 가르치 고 정기적으로 복습해야 한다.

6) 기대행동에 대한 구체적인 사회적 행동을 교육환경에서 적용하기

기대행동에 대한 구체적인 사회적 행동을 가르쳤으면, 유아들이 잘 지키고 있는지 지속적으로 관찰해야 하고, 이러한 점검이 이루어지고 있음을 유아들도 알아야 한다. 즉, 지켰을 때 칭찬과 보상 같은 결과가 주어지고, 지키지 않았을 때 일관성 있는 지도가 이루어지는 체계적 후속결과가 적용되는 공정성이 지켜져야 한다. 이때 유아에게 주어지는 후속결과는 합리적이고 공평해야 한다. 또한 후속결과의 적용은 일관성이 있어야 한다. 일관성은 유아를 둘러싼 환경을 예측 가능한 것으로 만들어 준다. 교사가 일관성 있게 반응할 때, 비로소 유아들은 자신의 행동에 대한 예측 가능한 결과를 배우게 된다. 정해진 구체적 행동 내용이 있는데도 교사가 어떤 때는 무시하고 어떤 경우는 엄격히 지킨다면 유아들이 그것을 잘 지킬 것을 기대하기란 어려울 것이다. 교육환경 전체에 적용할 기대행동에 대한 구체적인 사회적 행동이 정해진 경우에는 원내의 모든 성인들이 그 행동이 잘 지켜지는 경우에 일관성 있는 반응을 할 수 있도록 사전에 교육이 이루어져야 한다. 기억해야 할 것은 정해진 내용은 적용되는 환경의 모든 곳에서 언제나 일관성 있게 시행되도록 격려되어야 한다는 것이다. 그리고 기대행동을 가르쳤다면 교육기관의 분위기는 기대행동을 장려하는 것으로 바뀌어야 한다. 예를 들어, 친절하게 말하기를 가르쳤다면 교사뿐 아니라 급식실에서 유아들을 만나는 성인이나 유치원 차를 운전하면서 유아들을 만나는 성인도 모두 유아들에게 친절한 말을 사용하여야 할 것이다. 수업시간에 하고 싶은 말이 있을 때는 손을 들도록 가르쳤는데 교사가 손을 들지 않고 말하는 유아의 이야기를 먼저 들어주고 반응해 준다면 유아들이 손을 들 가능성은 낮아질 것이다.

기대행동에 대한 구체적인 사회적 행동을 교육환경에서 적용할 때 기대에 어긋난 행동이 발생하기 전후에 '사전 교정(precorrection)'이라는 방법을 적용하면 기대행동 발생을 높일 수 있다(Lampi, Fenty, & Beaunae, 2005). 사전 교정의 순서와 예는 〈표 10-4〉와 같다.

■· 〈표 10-4〉 사전 교정의 순서와 예

순서	방법	예
1	폭력행동이 주로 발생하는 상황을 알아본다.	• 급식실에서 배식을 기다릴 때
2	그곳에서 유아에게 기대되는 행동을 결정한다.	• 한 줄 서기, 자기 차례 기다리기, 순서대로 배식 받기, 비어 있는 식탁 자리에 바르게 앉아 식사하기
3	폭력적 행동과 관련 있는 환경요인을 찾아 변화시킨다.	• 배식대가 한 군데라서 줄이 너무 길기 때문에 기다리는 시간 동안에 폭력적 행동이 자주 발생하는 것으로 판단되면, 배식대를 두 군데로 늘리기
4	기대행동을 명확하게 가르치고, 정적 강화로 바람직한 행동을 지원한다.	• 급식실에서의 기대행동을 설명과 연습 및 피드백을 통해 가르치고, 기대행동이 발생했을 때 토큰을 주는 것으로 강화하며, 급식 시간 직전에 기대행동을 연습하게 하기
5	활동을 시작하기 전에 기대행동의 빈도를 높일 수 있는 방법을 사용한다.	• 급식실에서의 기대행동 내용을 급식실 입구에 게시하여 들어올 때 볼 수 있게 하고, 급식실로 이동하기 전에 급식실의 기대행동을 말해 주며, 입구에서 손가락으로 기대행동에 대한 게시물을 가리키기
6	유아의 행동 변화에 대한 정보를 수집한다.	• 급식실에서 발생하는 문제행동을 직접 관찰하고 빈도를 기록하기

기대행동에 대한 구체적인 사회적 행동을 강화하는 이유는 유아의 적절한 행동이 부적절한 행동보다 더 많은 관심을 받을 수 있게 하기 위한 것이다. 특히 기대행동에 대한 구체적인 사회적 행동을 집중적으로 배우는 학기 초에는 잘 지키는 행동에 대해 높은 수준의 강화가 필요하다. 뿐만 아니라 교사는 정해진 구체적인 사회적 행동에 대해 모범을 보여야 한다. 예를 들어, '약속 시간을 잘 지키기'라는 내용이 있다면 교사는 수업시간 및 유아들과 정한 약속 시간 등을 잘 지켜야 하며, 그래야 유아들도 그 내용을 존중할 것이다.

지금까지 살펴본 바와 같이 유아들에게 기대하는 행동을 선정하고, 그에 대한 구체적인 사회적 행동을 결정하며, 유아교육기관의 각 장소에 대한 기대행동을 매트릭스로 만들고, 그 내용을 교육환경에 게시하며, 유아들에게 그 행동을 직접 가르치고, 교육 환경에서 행하도록 적용하는 것은 유아들의 폭력적 행동 예방에 매우 효과적이다.

교사와 부모는 각각 [그림 10-9]와 [그림 10-10] 같은 척도검사를 사용하여 기대행동 지도하기에 대한 평가를 할 수 있다([그림 10-9]와 9장의 〈표 9-4〉의 내용을 합하면 1차 예방 체계 전체에 대한 평가가 된다).

다음 척도를 활용하여 각 특성을 평가하라. (1=비일관적이거나 예측이 불가능한, 5=일관적이고 예측이 가능한)	1	2	3	4	5
기대행동 관리: 교사는 행동지원의 1차 예방 시스템을 실행하고 있는가?					
• 기대행동을 게시한다.					
• 기대행동을 적절한 시간에 언급한다.					
• 기대행동을 하면 구체적으로 언어적 칭찬을 한다.					
• 긍정적 진술 대 부정적 진술의 비율을 4:1로 유지한다.					
• 기대행동을 촉진하기 위한 행동지원 연속체를 사용한다.					
• 교수 중에 활발한 감독 전략들을 사용한다.					
• 기대행동을 재진술하고 대체행동을 말함으로써 행동을 교정한다.					
• 문제행동을 줄이기 위해 결과의 연속체를 사용한다.					

그림 10-9 학급 차원의 기대행동 실행에 관한 교사 평가 척도의 예

출처: Stormont et al. (2012)을 참조로 재구성.

※ 부모님의 생각에 해당하는 부분에 V표 해 주세요.	그렇다	보통	아니다
1. 내 아이는 가정에서 유치원의 기대행동에 대해 얘기한다.			
2. 내 아이는 유치원의 대부분의 유아가 기대행동을 지킨다고 생각한다.			
3. 유치원은 기대행동에 대한 정보를 가정으로 보내준다.			
4. 내 아이는 유치원에서 기대행동을 배웠다고 생각한다.			
5. 내 아이는 유치원 내에서 안전하다고 느끼는 것 같다.			
6. 담임은 내 아이가 기대행동을 지키는지 안다고 생각한다.			
7. 유치원에서 내년에도 기대행동을 가르치기를 바란다.			

그림 10-10 기대행동 실행에 관한 부모 평가 조사서의 예

출처: Stormont et al. (2012)을 참조로 재구성.

제11장

폭력 예방을 위한
유아의 사회적 기술 지도

1. 사회적 기술의 정의

사회적 기술 훈련은 유아의 사회적 능력을 향상시키기 위한 직접적이고 계획적인 지도방법이다. 〈표 11-1〉은 여러 연구자들의 사회적 기술에 대한 정의이다.

〈표 11-1〉 사회적 기술의 여러 정의

연구자	용어	정의
Walker et al. (1983)	사회적 기술	• 개인이 긍정적인 사회적 관계를 형성하고 유지하게 해 주는 능력 • 또래들에 의한 수용과 만족스러운 학교 적응 그리고 좀 더 큰 사회 환경을 효과적으로 알고 적응하는 능력
Gresham, Sugai, & Horner (2001)	사회적 기술	• 개인이 특정한 사회적 과제를 성공적으로 그리고 능숙하게 해결하기 위해 사용하는 구체적인 행위
	사회적 능력	• 주어진 준거에 비추어 특정 개인이 사회적 과제를 얼마나 성공적으로 해결했는가에 대한 사회적 사용자가 내리는 성과 중심의 평가적 용어
McFall (1982)	사회적 기술	• 개인이 친구를 사귀거나, 부탁을 하거나, 타인에 의한 사회적 상호작용에 응하는 것과 같은 일상적인 사회적 과제에 반응하기 위해 사용하는 구체적인 전략과 기술
	사회적 능력	• 특정인의 행동의 사회적 효과성에 대해 중요한 사회적 관계자인 부모, 교사, 교우들이 내리는 종합적이고 전반적인 판단
Libert & Lewinson (1973)	사회적 기술	• 강화받을 행동은 하고 벌받을 행동은 하지 않는 복합적인 능력(complex ability)

Begun (2002)	사회적 기술	• 두 사람 이상이 관련된 사회적 상황에서 자신의 목표나 목적을 달성하기 위해 복잡하고 잘 조직화된 행동패턴을 원활하고 적응적으로 수행하는 능력

〈표 11-1〉의 내용을 종합해 볼 때, 사회적 기술은 사회적 능력의 하위 개념으로 이해되어지며, 사회적 능력은 사회적 인지와 사회적 기술로 나누어 볼 수 있다. 사회적 인지는 관찰될 수 없는 인지적인 부분이며, 사회적 기술은 관찰될 수 있는 구체적인 행동을 의미한다. 관찰될 수 있는 행동에는 구체적이고 구분이 가능한 언어적 및 비언어적 행동이 모두 포함된다. 사회적 인지의 부분은 상대방의 의도와 원하는 것을 바르게 인식한다든지, 혹은 상대방과 바람직하게 상호작용할 수 있는 길을 생각하고 가장 적절한 판단을 내리는 것 등 겉으로 관찰될 수 없는 사회적 기술의 또 다른 중요한 부분을 뜻한다(Eisler & Frederiksen, 1980). 요약하면, 사회적 능력은 사회적 정보를 이해하는 능력을 가지고 구체적인 상황 속에서 나타내 보이는 적절한 반응이라고 할 수 있다. 사회적 정보를 이해하는 능력이 사회적 인지에 해당하며, 상황 속에서의 적절한 반응이 사회적 기술에 해당한다. 이때 적절한 반응이란 사회적 기술이 사회적으로 용인되는 방법으로 사용되는 것을 뜻한다.

2. 사회적 기술의 선택

1) 사회적 기술 선택의 고려 사항

10장에서 유아교육기관의 모든 유아를 대상으로 1차 예방 단계의 중재를 실행하기 위해 유아교육기관의 기대행동에 대한 구체적인 사회적 행동을 선택하고 결정하는 과정을 설명했다. 11장에서는 2차 예방 단계의 대상이 되는 소수의 특정 유아들의 독특한 요구와 구체적인 상황을 고려하여 특정의 사회적 기술을 선별하고 가르치려고 할 때 고려할 점을 설명하고자 한다.

먼저, 유아의 나이와 발달 수준, 성별 등 다양한 유아의 특성을 고려해야 한다. 예를 들어, 사회적 기술을 가르치는 교사는 유아와 어른의 행동에는 질적인 차이가 있음을 명심해야 한다. 또한 유아의 인지적 능력에 있어서의 결핍이나 정서적 불안정 등이 유아 행동에 미치는 영향을 충분히 고려해야 할 것이다. 예를 들어, 또래들로부터 고립된 유아와 배척된 유아는 문제해결 능력에 있어서 뚜렷한 차이를 보인다(Rubin & Krasnor, 1986). 고립된 유아는 인지적으로 별다른 문제가 없음에도 불구하고 사회적 상황에 대한 자신감을 상실하는 반면, 배척된 유아는 다른 유아들에 비해 더욱 충동적이고 과격하며 융통성이 결여된 모습을 보인다. 둘째, 유아의 특성과 함께 사회적 환경의 특성을 고려해야 한다. 바람직한 행동의 기준은 문화에 따라 크게 차이가 난다. 예를 들어, 서양인들의 인사하는 방식은 동양인들과 크게 다르다. 또한 같은 동양인이라 하더라도 나라와 지역에 따라 다르다. 요즘과 같이 다문화 가정이 늘고 있는 상황에서는 반드시 고려해야 할 사항이다. 어떤 행동이 적절한지 아닌지 여부는 문화적 요인뿐만 아니라 그 행동이 이루어지는 상황의 구체적 특성에 달려 있다. 한 마디로, 사회적 기술 교육의 개별화가 필요함을 뜻한다. 그 외에도 유아에게 이 기술이 지금도 필요하고 성인이 된 후에도 필요한 것인지 확인할 필요가 있으며, 이 기술이 유아에게 실질적으로 필요한 것인지도 확인해야 한다.

2) 일반적인 사회적 기술의 교수영역

지난 30~40년 동안 활발하게 이루어진 연구를 통해 다양한 사회적 기술들이 제시되었고, 이를 위한 교과과정이 개발되었다. Stephens(1992)의 '사회기술 훈련 프로그램'은 가장 널리 사용되는 것들 가운데 하나다. 이 프로그램에는 사회적 기술을 네 개의 포괄적 영역(즉, 자신에 대한 행동, 과업 관련 행동, 환경 관련 행동, 대인관계 행동)에 따라 30개의 영역으로 분류하고 있다(〈표 11-2〉 참조). 이 프로그램을 사용할 때는 대상 유아의 연령과 사회적 능력을 고려하여 가르칠 기술을 선택할 수 있다.

■ 〈표 11-2〉 Stephens의 사회기술 훈련 프로그램의 사회적 기술 영역

포괄적 영역	사회적 기술 영역
자신에 대한 행동 (Self-Related Behaviors)	• 결과를 받아들이기 • 도덕적으로 바른 행동 • 감정을 표현하기 • 자신에 대한 긍정적인 태도
과업 관련 행동 (Task-Related Behaviors)	• 질문하기와 대답하기 • 참여하는 행동 • 수업 중 토의 • 과제 완수 • 지시 따르기 • 그룹 활동 • 개별 학습 • 바람직한 수업 행동 • 다른 사람 앞에서 행하기 • 과업의 질적 수준
환경 관련 행동 (Environmental Behaviors)	• 환경 보호 • 응급상황에 대한 대처 • 급식실에서의 행동 • 이동하기
대인관계 행동 (Interpersonal Behaviors)	• 권위의 수용 • 갈등을 극복하기 • 다른 사람의 주의를 끌기 • 인사하기 • 도와주기 • 대화하기 • 조직적인 놀이 • 다른 사람에 대한 긍정적인 태도 • 일상적인 놀이 • 자신의 물건과 타인의 물건

또한 Walker 등(1983)의 사회기술 훈련 프로그램은 교육현장의 교사와 실무자들에 의해 널리 애용되고 있는 사회기술 훈련 교재다. 이 프로그램은 다섯 개의 포괄적 영역(즉, 교실에서의 행동, 기본적인 상호행동 기술, 사이좋게 지내기, 친구 만들기, 문제해결 기술)으로 구분되어 있다(〈표 11-3〉 참조).

▪▶〈표 11-3〉 Walker 등의 사회기술 훈련 프로그램의 사회적 기술 영역

영역	사회적 기술
교실에서의 행동 (Classroom Skills)	• 교사의 말에 경청하기 • 교사의 지시 따르기 • 과제수행에 최선을 다하기 • 교실 내에서의 규칙 지키기
기본적인 상호행동 기술 (Basic Interaction Skills)	• 적절한 음성 사용하기 • 말할 상대를 찾아 말하기 • 경청하기 • 대답하기 • 같은 주제로 말하기 • 차례로 말하기 • 질문하기 • 대화를 지속하기
사이좋게 지내기 (Getting Along Skills)	• 고운말 사용하기 • 함께 사용하기 • 놀이규칙 따르기 • 다른 사람 도와주기 • 올바른 신체적 접촉
친구 만들기 (Making Friends)	• 몸단장 • 미소 짓기 • 다른 사람 칭찬하기 • 친구 관계 형성
문제해결 기술 (Coping Skills)	• 다른 사람이 거절할 때 • 화가 날 때 • 다른 사람이 놀릴 때 • 다른 사람이 해치려 할 때 • 할 수 없는 일을 다른 사람이 시킬 때 • 일이 잘 안될 때

특히, 폭력행동을 예방하기 위해 조직된 비영리 단체인 '폭력예방협회(The Society for Prevention of Violence: SPV)'에서 개발한 『사회적 기술 향상 프로그램』은 유아용, 초등 1~3학년용, 초등 4~6학년용, 중·고등학생용으로 구분되어 있다(Begun, 2002). 이 프로그램은 교사와 부모 등 유아들을 상대하고 있는 모든 성인이 바로 쉽게 사용할 수 있도록 만들어져 있다. 유아들의 공격적 행동과 반사회적 행동을 경감시키도록 도와주기 위해 개발된 이 프로그램은 50가지의 사회적 기술을 포함하는 교육과정으로 1년 동안 매주 가르칠 수 있도록 구성되어 있다. 이 프로그램에서 유아들을 위한 사회적 기술로 제안하고 있는 것은 〈표 11-4〉와 같다.

▶ 〈표 11-4〉 SPV가 제안하는 유아들을 위한 사회적 기술 영역

영역	사회적 기술
훈육 책략	• 규칙의 필요성 이해하기 • 통제되지 않은 부정적 행동 피하기 • 행동하기 전에 생각하기 • 행동하기 전에 상황을 충분히 이해하기
주의 깊게 듣기	• 좋은 청취자 되기 • 조용히 앉아서 주의 깊게 듣기 • 학습회의에 참여하고 주의 깊게 듣기
규칙 따르기	• 교실규칙의 중요성 인정하기 • 지시 따르기 • 수업시간과 청소시간 동안에 지시 따르기 • 구두 지시 따르기 • 청소 지시 따르기
다른 사람 존중하기	• 공손한 말 '제발' '~해도 될까요?' '감사합니다.' 같은 공손한 단어 사용하기 • '미안하지만, ~해도 될까요?'를 적절하게 사용하기 • '마법'의 말 '미안하지만'과 '감사합니다.' 사용하기 • 공손한 말 '미안합니다.' 사용하기 • 적절할 때 '미안합니다.' 사용하기

자아상 개선하기	• 자기 자신에 대해서 좋게 느끼기 • 자기 자신에 대해서 좋게 표현하기 • 특별히 좋아하는 것과 싫어하는 것 표현하기 • 우리의 독특함 이해하기
공유하기	• 다른 사람들과 공유하는 것의 필요성을 이해하기 • 결과 받아들이기 • 행동의 결과 알기와 받아들이기 • 규칙 깨뜨린 것의 결과 받아들이기 • 부적절한 행동의 결과 받아들이기
자기-통제	• 교실에서 뛰지 말고 걸어야 된다는 것을 기억하기 • 유치원에서 뛰지 말고 걸어야 된다는 것을 기억하기 • 중간 톤의 목소리로 말하기
문제 해결하기	• 문제를 해결할 평화적인 접근 선택하기 • 말로 문제 해결하기
과제 완수하기	• 과제를 완성하고 재료들을 치워 두기 • 시작한 각각의 활동 끝마치기 • 별명 부르기에 대처하기 • 별명 부르기에 대해서 건설적으로 반응하기
분노 다루기	• 말을 사용해서 분노에 대한 의사소통하기 • 고자질하지 않기 • 고자질하지 않는 것을 배우기 • 거짓 소문 중단하기
변화 받아들이기	• 변화를 이해하고 받아들이기 • 변화를 받아들이고 적응하기
감정 다루기	• 행복한 느낌과 슬픈 느낌 구별하기 • 솔직하게 감정 표현하기 • 행복한 느낌과 슬픈 느낌 인정하기 • 다른 사람의 느낌에 대해서 공감 나타내기
차이점 받아들이기	• 차이점과 유사점 이해하기 • 문화적 차이를 인식하고 받아들이기 • 각자의 독특함 받아들이기

다른 사람과 잘 지내기	• 협동하기 배우기 • 교대로 하기 배우기
과제 주목하기	• 분산자극 무시하기
갈등 다루기	• 평화적으로 문제 해결하기 • 다른 사람과 의사소통하기 • 친구가 되기 위해서 의사소통하는 방식 배우기
또래 압력 다루기	• 부정적인 또래 압력에 대해서 '싫어!'라고 말하기 • 또래 압력에도 불구하고 독립적인 선택하기

우리나라의 경우에 43개의 사회적 기술을 5개 영역으로 구분하고 있는 '사회적 기술 훈련 프로그램'이 있다(정대영, 이석진, 정해동, 권오희, 권재남, 1994). 5개의 영역은 ① 협동(예: 주의를 빼앗기지 않고 자기 일에 열중하기, 주어진 과제를 정해진 시간 안에 끝내기), ② 자기주장(예: 친구 칭찬하기, 진행 중인 활동이나 집단에 스스로 참여하기), ③ 책임감(예: 성인들에게 도움이나 지원을 요청하기), ④ 공감(예: 어른들에게 감사의 말하기, 다른 사람의 나쁜 일에 같이 슬픔 느끼기), ⑤ 자기통제(예: 다른 사람과 사이좋게 지내기, 친구의 괴롭힘에 적절히 반응하기)이다.

3. 사회적 기술의 사정과 평가

1) 사정의 목적

1차 예방 단계에서 보편적 중재로서 기대행동에 대한 구체적인 사회적 행동을 가르칠 때는 현재 수준을 알기 위한 사정(assessment)을 할 필요는 없다[어떤 중재를 실행한 후의 결과를 평가한다는 의미의 평가(evaluation)라는 용어와 구별하기 위해, 어떤 중재를 시작하기 전의 수준을 평가한다는 의미로 사정이라는 용어를 사용한다]. 그러나 2차 예방 단계에서 소집단에게 특정 사회적 기술을 가르치고자 할 때는 그 기술에 대한 소집단 아이들의 현재 수준을 파악하기 위한 사정이 필요하다. 사정을 통해 유아의 현재 사회적 기술 수준을 알 수 있고, 유아의 행동에 영향을 미치는 요인들을 판별할 수 있다. 무엇보다도 사정을 통해 사회적 기술 지도방향을 결정할 수 있다. 즉, 유아에게 새로운 행동을 가르쳐야 할 것인지, 아니면 이미 유아가 알고 있는 행동목록 속에 있지만 자주 사용되지 않는 사회적 기술을 환경적 조정을 통해 강화시킬 것인지 결정할 수 있게 된다. 유아가 문제행동을 하는 것은 아직 바람직한 행동(사회적 기술)을 배운 적이 없어서 특정 상황에서 어떻게 적절히 행동해야 하는지 모르는 기술 결함 때문일 수 있고 혹은 바람직한 행동을 하게 할 만큼 강화요인이 충분치 못해서일 수도 있으며, 거꾸로 문제행동이 강화되고 있기 때문에 나타나는 수행 결함의 문제일 수도 있다.

사정을 통해 유아가 사회적 기술 사용에 어려움이 있는 이유를 발견하고 그에 대처하는 것이 필요하다. 사회적 기술의 습득과 사용에 있어서 나타날 수 있는 문제는 다음과 같이 다섯 가지 유형으로 나눌 수 있다(Sugai & Tindal, 1993).

- 사회적 기술의 습득 문제이다. 아직 적절한 사회적 기술을 배우지 못한 경우이므로 문제행동에 대한 바람직한 대체행동이 가르쳐져야 할 것이다.
- 유창성의 문제이다. 유아가 적절한 사회적 행동을 정확히 구사하긴 하지만, 부자연스럽고 매끄럽지 못하며 자동적으로 이루어지지 않는 경우이다. 반복적인 연습이 필요하며, 동기부여와 강화자극의 적절한 조정이 필요하다.
- 유지의 문제이다. 중재 기간이 끝난 후 사회적 기술을 적절하게 지속적으로 나타내지 않은 경우이다. 강화자극을 점차 줄여 가는 방법이 필요하다.
- 일반화의 문제이다. 사회적 기술을 배운 상황과 유사한 다른 상황에서는 반응하지 못하는 경우이다. 유아는 적절한 사회적 기술이 요구되는 상황과 그렇지 않은 상황을 구별할 수 있어야 할 것이다.
- 응용의 문제이다. 상황 변화에 맞추기 위해 행동을 약간 수정해야 할 필요가 있을 때 그리하지 못하는 경우이다. 사회적 기술을 가르칠 때, 행동 변화의 폭을

고려해야 할 것이다.

2) 사정의 형태

사정을 위해 다양한 방법이 사용될 수 있다. 일반적으로 많이 쓰이는 것으로는 교사나 부모 등 유아를 잘 알고 있는 사람에게 질문지나 평가 척도를 완성하게 하는 행동 평정 척도가 있다. 그리고 자연적인 상황이나 혹은 훈련이 이루어지는 때처럼 꾸며진 상황에서 유아의 행동을 직접 관찰할 수도 있다. 특정의 상황에서 필요한 적절한 사회적 기술에 대한 지식을 유아가 알고 있는지 테스트할 수도 있다.

4. 사회적 기술 훈련의 계획

1차 예방 단계에서 전체 유아를 대상으로 교육기관의 기대행동에 대한 사회적 행동을 가르칠 때나 2차 예방 단계에서 소집단을 대상으로 특정 사회적 기술을 가르칠 때나 사회적 기술 훈련의 기본적인 구성요소와 형식은 동일하다. 다만, 비슷한 문제행동을 가지고 있는 유아들을 모아서 소집단을 만들어 사회적 기술을 가르칠 때는 다음과 같은 점을 고려해야 한다(Sugai & Lewis, 1996).

- 집단의 크기는 3~5명이 적당하지만 유아들의 특성과 여건에 따라 달라질 수 있다. 그래도 인원은 최대 6~8명을 넘지 않는 것이 좋다.
- 사회적 기술 훈련을 실시하기 전에 주의집중 신호와 같은 소집단만의 규칙을 만들어야 한다. 그래야 교사가 유아들의 행동에 대한 통제보다 사회적 기술 교수에 집중할 수 있다.
- 선정된 사회적 기술은 반드시 교육기관 전체의 기대행동을 반영하는 것이어야 한다.

- 각 교육 시간은 반드시 설명과 시범 및 시연으로 이루어져야 한다. 이에 대해서는 다음 절에서 구체적으로 설명한다.
- 문제행동이 발생할 가능성이 높은 시간이나 상황이 다가오면, 사전 교정(〈표 10-4〉 참조) 등으로 미리 그 사회적 기술을 실행할 수 있도록 도움을 제공한다.
- 유아가 실제 상황에서 사회적 기술을 적절하게 잘 사용하면 매번 강화해 주어야 한다.
- 유아가 자기 행동을 되돌아보고 정해진 기준에 도달했는지 그 결과를 살펴볼 수 있는 자기평가 방법을 가르치고 정기적으로 실행하도록 한다.

5. 사회적 기술 훈련의 구성요소

훈련 효과를 극대화하기 위해 다양한 기법들을 종합적으로 적용하는 것이 보통이지만, 일반적으로 대부분의 사회적 기술 훈련에 공통적으로 사용되는 구성요소는 설명, 시범과 모방하기, 시연/연습, 피드백/평가, 적용 등이다(Cartledge & Milburn, 1995; Ueno & Okada, 2015). 그리고 그 구성요소는 1회기 내에 모두 종합해서 지도하게 되어 있다.

1) 설명

먼저, 유아에게 사회적 기술의 의미와 중요성, 즉 왜 이것을 배워야 하는지에 대해 알려 주어야 한다. 많은 경우, 문제행동을 하는 유아는 부적절한 행동의 혐오스러운 결과와 적절한 행동에 따른 유익한 결과에 대해 무지하고, 자신의 행동과 그 결과를 잘 연결 짓지 못한다. 이야기나 비디오, 인형극 등을 이용하여 사회적 기술의 가치를 유아들이 인식하도록 할 수 있을 것이다. 그리고 이야기가 끝난 후, 사회적 기술의 중요 부분에 대해 유아들이 토의할 수 있도록 한다. 이때 여기서 논의되는 문제 상황이 유아 자신들과 밀접하게 관련되어 있다면 교육적 효과는 더욱 커질 것이다. 교사는 유아들이 자신의 상황을 적절히 반영하도록 유도할 수 있다.

사회적 기술의 중요성에 대해 설명한 후에는 습득해야 할 사회적 기술의 구체적인 내용과 실행단계를 직접 가르쳐야 한다. 이때 말로 하는 설명 외에 그림이나 카드 등을 이용할 수 있다. 실제로 사용되는 사회적 기술들은 단순하지 않고 복합적이므로 전체를 이루는 구성 요소들이나 실행단계를 구체적으로 분석할 필요가 있을 것이다. 예를 들어 '인사하기'의 경우, 무엇보다 먼저 인사할 적절한 상대를 결정해야 하고, 어떻게 행동할 것인지 미리 결정해야 하며, 그 사람에게 다가가 얼굴(눈)을 보며 적절한 음성으로 말을 하는 것 등의 최소한의 요소가 포함될 것이다. 유아의 특성에 따라 이러한 단계는 조정되어야 하는데, 유아가 쉽게 숙지할 수 있도록 단순화되어야 할 것이다(Wolery, Bailey, & Sugai, 1988).

2) 시범과 모방하기

시범과 모방하기(modeling)는 사회적 기술 훈련에서 가장 흔히 사용되는 방법으로, 시범을 보여서 유아가 그 사람의 사회적 행동을 관찰하고 모방함으로써 학습이 이루어지게 하는 것이다(Cartledge & Milburn, 1995). Goldstein, Sprafkin과 Gershaw(1976)는 효과적인 모방하기가 이루어지려면, 첫째, 분명하고 상세하게, 둘째, 가장 쉬운 행동부터 시작하여 가장 어려운 행동으로, 셋째, 지나치다 싶을 만큼 충분히 반복하여, 넷째, 가능한 한 최대로 불필요한 군더더기를 배제하고(엉뚱하게 학습되지 않도록), 다섯째, 단수의 모델보다는 여러 다른 모델을 통해 시범이 이루어져야 한다고 했다.

교사는 시범을 보일 사회적 기술의 구체적인 내용이나 실행단계를 게시판 같은 곳에 붙여 놓아 사회적 기술 훈련에 참여한 유아들이 수시로 볼 수 있게 하는 것이 좋다. 그리고 시범을 보이기 전에 문제 상황을 상세히 설명해야 한다. 시범을 보일 상황은 다양한 실제의 상황에서 수집된 사례일수록 좋다. 시범이 끝난 후, 자신들의 관찰 내용으로 효과적인 사회적 기술 실행에 대해 서로 토의할 수 있다. 효과적인 시범과 모방하기를 위한 유의사항을 〈표 11-5〉에 제시하였다.

▶ 〈표 11-5〉 효과적인 시범과 모방하기를 위한 유의사항

- 행동의 시범이 이루어지는 상황을 분명하고 구체적으로 설명하라.
- 적절한 시범자(교사, 유아)를 미리 선정하라.
- 부적절한 행동의 예는 반드시 훈련자만 시범하도록 하라.
- 한 가지 예로 최소한 두 차례의 시범이 이루어지도록 하라.
- 행동의 시범이 이루어지는 상황은 최대한 실제 상황에서 수집된 사례를 사용하라.
- 자기평가(self-evaluation)의 방법을 활용하라.
- '소리내어 생각하기(think aloud)'의 방법을 활용하라.
- 각각의 시범 전에 모든 유아들에게 적절한 임무(관찰, 평가)를 부여하라.
- 반복되는 실수에 사전 교정(precorrection) 방법을 활용하라.
- 매우 조직적인 상황에서 즉흥적이고 덜 구조적인 상황으로 이동하라.

유아가 사회적 기술을 정확하게 이해하고 바르게 행하게 되면, 교사는 부적절한 행동의 예를 시범 보일 필요가 있다. 부적절한 행동의 예들은 유아로 하여금 적절한 행동을 구별할 수 있도록 돕는다. 부적절한 행동의 예를 시범보인 후, 앞서 언급된 것과 같은 설명과 토의가 이어질 수 있을 것이다.

3) 시연/연습

시연은 유아가 새로운 행동을 실행할 수 있도록 역할을 나누어 실제로 연습해 보는 것이다. 역할놀이라고 할 수도 있다. 사회적 기술에 대해 설명을 듣고 교사의 시범을 보아서 머리로 알게 된 것을 실제 행동으로 적용해 보지 않으면 자기 것이 되기 어렵기 때문에, 시연을 통한 연습은 반드시 필요하다. 교사는 시범을 보인 사회적 기술이 점진적으로 유아들에 의해 모의 장면에서 시연될 수 있도록 조정해야 한다. 즉, 초기에는 교사와 유아 사이의 시연이 충분히 이루어지게 한 후, 서로 다른

유아들끼리의 시연이 이루어지게 한다. 그리고 매우 조직적이고 구조화된 상황에서 즉흥적이고 덜 구조적인 상황으로 점차 이동하는 것이 좋다.

4) 피드백/평가

피드백은 유아로 하여금 자신의 시연에 대해 되돌아보고 자신의 행동을 수정할수 있는 기회를 제공하여 사회적 기술을 향상시키는 역할을 한다. 피드백은 여러 가지 형태로 이루어질 수 있는데, 향상되어야 할 부분을 구두로 설명하거나 잘한 부분을 칭찬하는 것이 가장 흔한 형태이다. 또한 유아의 적절한 반응에 따라 유형의 강화물이 주어지는 강화 시스템과 유아가 자신의 행동을 스스로 평가하는 자기평가도 피드백의 유형이다. 어떤 형태의 피드백이든, 무엇보다 중요한 것은 유아의 사회적 기술 실행에 대해 교사가 피드백을 줄 때에는 상황에 맞게 최대한 구체적인 설명과 칭찬이 함께 주어져야 한다는 것이다.

일반적으로 피드백과 함께 강화물이 전달되는 경우가 많다. 구두의 설명이나 칭찬만으로 충분치 않을 때, 유형의 강화물(예: 과자, 장난감)이나 토큰 시스템을 이용하여 유아의 동기를 높일 수 있을 것이다. 그런데 강화에 앞서, 어떤 행동이 강화받을 것인지 유아가 충분히 이해할 수 있도록 알려 주어야 한다. 교사는 사회적 기술의 시범을 통해 구체적인 기준을 설명해야 한다. 그리고 유아들의 특성을 고려한 적절한 강화물을 미리 준비해야 한다. 예를 들어, 유아가 아직 어리거나 행동수준이 낮은 경우, 작은 비스킷 조각 같은 먹을 것이 사용될 수도 있다. 혹은, 점수카드를 주거나 차트에 별표 스티커를 붙일 수도 있다. 강화물은 사회적 기술 훈련 동안에 목표하는 사회적 행동이 일어날 때마다 주어지거나, 훈련을 마친 후 개인별 혹은 소집단 전체에게 주어질 수도 있다. 그리고 무엇보다 중요한 것은 강화물이 주어질 때 구체적인 피드백이 있는 칭찬이 함께 주어져야 한다는 것이다.

피드백은 교사뿐 아니라 또래 유아도 참여할 수 있다. 교사는 친구에게 피드백을 주게 하기 위해서 유아가 사회적 기술을 연습하기 전에 무엇을 보아야 하는지 구체적 기준을 제시해 줄 수 있다. 예를 들어, 인사하기를 배우는 중이라면, 한 또래에게는 친구가 인사하기를 할 때 목소리 크기가 적당했는지를 확인하게 하고, 다른 또래에게는 친구가 눈을 맞추었는지 확인하게 하며, 또 다른 또래에게는 친구가 미소를 보였는지를 확인하게 할 수 있다. 이렇게 함으로써 훈련에 참여한 모든 유아들의 주의를 집중시킬 수 있고, 한 유아가 연습하는 것을 지켜보는 다른 유아들에게 사회적 기술의 구성요소가 무엇인지를 복습하는 기회와 각 요소가 실행되었는지를 눈여겨보는 관찰 연습의 기회를 제공할 수 있다.

5) 적용

이렇게 매 회기에서는 설명, 시범과 모방하기, 시연/연습, 피드백/평가를 포함하는 사회적 기술 훈련이 이루어져야 할 뿐 아니라, 이미 배운 사회적 기술을 주기적으로 반복하여 복습할 기회가 주어져야 한다. 새로 습득된 사회적 기술이 안정적으로 실행되면, 점차 덜 구조적인 형태로 유아 스스로 연습할 수 있도록 해야 하는 것이다. 다양한 형태의 복습을 통해 유아는 지도 장면에서 익힌 것을 실제 장면에서 적용할 수 있게 될 것이다. 이를 위해서는 부모님에게도 무엇을 배우고 있는지 그 내용을 전달하는 것이 필요하다.

복습은 비형식적인 역할놀이 형태의 게임을 이용한다든지, 만화의 상황을 활용하여 사회적 기술을 복습하게 할 수도 있다. 혹은 사회적 기술과 관련된 낱말 맞추기 게임이나 그림 그리기 등을 할 수도 있고, 필요하다면 가정에서 실행해 볼 수 있는 숙제를 내줄 수도 있다. 유아에게 다음과 같은 또래와의 갈등 상황의 예들을 제시해 주고, 역할놀이를 통해 이미 배운 사회적 기술을 복습하게 할 수도 있다.

- 또래 갈등 상황의 예:
  - 도서 영역에서 친구가 나와 똑같은 책을 동시에 서로 읽겠다고 우기는 상황
  - 색종이 접기를 하고 있는데 친구가 와서 허락도 없이 내 색종이를 가져간 상황

⊕ 친구들이 놀이하는 것을 보고 나도 끼워 달라고 했지만 짝이 모자란다고 거
부하는 상황

⊕ 내가 제일 싫어하는 별명 부르는 것을 그만두라고 해도 친구가 계속 별명을
부르는 상황

⊕ 그네를 타러 갔는데 먼저 온 친구가 타고 있어 순서를 기다려도 비켜 주지
않는 상황

⊕ 동화책을 친구가 빌려달라고 해서 빌려주었는데 책이 찢어져서 돌아온 상황

⊕ 급식을 받기 위해 줄을 서 있는데 내 앞으로 다른 친구가 끼어든 상황

[그림 11-1]에 사회적 기술 훈련의 기본 구성요소와 순서를 제시했다.

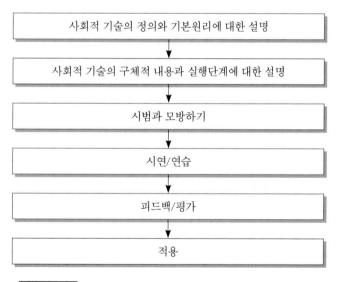

그림 11-1 사회적 기술 훈련의 일반적인 구성요소 및 순서

[그림 11-2], [그림 11-3], [그림 11-4]는 다양한 사회적 기술 수업 계획안의 예이
다. 사회적 기술 훈련 수업 계획안은 출판된 교재 중에서 선택하여 교사가 상황에
맞게 수정하여 사용할 수 있을 것이다.

사회적 기술 이름: 화 다스리기

"오늘 우리는 화를 다스리는 법을 배울 것입니다."

Q. 각 유아들에게 질문: "오늘 무엇을 배울 것이지요?"

(화를 다스리는 법)

"때로 우리는 화가 납니다. 화가 나면 나는 몸이 뜨거워지는 것을 느낍니다."

Q. 각 유아에게 질문: "○○는 화가 났을 때 무엇을 느끼나요?"

예) 어깨에 힘이 들어감, 배가 아픔, 주먹에 힘이 들어감, 미간을 찌푸림, 손바닥에 땀이 남.

중요 규칙의 설명:

"우리가 화가 날 때 가장 중요한 것은 우리가 하던 것을 멈추는 거예요."

Q. 각 유아에게 질문: "○○가 화가 날 때 어떻게 해야 하지요?"

(하던 것을 멈춰요)

사회적 기술의 정의/하위요소

"화를 다스리는 데는 4단계 방법이 있어요."

"기억하세요. 화가 났을 때 가장 중요한 것은 멈추는 거예요."

"멈춘 다음에는 내가 할 수 있는 가장 좋은 방법을 골라야 해요. 예를 들어, 화난 마음을 말로 이야기하거나, 선생님께 말하거나, 무시하거나, 나중에 이야기하거나……."

"가장 좋은 방법을 고른 다음에는 그 방법을 실행하는 거예요."

"실행한 후에는 어떻게 되었는지 알아봐야 해요."

"오늘 우리는 화가 났을 때 가장 중요한 것인 '멈추기'를 할 거예요."

Q. 각 유아에게 질문: "화를 다스리는 가장 중요한 첫 번째 방법은 뭐지요?"

(멈추기)

"화가 났을 때 멈추는 방법은 여러 가지가 있어요."

- 깊은 숨쉬기
- 10까지 세기
- 어깨를 내려뜨리기
- 주머니에 손 넣기

Q. 각 유아에게 질문: "○○가 화났을 때는 멈추기 위해 무얼 할 수 있지요?"

시범

"내가 화났을 때 어떻게 멈추는지 먼저 보여 줄게요."

"잘 보고 무엇이 나를 화나게 했는지, 내가 멈추기 위해 무얼 했는지 말해 보세요."

예) 복도에서 누가 내 어깨를 부딪침.

　　줄 서 있는데 끼어 듦.

　　내게 욕을 함.

Q. 각 유아에게 질문: "나를 화나게 한 것이 뭐지요?"

　　　　　　　　　"내가 화났을 때 뭘 했지요?"

　　　　　　　　　"멈추기 위해 무엇을 했지요?"

- -

시연/연습

"자, 이제 친구들이 화를 멈추는 것을 보여 줄 차례예요."

예) 내 새 신발을 누가 밟았다.

　　묻지도 않고 내가 쓰고 있는 색연필을 가져갔다.

"화나게 한 것이 무엇인지, 멈추기 위해 무얼 했는지 잘 보고 말해 보세요."

Q. 각 유아에게 질문: "○○를 화나게 한 게 뭐지요?"

　　　　　　　　　"○○가 화가 나서 어떻게 했지요?"

　　　　　　　　　"○○가 화를 멈추려고 무엇을 했지요?"

- -

연습

"오늘 우리는 화를 다스리는 법을 얘기했어요."

Q. 각 유아에게 질문: "○○는 화가 났을 때 어떻게 느끼나요?"

"우리는 오늘 가장 중요한 첫 번째 단계를 살펴보았어요."

Q. 각 유아에게 질문: "화가 났을 때 가장 먼저 해야 하는 가장 중요한 게 뭐지요?"

(멈추기)

"화가 났을 때 멈출 수 있는 여러 방법이 있어요. 선생님은 깊은 숨을 쉬고 어깨를 떨어뜨려요."

Q. 각 유아에게 질문: "○○는 화를 멈추기 위해 무얼 하나요?"

- -

평가

"새로운 예를 들어서 연습해 보기로 해요."

예) 친구가 재킷을 찢어 놓았다.

내가 하지 않은 것을 했다고 우긴다.

Q. 각 유아에게 질문: "○○를 화나게 한 게 뭐지요?"

"○○는 무얼 했나요?"

"○○가 어떻게 멈추었지요?"

가정과의 연계

"집에 가서 엄마와 함께 선생님이 나눠 준 '영미 이야기'를 읽고, 질문의 답을 찾아보는 거예요. 첫째, 영미를 화나게 한 게 무엇인지, 둘째, 영미는 화가 났을 때 무엇을 느끼거나 행동했는지 찾는 거예요."

Q. 각 유아에게 질문 : "숙제로 무엇을 읽어야 하지요?"

"이야기에서 무엇을 찾아야 하지요?"

"다음 시간에 우리는 친구들이 해 온 숙제를 얘기해 보고, 오늘 배운 것을 다시 알아본 후에 화를 멈춘 다음에는 어떻게 해야 하는지 알아볼 거예요."

> **〈영미 이야기〉**
> 영미와 미숙이는 인형들을 가지고 놀고 있었어요. 미숙이가 영미가 가지고 놀고 있는 큰 인형을 뺏으려고 했고 영미는 큰 인형을 주지 않으려고 했어요. 미숙이는 영미 옷에 침을 뱉고 영미를 발로 걷어찼어요. 영미는 소리를 지르면서 울었어요.

"오늘 우리는 화를 다스리는 법을 배웠어요. 이것은 우리 유치원의 기대행동인 친구들을 존중하기의 한 가지 방법이에요. 내가 화가 났을 때 함부로 친구들을 때리거나, 친구가 가지고 놀고 있는 장난감을 빼앗거나, 친구에게 욕하는 대신 화를 멈추는 것은 친구를 존중하는 방법이에요. 다음에는 화를 멈춘 다음에는 어떻게 해야 하는지 알아보기로 해요."

그림 11-2 사회적 기술 수업안의 예 1

출처: 양명희(2016).

사회적 기술: 문제를 해결할 평화적인 접근 선택하기

행동목표: 유아는 성인의 도움을 받아 문제를 해결하는 평화적 접근을 선택할 수 있다.

지도방법:

1. **필요성 확립하기**: 문제해결 기술을 훈련하는 것은 독립성을 기르고, 자신감을 키우며, 갈등을 감소시키는 데 도움이 된다.

2. **주제 도입하기**: 교사는 다음 이야기를 유아들에게 들려준다.

   "민우와 경수는 자동차들을 갖고 블록 코너에서 놀고 있었습니다. 민우가 먼저 빨간 차를 가졌습니다. 경수가 와서 그 자동차를 빼앗았습니다. 민우가 경수를 심하게 때렸고 경수는 비명을 지르면서 선생님에게로 뛰어갔습니다."

   문제를 분명하게 말하고 문제를 해결할 대안적 방법들을 제안하도록 도와주면서, 유아들과 함께 민우와 경수 이야기에 대해 토론한다.

   교사는 다음 기술들을 확인하기 위해 손인형들을 사용한다.

3. **기술 요소 확인하기**: (융판에 붙여 놓는다.)

   ① 문제를 말한다.

   ② 문제에 대한 내 생각을 말한다.

   ③ 문제를 해결할 수 있다고 생각하는 방법을 서로에게 말한다.

   ④ 우리 둘 모두가 동의할 수 있는 해결책을 찾는다.

   ⑤ 만일 어떤 해결책에도 동의할 수 없다면, 선생님께 문제를 해결하는 것을 도와달라고 요청한다.

4. **기술 시범 보이기**: 교사는 위의 주제 도입하기에서 언급했던 문제를 해결할 평화적인 접근들을 극화하기 위해서 손인형을 이용해서 기술 시범을 보인다.

5. **행동 시연하기**:

   A. 선발: 교사는 평화적인 방식으로 여러 가지 문제들을 해결하는 것에 대한 역할놀이를 할 네 쌍의 유아를 선발한다.

   B. 역할놀이: 유아들에게 문제들을 해결하기 위해 짝을 지어 작업하라고 한다. 한 쌍은 두 사람이 동시에 마시기를 원할 때 분수식 식수대를 사용하는 법을 보여 준다. 다른 쌍은 그림 퍼즐을 정리하는 법을 배울 것이다. 다른 쌍의 유아들은 다양한 갈등 문제를 해결한다. 한 가지 갈등은 누가 먼저 장난감을 골라잡을 것인지이며, 그 장난감을 함께 갖고 노는 것이 한 가지 해결방법이다. 또 다른 갈등은 두 유아가 같은 자리에 앉기를 원하는 것이며, 이것의 해결방법 중 하나는 차례를 정하는 것이다.

C. 완료: 각각의 역할놀이 후, 올바른 행동에 대해서는 강화하고 부적절한 행동을 확인한다. 수정된 역할놀이를 다시 실행한다. 만일 수정할 것이 없다면, 역할놀이를 완료한다.

D. 강화물: 말로 '배우들'을 칭찬한다.

E. 토론: 유아들에게 이야기할 다른 문제들이 있었는지를 묻고, 그것들이 어떻게 평화적으로 해결되었는지에 관해 이야기하게 한다.

6. **연습하기**: 특히 평화적인 방식으로 문제해결 기술들을 사용하는 것에 대해 매일 강화한다. 2주 동안 싸우지 않고 평화적으로 갈등(문제들)을 해결한 유아들은 워크시트 '나는 문제 해결사!'를 받는다. 교사는 그것을 색칠해서 집에 가져가는 것을 허락한다.

7. **독자적으로 사용하기**: 모든 활동(예: 바깥놀이, 가정 등)에서 평화적인 방식으로 문제를 해결하는 기술을 사용하는지 확인하고 강화한다.

8. **지속하기**: 교사는 문제가 발생하는 곳이 어디든지 일상에서 문제를 평화적으로 해결할 때 행동을 인정하고 승인한다.

그림 11-3 사회적 기술 수업안의 예 2

출처: Begun (2002).

사회적 기술: 부정적인 또래압력에 대해서 "싫어!"라고 말하기

행동목표: 유아들은 자신들이 옳지 않다고 알고 있는 것을 하라고 요구할 때나 그들이 싫어하는 것을 하라고 요구할 때 "싫어!"라고 말한다. 유아들은 싫어라고 말하는 것이 좋은 때를 배우고, 싫어라고 말했을 때 좋아지는 것을 배운다. 유아들은 또래압력의 긍정적 측면과 부정적 측면을 배우게 되고, '또래압력'이 무엇인지를 배운다. (부정적인 또래압력이란 다른 애들이 모두 하고 있는 것이기는 하지만 자기는 그것이 나쁘다고 생각해서 하고 싶지 않은데도, 또래들이 그것을 같이 하자고 하는 것이다.)

지도방법:

1. **필요성 확립하기**: 교사는 다음과 같이 말함으로써 아이들이 좋은 방식으로 "싫어!"라고 말하여 부정적인 또래압력을 다루도록 도울 것이다.

"여러분, 선생님이 여러분에게 말할 것이 있어요. 그건 친구에 대한 것이에요. 우리는 모두 친구가 있어요. 우리는 친구들과 노는 것을 좋아해요. 그런데 때때로 친구들이 우리에게 옳지 않은 일이나 우리가 싫어하는 일을 하길 바라죠. 이런 일이 일어났을 때, '싫어!'라고 말하는 것이 좋아요. '싫어!'라고 말할 때는 좋게 말해야 하지만 강하게 말하세요."

"긍정적인 또래압력은 달라요. 친구들은 여러분들에게 재미있는 활동이나 게임에 참석하라고 요청할 수 있어요. 이 경우에 여러분은 '좋아!'라고 말하고 싶을 수 있어요."

2. **주제 도입하기:**

"여러분, 오늘 우리는 부정적인 또래압력이 적용되는지 아니면 긍정적인 또래압력이 적용되는지를 결정하는 게임을 하려고 합니다. 우리는 게임을 위해서 녹음기를 사용할 것입니다. 우리는 소집단으로 작업할 것이지만 모든 사람에게 순서가 돌아갈 것입니다. 선생님이 여러분에게 몇 가지 질문을 할 거에요. 만약 답이 싫다는 것이라면 여러분이 '싫어!'라고 녹음기에 말하길 바래요. 그 질문들은 여러분의 친구에 대한 것입니다. 내가 게임을 시작하겠어요. 녹음기는 켜져 있어요. 내 질문이에요. 내 친구들은 내가 찻길에서 놀길 원해요. 하지만 나는 확신이 서지 않아요. 나는 차가 무서워요. 나는 뭐라고 말해야 할까요?" (유아들은 "싫어!"라고 말한다.)

이 녹음테이프를 뒤로 돌려서 유아들이 그 말을 듣게 한다.

"녹음기는 꺼져 있어요. 길거리에서 노는 것에 대해서 싫어라고 말한 것은 옳은 것이에요 이제, 다음 사람이 합시다."

교사는 모든 유아들에게 반응할 기회가 돌아갈 때까지 질문을 계속한다.

교사는 다음 기술들을 확인하기 위해서 손인형을 사용한다.

3. **기술 요소 확인하기:** (칠판에 적어 놓는다.)

① 내가 참여하길 원하는지 결정한다.

② 또래압력이 좋은 것인지 나쁜 것인지를 결정한다(긍정적 또는 부정적).

③ 만약 내가 또래압력이 나쁜 것이라고 생각하면 "싫어!"라고 말한다.

④ 만약 내가 또래압력이 좋은 것이라고 생각하면 "좋아!"라고 말한다.

⑤ "싫어!"라고 말할 때는 좋게 말하지만 확고하게 말한다.

4. **기술 시범 보이기:** 교사는 기술 시범을 보일 두 명의 지원자를 요청한다. 이 시간 동안 기술 요소를 복습한다.

5. **행동 시연하기:**

A. 선발: 교사는 역할놀이를 할 네 명의 유아들을 선발한다. (교사는 녹음기 조작을 돕는다. 만약 필요하면 질문을 도와준다. 그러나 교사가 아니라 유아가 질문을 한다.)

B. 역할놀이: 네 명의 유아들은 긍정적인(좋은) 또래압력과 함께 부정적인(나쁜) 또래압력을 다루는 질문을 하면서 게임을 한다.

C. 완료: 각 역할놀이 후 올바른 행동에 대해서는 강화를 하고 부적절한 행동은 확인한다. 만약 필요하면 수정하여 역할놀이를 한 번 더 한다. 그런 뒤 역할놀이를 완료한다.

D. 강화물: 교사는 각 유아에게 개인적인 메시지를 녹음한다.

"민정아, 선생님은 네가 앉아 있는 모습을 좋아한다. 너는 아주 조용하더구나."

"경준아, 네가 싫어라고 말할 때 확고하게 들리더구나."

E. 토론: "우리 친구들에게 싫어라고 말하는 것은 어려워요. 그러나 우리가 나쁘다고 알고 있는 것을 친구들이 우리에게 하도록 내버려 둘 수는 없어요. 여러분은 친구들에게 '싫어!'라고 말하는 것에 대해서 어떻게 느끼나요?"

6. **연습하기**: 교사는 유아들이 쉽게 닿을 수 있는 곳에 '싫어 상자'와 '싫어 카드'를 둔다. 유아들에게 자신이 원하지 않거나 하고 싶지 않은 일을 하라고 친구들이 '압력을 줄 때'는 언제든지 상자로 가서 그 안에 '싫어 카드'를 넣으라고 가르친다('싫어 상자'와 '싫어 카드'가 녹음기를 대신한다).

7. **독자적으로 사용하기**: 유아들은 이 기술을 학교에서 또래들과의 일상적 상호작용에서 사용할 수 있다. 가정에서 사용하도록 교사는 유아 편에 편지를 보낼 수 있다.

8. **지속하기**: 유아들이 이 기술을 실행했을 때 유아들과 악수를 한다. 부정적인 또래압력에 대해서 "싫어!"라고 말하는 것은 어려운 일이고 긍정적인 또래압력에 대해서 "좋아!"라고 말하는 것보다 더 많은 연습이 필요하기 때문이다.

그림 11-4   사회적 기술 수업안의 예 3

출처: Begun (2002).

제12장

폭력 예방을 위한
유아교육과정 적용

1. 유아의 발달단계를 고려한 생명존중의식 함양교육 강화

심각한 사회문제로 대두된 학교폭력을 해결하기 위해 2004년 「학교폭력예방 및 대책에 관한 법률」이 공표된 이래, 국가에서는 법률에 따라 학교폭력 예방 및 대책 5개년 기본계획(제1차: 2005~2009, 제2차: 2010~2014)을 수립하여 시행해 왔다. 현재 추진 중인 제3차(2015~2019) 학교폭력 예방 및 대책에서는 '학교폭력 및 학생위험 제로 환경 조성'을 목표로 5대 분야 16개의 중점추진과제를 시행하고 있다. 그 내용은 〈표 12 −1〉과 같다.

■▶〈표 12-1〉 제3차 학교폭력 예방 및 대책의 중점 추진과제

5대 분야		16개 중점 추진과제
1	인성교육 중심 학교폭력 예방 강화	① 인성 함양을 통한 학교폭력 사전 예방 ② 또래활동을 통한 건전한 학교문화 조성 ③ 체험중심 학교폭력 예방활동 강화 ④ 폭력유형 및 추세에 따른 대응 강화
2	학교폭력 대응 안전 인프라 확충	⑤ 학교폭력 위해요인 지속적 해소 ⑥ 학생보호인력 확충 ⑦ 학교 밖 안전관리 강화
3	공정한 사안처리 및 학교 역량 강화	⑧ 학교폭력 조기 감지 · 신고 체계 강화 ⑨ 사안처리의 공정성 확보 ⑩ 학교의 학교폭력 대응 역량 강화
4	피해학생 보호 · 치유 및 가해학생 선도	⑪ 피해학생 보호 및 치유 지원 내실화 ⑫ 가해학생 맞춤형 교육 및 선도 강화 ⑬ 관계회복을 위한 프로그램 강화

5	전 사회적 대응체제 구축	⑭ 가정의 역할 및 교육기능 강화
		⑮ 지역사회 역할 및 책무성 강화
		⑯ 대국민 인식제고 및 전 사회적 대응체제 구축

출처: 관계부처합동(2014).

〈표 12-1〉에 제시된 5대 분야 중 '인성교육 중심 학교폭력 예방 강화' 분야의 '인성 함양을 통한 학교폭력 사전 예방' 과제는 유아교육과정과 연계하여 인성을 함양하도록 함으로써 학교폭력을 근본적으로 예방하고자 하는 것이다. 이를 위해 유아의 발달단계를 고려한 생명존중의식 함양교육을 강화하고, 체험중심의 인성교육을 강화하며, 교과 교육과정 내 학교폭력 예방교육을 체계화한 내용을 구체적으로 살펴보도록 한다.

제3차 학교폭력 예방 및 대책에서는 유아의 발달단계를 고려한 생명존중의식 함양교육을 강화하기 위하여 3~5세 연령별 누리과정을 통해 바른 인성의 기초를 형성하고자 하였다. 누리과정을 통해 배려, 나눔, 협력 등 바른 인성을 습관화하고 유아의 사회적 상호작용 역량을 기를 수 있게 하는 활동을 강화하였다. 또한 남을 배려하고 존중하며 더불어 함께하는 인성교육 · 창의성교육을 실천한 50대 교육과정 우수 유치원을 선정하였고, 연중 1일 1시간 이상의 바깥놀이 시간 확보를 통해 유아의 사회적 상호작용 역량 증진을 꾀하였다.

1) 3~5세 연령별 누리과정

2013년 시행된 3~5세 연령별 누리과정은 질서, 배려, 협력 등 기본생활습관과 바른 인성을 기르는 데 중점을 두어 구성하였다고 밝힌 것처럼, 3~5세 연령별 누리과정에서는 바른 생활습관을 형성하도록 기본생활습관을 강조하였고, 남을 배려하고 존중하며 더불어 생활하도록 누리과정부터 인성교육을 강화하였다. 이는 최근 사회적 문제가 되고 있는 학교폭력이 유아기부터 시작될 수 있고, 성장하면서 초 · 중 · 고교에서의 폭력성으로 습관화될 수 있다는 우려에 대처하기 위한 것이다.

■▸〈표 12-2〉 3~5세 연령별 누리과정의 내용범주

구분	신체운동 · 건강	의사소통	사회관계	예술경험	자연탐구
내용 범주	• 신체 인식하기 • 신체조절과 기본운동 　하기 • 신체활동에 참여하기 • 건강하게 생활하기 • 안전하게 생활하기	• 듣기 • 말하기 • 읽기 • 쓰기	• 나를 알고 존중하기 • 나와 다른 사람의 감정 　알고 조절하기 • 가족을 소중히 여기기 • 다른 사람과 더불어 생 　활하기 • 사회에 관심 갖기	• 아름다움 찾아 　보기 • 예술적 표현하기 • 예술 감상하기	• 탐구하는 태도 　기르기 • 수학적 탐구 　하기 • 과학적 탐구 　하기

　〈표 12-2〉에 제시된 것처럼 3~5세 연령별 누리과정은 ① 기본 운동능력과 건강하고 안전한 생활습관을 기르는 신체운동 · 건강 영역, ② 일상생활에 필요한 의사소통 능력과 바른 언어 사용 습관을 기르는 의사소통 영역, ③ 자신을 존중하고 다른 사람과 더불어 생활하는 능력과 태도를 기르는 사회관계 영역, ④ 아름다움에 관심을 가지고 예술경험을 즐기며 창의적으로 표현하는 능력을 기르는 예술경험 영역, ⑤ 호기심을 가지고 주변세계를 탐구하며 일상생활에서 수학적 · 과학적으로 생각하는 능력과 태도를 기르는 자연탐구 영역의 5개 영역으로 구성되어 있다.

　〈표 12-2〉에서 보는 바와 같이 3~5세 연령별 누리과정의 5개 영역에서 학교폭력 예방과 관련된 교육내용을 살펴보면 다음과 같다. 먼저, 신체운동 · 건강 영역에서는 안전하게 생활하기의 비상시 적절히 대처하기에서 다룰 수 있다. 의사소통 영역에서는 듣기와 말하기의 내용범주에서 학교폭력 예방과 관련하여 다룰 수 있다. 듣기에서는 바른 태도로 듣기, 말하기에서는 느낌, 생각, 경험 말하기와 상황에 맞게 바른 태도로 말하기에서 다룰 수 있다. 사회관계 영역에서는 나를 알고 존중하기, 나와 다른 사람의 감정 알고 조절하기, 다른 사람과 더불어 생활하기, 사회에 관심 갖기의 내용범주가 모두 폭력 예방과 밀접한 관계가 있다. 나를 알고 존중하기에서는 나를 알고 소중히 여기기와 나의 일 스스로 하기에서, 나와 다른 사람의 감정 알고 조절하기에서는 나와 다른 사람의 감정 알고 표현하기와 나의 감정 조절하기

에서 폭력 예방을 다룰 수 있다. 그리고 다른 사람과 더불어 생활하기에서는 친구와 사이좋게 지내기, 공동체에서 화목하게 지내기, 사회적 가치를 알고 지키기에서 폭력 예방 교육을 경험할 수 있고, 사회에 관심 갖기에서는 세계와 여러 문화에 관심 가지기에서 폭력 예방을 다룰 수 있다. 예술경험 영역에서는 다양한 예술 감상하기에서 학교폭력 예방 활동을 할 수 있고, 자연탐구 영역에서는 과학적 탐구하기 내용 범주의 생명체와 자연환경 알아보기에서 생명존중 등 폭력 예방과 관련한 내용을 다룰 수 있다. 연령별 세부 내용은 〈표 12-3〉에 제시하였다.

■■▶ 〈표 12-3〉 3~5세 연령별 누리과정에서 학교폭력 예방과 관련된 내용

영역	내용 범주	내용	세부 내용		
			3세	4세	5세
신체운동·건강	안전하게 생활하기	비상 시 적절히 대처하기	학대, 성폭력, 실종, 유괴 상황을 알고 도움을 요청한다.	학대, 성폭력, 실종, 유괴 상황 시 도움을 요청하는 방법을 알고 행동한다.	
의사소통	듣기	바른 태도로 듣기	말하는 사람을 바라보며 듣는다.	다른 사람의 이야기를 주의 깊게 듣는다.	다른 사람의 이야기를 끝까지 주의 깊게 듣는다.
	말하기	느낌, 생각, 경험 말하기	자신의 느낌, 생각, 경험을 말해 본다.	자신의 느낌, 생각, 경험을 말한다.	자신의 느낌, 생각, 경험을 적절한 낱말과 문장으로 말한다.
		상황에 맞게 바른 태도로 말하기	듣는 사람의 생각과 느낌을 고려하여 말한다		
			상대방을 바라보며 말한다.	차례를 지켜 말한다.	때와 장소, 대상에 알맞게 말한다.
			바르고 고운 말을 사용한다.		
사회관계	나를 알고 존중하기	나를 알고 소중히 여기기	나에 대해 관심을 갖는다.	나에 대해 알아본다.	
			나와 다른 사람의 차이에 관심을 갖는다.	나와 다른 사람의 차이점을 알아본다.	나와 다른 사람의 신체적, 사회적, 문화적 차이를 존중한다.
			나를 소중하게 여긴다.	나에 대해 긍정적으로 생각하고 나를 소중하게 여긴다.	

영역	내용범주	내용			
사회관계		나의 일 스스로 하기	내가 할 수 있는 일을 알아본다.	내가 할 수 있는 일을 해 본다.	내가 할 수 있는 일을 스스로 한다.
			내가 하고 싶은 일을 선택해 본다.	하고 싶은 일을 계획하고 해 본다.	
	나와 다른 사람의 감정 알고 조절하기	나와 다른 사람의 감정 알고 표현하기	자신에게 여러 가지 감정이 있음을 안다.	자신의 감정을 알고 표현한다.	
			다른 사람의 감정에 관심을 갖는다.	다른 사람의 감정을 안다.	다른 사람의 감정을 알고 공감한다.
		나의 감정 조절하기	자신의 감정을 조절해 본다.		자신의 감정을 상황에 맞게 조절한다.
	다른 사람과 더불어 생활하기	친구와 사이좋게 지내기	친구와 함께 놀이한다.	친구와 협동하며 놀이한다.	
			나와 친구의 의견에 차이가 있음을 안다.	친구와의 갈등을 긍정적인 방법으로 해결한다.	
		공동체에서 화목하게 지내기	-	도움이 필요할 때 다른 사람과 도움을 주고받는다.	다른 사람과 도움을 주고받고, 서로 협력한다.
			교사 및 주변 사람과 화목하게 지낸다.		
		사회적 가치를 알고 지키기	-	정직하게 말하고 행동한다.	
			다른 사람의 소유물을 존중한다.	다른 사람의 생각, 행동을 존중한다.	다른 사람을 배려하여 행동한다.
			-	친구와 어른께 예의 바르게 행동한다.	
			약속과 규칙을 지켜야 함을 안다.	다른 사람과 한 약속이나 공공규칙을 지킨다.	
	사회에 관심 갖기	세계와 여러 문화에 관심 가지기	-	세계 여러 나라에 대해 관심을 갖는다.	세계 여러 나라에 대해 관심을 갖고, 서로 협력해야 함을 안다.
			-	다양한 인종과 문화에 관심을 갖는다.	다양한 인종과 문화를 알아보고 존중한다.
예술경험	예술 감상하기	다양한 예술 감상하기	나와 다른 사람의 예술 표현을 소중히 여긴다.		

자연탐구	과학적 탐구하기	생명체와 자연환경 알아보기	나의 출생과 성장에 대해 관심을 갖는다.	나와 다른 사람의 출생과 성장에 대해 알아본다.
			생명체를 소중히 여기는 마음을 갖는다.	

2) 누리과정을 통한 인성교육 내실화

학교폭력과 사회적 병리현상이 난무한 우리 사회에서 인성교육은 폭력에 대한 예방적 대처방안으로 논의되었으며, 유아기의 발달적 중요성과 맞물려 유치원에서 인성교육의 중요성도 더욱 부각되어 누리과정 전반에서 기본생활습관과 더불어 사는 역량을 강조하였다. 정부 관계부처합동으로 발표한 학교폭력 근절종합대책 관련 유아인성교육 세부계획 시행(2012. 2. 28.)을 근거로 누리과정부터 인성교육을 강화하고자 인성교육 우수 유치원과 어린이집 선정사업(2012~2015)을 시행하였다. 이뿐 아니라 인성교육 또는 창의성 교육을 통한 유치원 행복교육 실천을 주제로 50대 교육과정 우수 유치원을 선정하고, 우수사례를 발굴하여 이를 일반화하며, 유아기의 바른 인성교육 문화를 확산시키고자 하였다.

인성교육은 자신의 내면을 바르고 건전하게 가꾸고 타인·공동체·자연과 더불어 살아가는 데 필요한 인간다운 성품과 역량을 기르는 것을 목적으로 하는 교육이라 할 수 있다(「인성교육진흥법」 제2조). 교육부(2015)가 제시하는 유아교육기관의 인성교육 목표는 〈표 12-4〉와 같다

▶〈표 12-4〉 유아교육기관의 인성교육 목표

- 자신을 존중하고 다른 사람과 더불어 생활하는 능력과 태도를 기른다.
  - 기초적 지식과 경험을 통해 자신과 타인의 소중함을 알고 이를 지키기 위한 안전한 생활 태도를 기른다.
  - 바른 언어를 사용하여 타인과 적절히 의사소통하는 능력을 기른다.
  - 나와 상대방의 의견에 차이가 있을 때 긍정적인 방법으로 해결하는 능력을 기른다.

출처: 교육부(2015).

〈표 12-4〉에서 보는 바와 같이 유아들을 위한 인성교육은 자신과 타인의 소중함을 알고 적합한 의사소통 방법으로 갈등을 해결하는 능력을 키우는 것을 목표로 하고 있음을 알 수 있다. 이런 목표가 실현되는 곳에서 아이들 사이에 어떻게 폭력이 있을 수 있겠는가?

인성교육 프로그램의 교육내용에서 강조하는 주요 덕목은 배려, 존중, 협력, 나눔, 질서, 효 등이다. 따라서 3~5세 연령별 누리과정 적용에서는 인성교육의 주요 덕목에 대해 구체적인 실천행동을 제시하고 이를 습관화할 수 있도록 교육과정을 운영하여 도덕적 행동에 대해 유아들에게 바른 생활의 모범을 보이는 생활 속 인성교육을 수행하여야 한다(장명림, 최은영, 김미나, 백승선, 2012). 유아기 수준에서 다룰 수 있는 구체적인 인성교육의 요소 및 하위 내용은 〈표 12-5〉와 같다.

■▶〈표 12-5〉 유아교육과정에서 다루어지는 인성교육의 요소 및 하위 내용

요소	정의	하위 내용
배려	타인의 필요와 요구에 민감하게 반응하고 공감하는 것	• 친구에 대한 배려 • 가족에 대한 배려 • 이웃에 대한 배려 • 동식물에 대한 배려
존중	사람이나 사물은 기본적으로 그들의 존재만으로 존중할 가치가 있음을 인식하고, 그 가치에 대하여 소중히 여기는 것	• 자신과 전통 문화에 대한 존중 • 다른 사람들과 다른 문화에 대한 존중 • 생명과 환경에 대한 존중
협력	두 명 이상의 구성원이 공동의 목표를 설정하고, 이를 달성하기 위하여 개인적 책임을 다하고 서로 조언 및 조력을 주고받는 것	• 긍정적인 상호의존성(도움 주고받기, 의견 · 정보 및 자료 공유하기, 친밀감 형성하기) • 개인적 책임감(내 역할 인식하기, 역할 완수하기, 책임감 갖기) • 집단 협력(공동의 노력과정 평가하기)

나눔	자기 스스로 우러난 마음에서 남을 돕기 위해서 하는 일로, 대가를 바라지 않고 지속적으로 도와주는 것	• 나눔의 의미 알기 • 나눔을 실천하기 • 나눔에 참여하기
질서	민주주의 사회에서 책임감 있는 민주시민으로서 살아가기 위해 필요한 사회규범을 지키는 것	• 기초질서(자기의 순서나 차례를 지켜야 하는 질서) • 법질서(교통질서와 같이 국가의 법률이나 규칙을 지켜야 하는 질서 • 사회질서(사회의 여러 요소와 집단이 조화롭게 균형을 이루는 질서)
효	자식으로서 인간된 도리를 충실히 하는 것	• 부모에 대한 효 • 조부모에 대한 효 • 지역사회 어른에 대한 효

출처: 교육과학기술부(2011).

〈표 12-5〉에 제시된 인성교육의 요소에 대한 실천행동의 예로 '질서'의 경우에는, 물건을 사용한 후 제자리에 갖다 놓기나 놀이터에서 차례 지키기 등을 생각해 볼 수 있다. 이러한 실천행동은 10장에서 설명한 유아교육기관의 기대행동에 대한 구체적인 사회적 행동과 매우 유사한 것을 알 수 있다. 10장에서 제시한 바와 같이 유아교육기관의 대표적인 기대행동을 인성교육 덕목에서 선택할 수 있을 것이다.

3~5세 연령별 누리과정의 영역별 내용(〈표 12-2〉 참조)을 살펴보면 〈표 12-5〉의 인성교육 내용이 내포되어 있음을 알 수 있다. 예를 들어, 신체운동 · 건강 영역에서는 신체 인식하기, 신체활동에 참여하기, 건강하게 생활하기, 안전하게 생활하기 등에서 인성교육을 할 수 있다. 의사소통 영역에서는 이야기 듣고 이해하기, 말하기, 읽기에서 인성교육을 할 수 있고, 사회관계 영역은 모든 내용범주에서 인성교육 요소를 포함하고 있다. 그리고 예술경험 영역과 자연탐구 영역에서도 타인의 존중과 생명존중을 가르치므로 인성교육을 할 수 있다.

3세 누리과정에서 인성을 어떻게 다루고 있는지 살펴보면, 〈표 12-6〉과 같이 '유치원/어린이집에서 만난 친구'에서는 친구 간에 지켜야 할 예의와 약속을 이해하는 경험을 하게 하고, 공동체 생활에서는 유능감이 필요하므로 유아가 성의 차이, 피부색의 차이, 장애의 유무, 능력의 차이를 떠나 친구의 의미를 알아가며 우정을 발달시키도록 하는 내용을 포함시켰음을 알 수 있다(교육부, 보건복지부, 2013).

■ ▶〈표 12-6〉 '유치원/어린이집에서 만난 친구' 주제의 소주제 및 주요 내용

생활 주제	소주제	주요 내용(상세화)
유치원/ 어린이집에서 만난 친구	친구와 다른 점 알아보기	• 나와 친구의 비슷한 점과 다른 점에 관심을 가진다. • 친구마다 다른 생김새와 특징을 알아본다. • 내 생각과 친구의 생각은 다를 수 있음을 안다. • 친구의 의견을 존중한다. • 서로 다른 사람도 친구가 될 수 있음을 안다.
	친구와 사이좋게 지내기	• 나와 친구는 생각과 표현이 다를 수 있음을 이해한다. • 친구와 갈등이 일어나는 상황이 있음을 이해한다. • 내가 잘하는 것과 친구가 잘하는 것이 다를 수 있음을 이해한다. • 친구와 생각이 다를 때는 말로 해결할 수 있음을 안다. • 내가 하고 싶은 것을 참아야 하는 상황이 있음을 이해한다.

출처: 교육부, 보건복지부(2013).

인성교육은 이렇듯 누리과정에 녹아져 있을 뿐 아니라, 그 외의 다양한 인성교육 프로그램을 유치원에서 실시할 수 있다. 인성교육 프로그램의 사례를 살펴보기 위해 50대 교육과정 우수 유치원 사례 중 유치원의 인성 핵심역량 함양을 위한 나, 너, 우리가 소중한 3사랑 교육 활동의 내용을 간략하게 살펴보면 〈표 12-7〉과 같다.

■ ▶〈표 12-7〉 나, 너, 우리가 소중한 3사랑 교육 실천 내용

내용	실천 내용	시기	비고
의형제 활동	• 다른 연령의 유아들 간 의형제 결연 및 친구 사랑의 날 의형제 활동 실시	월 1회	친구 사랑

이웃사랑 나눔 캠페인	• 사회복지 공동모금회와 연계한 나눔 캠페인 운영 －알뜰시장 운영과 가정과 연계한 용돈 모으기 활동으로 이웃사랑 기부금 모금 －캠페인 참여 유아에게 나눔 인증서 및 사랑의 열매 수여	연 2회	우리 이웃 사랑
가정 연계 인성교육	• 학부모 상담, 수업 참여 등을 통한 상호 협력적 관계 유지 • '○○자람이' 자료를 활용한 바른 인성 함양 연계지도	연 2회	나 사랑
교육기부를 통한 자녀사랑 실천	• '나눔샘' 학부모자원봉사자 운영을 통한 학부모의 교육활동 지원 활성화 －책 읽어 주는 선생님, 현장체험학습 도움 선생님 등의 나눔삶 활동 운영	월 2~3회	가족 사랑

출처: 교육부, 부산광역시유아교육진흥원(2016).

2. 체험중심의 인성교육 강화

3차 학교폭력 예방 및 대책에서 체험중심의 인성교육을 강화하기 위하여 숲 체험 등 자연과 함께하는 체험형 프로그램을 확대하였다. 숲 체험은 유아교육기관에서 하루 일과의 대부분을 숲에서 진행하는 특별한 프로그램이 있으나, 대부분의 숲 체험은 하루 일과 중 특정 시간이나 활동에서 숲 체험하기(견학/현장체험), 산책하기, 텃밭 가꾸기, 자연물을 이용한 활동을 통해 유아들이 직접 체험해 보도록 진행된다.

숲 체험이 유아의 정서교육 및 전인적 성장에 미치는 긍정적인 효과를 기대하며 체계적인 산림교육을 위해 산림청 주관하에 유아 숲 체험원과 산림교육센터를 조성 및 지정하여 산림교육 인프라를 확충하고 있다. 그뿐 아니라 전국 260여 개소(유아 숲 체험원, 자연휴양림, 수목원)의 숲 체험장에 숲 해설가 등 산림교육전문가들을 배치하여 산림교육을 실시하여 유아 숲 체험을 점점 확대하고 있다. 또한 양질의 생태체험 교육 및 체험활동을 제공하기 위해 산림교육 프로그램 인증사업을 시행 중이며, 2017년 8월 현재 약 89개의 인증 산림교육 프로그램이 진행 중이다. 2017년에 인증된 산림교육 프로그램을 살펴보면 〈표 12-8〉과 같이, 양질의 숲 체험 프로그램을 제공하기 위해 노력하고 있음을 알 수 있다.

■▶〈표 12-8〉인증 산림교육 프로그램

No	프로그램명	주관
2017-1	꼬마 마법사의 숲속 시간여행	광주광역시 남구청
2017-2	숲 마음을 잇다	국립 산림 치유원
2017-3	얼씨구 숲	영남대학교 산림지원학과
2017-4	만인산 숲 이야기	대전광역시 공원관리사무소
2017-5	우리숲 신체검사	국립 칠곡 숲 체험
2017-6	숲에서 배우는 배려의 리더십	(사)한국숲해설가협회
2017-7	숲 속의 미생물 탐험	(주)브레인트리 생명공학연구소
2017-8	숲, 내 마음의 창	The숲
2017-9	사랑이 솔솔 우리 잣 가족캠프	국립 횡성 숲 체원
2017-10	1일 곤충학자 되어보기	국립수목원
2017-11	나무의사 되기	국립 칠곡 숲 체험
2017-12	도시숲 어린이 생태학교	대전 충남 생명의 숲
2017-13	나도 클라이머	경기도 양평군청
2017-14	숲에서 기르는 오감오덕	경기도 양평군청

출처: 산림청(www.forest.go.kr).

3. 교과 교육과정 내 학교폭력 예방교육의 체계화

3차 학교폭력 예방 및 대책에서는 교과 교육과정 내 학교폭력 예방교육을 체계화하기 위하여 7대 표준안을 활용한 체험중심의 체계적 안전교육을 실시하게 하였다. 교육 분야 안전 종합 대책의 일환으로 교육부에서 2015년 2월 '학교 안전교육 7대 표준안'을 발표하였다. 유·초·중·고등학생의 발달단계별로 실시하도록 되어 있는 학교 안전교육 7대 표준안은 생활안전을 비롯한 교통안전, 폭력 예방 및 신변안전, 약물 및 사이버중독 예방, 재난안전, 직업안전, 응급처치의 7대 영역으로 구분된다.

- **생활안전**: 시설 및 제품 이용의 안전, 신체활동의 안전, 유괴·미아 사고 예방을 다루는 영역
- **교통안전**: 보행자 안전, 자전거 안전, 오토바이 안전, 자동차 안전, 대중교통 안전을 다루는 영역
- **폭력 예방 및 신변보호**: 학교폭력, 성폭력, 아동학대, 자살, 가정폭력을 다루는 영역
- **약물 및 사이버중독 예방**: 약물중독과 사이버중독을 다루는 영역
- **재난안전**: 화재, 사회재난, 자연재난을 다루는 영역
- **직업안전**: 직업안전의식, 산업재해의 이해와 예방, 직업병, 직업안전의 예방 및 관리를 다루는 영역
- **응급처치**: 응급처치의 이해와 필요성, 심폐소생술, 상황별 응급처치를 다루는 영역

〈표 12-9〉에 유아와 관련된 안전교육 7대 영역의 교육내용과 교육방법을 제시했다. 상세한 지도안은 학교 안전정보센터(http://www.schoolsafe.kr)에서 다운받아 활용할 수 있다.

학교안전교육의 실시 기준 등에 관한 고시에 규정된 '연령별 학생 안전교육의 시간 및 횟수'(51차시)에 따라 반드시 안전교육을 실시해야 하며, 안전교육 실시결과를 학기별로 8월과 12월에 교육감에게 보고하여야 한다. 안전교육 표준안의 영역별 배당 차시를 준수하여야 하는데, 유치원에서의 안전교육 시간 및 차수는 〈표 12-10〉과 같다.

〈표 12-9〉 학교안전교육 내용 및 방법

영역	생활안전 교육	교통안전 교육	폭력 예방 및 신변보호 교육	약물 및 사이버 중독 예방 교육	재난안전 교육	직업안전 교육	응급처치 교육
교육 내용	1. 교실, 가정, 등하굣길에서 안전하게 생활하기 2. 안전한 장소를 알고 안전하게 놀이하기 3. 놀이기구나 놀잇감, 도구의 바른 사용법을 알고 안전하게 사용하기 4. 실종, 유괴, 미아 상황 알고 도움 요청하기 5. 몸에 좋은 음식, 나쁜 음식 알기	1. 표지판 및 신호등의 의미 등 교통안전 규칙 지키기 2. 안전한 도로 횡단법 알기 3. 어른과 손잡고 건너기 4. 교통수단(자전거, 통학버스 등) 안전하게 이용하기	1. 내 몸의 소중함과 정확한 명칭 알기 2. 좋은 느낌과 싫은 느낌 알기 3. 성폭력 예방 및 대처방법 알기 4. 나와 내 주변사람(가족, 친구 등)의 소중함을 알고 사이좋게 지내기 5. 아동학대 신고 및 대처 방법 알기	1. 올바른 약물 사용법 알기 2. 생활주변의 해로운 약물·화학제품 만지거나 먹지 않기 3. TV, 인터넷, 통신기기(스마트폰 등) 등의 중독 위해성을 알고 바르게 사용하기	1. 화재의 원인과 예방법 알기 2. 화재 발생 시 유의사항 및 대처법 알기 3. 각종 자연재난 및 사고 적절하게 대처하는 방법 알기	1. 일터 안전의 중요성 및 안전을 위해 지켜야 할 일 알기 2. 일터 안전시설 현장 체험하기	1. 응급상황 알기 및 도움 요청하기 2. 119 신고와 주변에 알리기 3. 손 씻기와 소독하기 등 청결 유지하기 4. 상황별 응급처치 방법 알기
교육 방법	1. 전문가 또는 담당자 강의 2. 시청각 교육 3. 실습교육 또는 현장학습 4. 일상생활을 통한 반복 지도 및 부모교육	1. 전문가 또는 담당자 강의 2. 시청각 교육 3. 실습교육 또는 현장학습 4. 일상생활을 통한 반복 지도 및 부모교육	1. 전문가 또는 담당자 강의 2. 장소·상황별 역할극 실시 3. 시청각 교육 4. 사례 분석	1. 전문가 또는 담당자 강의 2. 시청각 교육 3. 사례 분석	1. 전문가 또는 담당자 강의 2. 시청각 교육 3. 실습교육 또는 현장학습 4. 사례 분석	1. 전문가 또는 담당자 강의 2. 시청각 교육 3. 실습교육 또는 현장학습(직장 견학 또는 직업체험) 4. 사례 분석	1. 전문가 또는 담당자 강의 2. 시청각 교육 3. 실습교육 또는 현장학습 4. 사례 분석

출처: 교육부, 경상남도교육청, 학교안전공제중앙회(2016).

▶ 〈표 12-10〉 유치원에서의 안전교육 시간 및 차수(단위: 단위활동, 차시)

구분	생활안전 교육	교통안전 교육	폭력 예방 및 신변보호 교육	약물 및 사이버 중독 예방 교육	재난안전 교육	직업안전 교육	응급처치 교육
교육 시간	13	10	8	10	6	2	2
횟수	학기당 2회 이상	학기당 3회 이상	학기당 2회 이상	학기당 2회 이상	학기당 2회 이상	학기당 1회 이상	학기당 1회 이상

출처: 교육부, 경상남도교육청, 학교안전공제중앙회(2016).

안전교육의 7개 영역 중 학교폭력 예방은 '폭력 예방 및 신변보호'에서 다루어진다. '폭력 예방 및 신변보호'는 학교폭력, 성폭력, 아동학대, 자살, 가정폭력의 중분류로 범주화되어 있으며, 학교폭력은 학교폭력, 언어/사이버 폭력, 물리적 폭력, 집단 따돌림의 소분류로 다시 범주화되었다. 유아교육기관에서 다루어야 할 학교폭력 내용은 〈표 12-11〉에 제시한 바와 같다.

▶ 〈표 12-11〉 유아교육기관에서 다루어야 할 학교폭력 내용과 활동

	소분류	주요 내용		활동
학교 폭력	학교 폭력	학교폭력의 이해	• 학교폭력을 알고 친구와 사이좋게 지내기	• 사이좋게 지내요.
	언어/ 사이버 폭력	언어/사이버 폭력의 이해	• 언어폭력의 의미를 알고 바르고 고운 말을 사용하기	• 바른말, 고운 말을 사용해요.
		언어/사이버 폭력의 유형 및 사례	• 언어폭력의 유형 및 사례를 알고 예방 및 대처하기	• 친구를 놀리지 말아요.
		언어/사이버 폭력의 대처법	• 올바른 언어 사용 • 감정에 따른 올바른 표현 • 언어폭력 대처법 • 거부 표현하기 • 도움 청하기 • 신고하기	—

학교폭력	물리적 폭력	신체폭력	신체폭력의 이해	• 신체폭력의 의미를 알고 사이좋게 신체놀이 하기	• 친구를 때리지 말아요.
			신체폭력의 유형 및 사례		—
			신체폭력 예방 및 대처	• 신체폭력 예방과 대처 방법 알기	• 친구가 때리면 이렇게 해요.
		금품갈취 · 강요	금품갈취의 이해	• 친구의 물건 소중히 다루기 −다른 사람의 물건을 뺏거나 가져가지 않기	• 친구의 물건은 소중해요.
			금품갈취 예방과 대처		—
	집단 따돌림	집단 따돌림 의미 이해 관계자 이해		• 집단 따돌림의 이해 −친구의 의미	• 친구는 소중해요.
		집단 따돌림 유형 및 사례		• 집단 따돌림의 유형 및 사례를 알고 예방 및 대처하기 −친구 놀리기	• 친구를 괴롭히지 말아요.
		예방 및 대처법 알기		• 집단 따돌림의 예방 • 친구와 함께 놀기 • 집단 따돌림의 대처법 • 신고접수 방법 및 도움 요청	—
성폭력	성폭력 예방 및 대처 방법	성과 성인식		• 나의 몸 인식하기	• 내 몸은 소중해요.
		성폭력 정의 및 유형		• 타인의 성적 강요행동과 언어를 알고 대처하기	• 나쁜 말과 행동을 알아 보아요. • 기분이 나빠요, 어떻게 할까요?
		성폭력 예방 및 대처 방법		• 강제로 내 몸을 만지는 일에 대해 대처 방법 알기 • 성폭력 위험 상황 인식하기 • 성폭력 위험 상황에서 도움 요청하기 − 안전하게 생활하기	• 위험한 상황을 알아 보아요 ※ 〈선택학습〉 위험할 땐 어떻게 할까요?
		신고 접수 및 상담		• 위험한 상황에서 도와주는 사람들을 알고 도움 요청하기	

출처: 교육부(2015. 2. 26.) 보도자료.

〈표 12-11〉의 내용을 이 책 제2장의 〈표 2-12〉와 비교해 보면「학교폭력예방 및 대책에 관한 법률」에서 제시하는 학교폭력의 유형과 종류 중에서 유아교육기관에서 주로 관찰될 수 있는 폭력 유형이 구체적으로 어떤 것인지 알 수 있을 것이다. 그중에서도 유아교육기관에서 가장 흔하게 볼 수 있는 언어폭력과 신체폭력의 구체적 종류는 〈표 12-12〉, 〈표 12-13〉과 같다.

■▶〈표 12-12〉 유아교육기관에서 나타날 수 있는 언어폭력의 종류

종류	내용
성격 공격	성격에 대해 비난하거나 조롱하는 행위 예) 적극적이고 활발한 친구에게 잘난 체한다고 비난함
능력 공격	공부를 잘하거나 못하는 등 학습능력이 부족한 경우 놀리는 행위 예) 신체 및 게임 활동에 미숙한 친구에게 너 때문에 우리 팀이 졌다고 비난함
배경 공격	가족이나 사회 · 경제적 여건 등을 이유로 조롱하는 행위 예) 편부가정의 친구에게 엄마도 없는 아이라고 놀리거나 엄마가 없어서 그렇다고 공격함
생김새 공격	외모의 특징을 가지고 놀리거나 비난하는 행위 예) 얼굴에 약간 큰 점이 있는 친구에게 점박이라고 놀림
저주 · 희롱 · 조롱	친구에게 저주하는 말을 하거나 놀리는 행위 예) 이름이 다혜인 친구에게 "뭐든지 네가 다 해." 라고 놀림
협박 · 욕설	무엇인가를 강요하거나 욕을 하는 행위 예) 여러 가지 욕
나쁜 소문 퍼뜨리기	친구에 대한 나쁜 이야기를 다른 친구들에게 이야기하는 행위 예) "은정이가 현지하고 절교하고 다시는 말도 안 한대."
친구를 욕하도록 다른 친구 설득하기	친구들이 특정 친구를 욕하도록 분위기를 선동하는 행위 예) "얘들아, 영희는 선생님이 보시는 데서만 모범생처럼 행동하지 않니?"

출처: 교육부, 경상남도교육청, 학교안전공제중앙회(2016).

〈표 12-13〉 유아교육기관에서 나타날 수 있는 신체폭력의 종류

종류	내용
때리기	또래를 밀거나 때리는 행위 예) 손으로 얼굴 때리기, 할퀴기, 발로 차기, 물기, 꼬집기
물건 빼앗기	타인의 물건을 허락 없이 물리적 힘을 사용하여 빼앗는 행위 예) 친구가 가지고 놀고 있는 장난감 빼앗기, 친구 간식 빼앗기
물건 던지기	교육기관의 물건을 또래를 향하여 던지는 행위 예) 친구를 향해 책을 던지기, 장난감이나 교구를 친구에게 던지기

　학교폭력 안전교육은 4장에서 살펴본 학교폭력 예방교육처럼 별도로 시간을 내어 전문가에 의해 안전교육을 실시할 수도 있지만, 교사가 누리과정과 연계하여 교육할 수도 있다. 〈표 12-14〉, 〈표 12-15〉와 같이 유아교육기관 현장에서 누리과정과 연계하여 생활주제에 따라 안전교육을 실시할 수 있다.

〈표 12-14〉 유치원 안전교육 7대 표준안에 따른 생활주제별 연간 유아안전교육 계획안의 예

생활 주제	활동명	안전 영역	활동유형	누리과정 관련요소
나와 가족	소중한 내 몸을 지켜요.	폭력·신변보호	이야기 나누기	신체운동·건강
	바르고 고운 말을 사용해요.	폭력·신변보호	이야기 나누기	의사소통
	위험한 상황을 알아보아요.	폭력·신변보호	동화	신체운동·건강
	나는 특별해요.	폭력·신변보호	동화	신체운동·건강
	이럴 땐 싫다고 말해요.	폭력·신변보호	언어	신체운동·건강
	나의 몸은 소중해요.	폭력·신변보호	이야기 나누기	신체운동·건강
	나를 아프게 하지 마세요.	폭력·신변보호	이야기 나누기	신체운동·건강

출처: 교육부, 부산광역시유아교육진흥원(2016).

■▶ 〈표 12-15〉 생활주제에 따른 유치원 안전교육 7대 안전교육 연간계획안의 예

월	생활 주제	주	활동명	활동내용		활동형태	안전 영역 (차시)
				만 4세	만 5세		
			…	…	…		…
3	유치원과 친구	4	바른말 고운 말을 사용해요	'감사해요, 사랑 해요, 행복해요' 의 뜻을 알아보고 친구들에게 말해 본다.	'감·사·행 캠페 인'의 의미를 알 아보고 피켓과 노 래를 만들어 캠페 인 활동을 한다.	캠페인	폭력 및 신 변보호(1)
			…	…	…		…

출처: 빛고을 유치원(2016).

〈표 12-14〉의 경우, '나와 가족'이라는 생활주제를 가지고 교육할 때 제시된 활동마다 누리과정의 신체운동·건강 영역과 의사소통 영역을 유치원 안전교육 7대 표준안에 따른 안전교육 영역의 '폭력·신변보호' 영역과 연계하여 어떤 유형으로 지도할 수 있는지에 관한 일부 내용을 보여 주고 있다. 〈표 12-15〉는 '유치원과 친구'라는 생활주제를 누리과정의 의사소통 영역과 안전교육의 '폭력·신변보호' 영역과 연계하여 연령별로 진행할 수 있는 활동내용을 보여 주고 있다.

살펴본 바와 같이 유아교육기관에서 학교폭력 예방을 위한 교육내용은 기본적으로 누리과정과 인성교육에 이미 내포되어 있음을 알 수 있다. 다만 8장에서 11장까지 제시하는 교육기관 차원의 긍정적 행동지원은 누리과정과 인성교육의 효과를 더 드러나게 할 수 있는 매우 체계적인 접근이다. 따라서 교육기관 차원의 긍정적 행동지원 체계가 교육기관의 모든 구성원에게 친숙해지기 위한 시간이 지나고 나면 매우 효과적으로 유아들의 부정적인 행동을 감소시키며 긍정적이고 친사회적인 행동을 증가시켜, 모두가 안전하고 즐거운 교육환경을 만들어 갈 수 있을 것이다.

참고문헌

가우디(1999). 왕따 리포트: 왕따 실태, 원인에서 해결방안까지. 서울: 우리교육.

강인언, 이한우, 정정란(2009). 최신 아동발달. 서울: 학지사.

곽금주(2006). 학교폭력과 왕따의 예방 프로그램. 한국심리학회지: 사회문제, 14(1), 255-272.

곽금주, 김대유, 김현수, 구효진(2005). 학교폭력 예방 프로그램 개발에 관한 연구. KT&G 복지재단 연구보고서.

관계부처합동(2014). 2015~2019년도 제3차 학교폭력 예방 및 대책 기본계획[안]

교육과학기술부(2011). 유치원 기본과정 내실화를 위한 인성교육 프로그램. 서울: 교육과학기술부.

교육과학기술부(2012. 2. 6.). 학교폭력근절을 위한 종합대책. 서울: 교육과학기술부.

교육부(2014). 성폭력 사안처리 가이드-교원용. 서울: 교육과학기술부.

교육부, 보건복지부(2013). 3~5세 연령별 누리과정 총론. 서울: 교육과학기술부

교육과학기술부, 이화여자대학교 학교폭력예방연구소, 청소년폭력예방재단, 법무부, 자녀안심하고 학교보내기운동 국민재단 부설 한국법교육센터(2012). 학교폭력 사안처리 가이드북. 서울: 교육과학기술부.

교육부(2013). 학교폭력 사안처리 및 초기대응절차. 서울: 교육부

교육부(2015). 2015년 인성교육 포럼: 인성교육 5개년 종합계획 공청회.

교육부(2015. 2. 26. 목) (보도자료). 유·초·중·고 발달단계별 학교안전교육 7대 영역 표준안 발표.

교육부, 경상남도교육청, 학교안전공제중앙회(2016). 학교안전교육 7대 표준안 유치원용 총론.

교육부, 부산광역시유아교육진흥원(2016). 제2회 전국 50대 교육과정 우수 유치원 사례집.

권연옥(1997). 인간관계론. 서울: 학문사.

김규태, 방경곤, 이병환, 윤혜영, 우원재, 김태연, 이용진(2013). 학교폭력의 예방 및 대책. 경기: 양서원.

김동현, 서미(2014). 알기 쉬운 학교폭력의 이해와 대책. 서울: 시그마프레스.

김성일(2005). 가정폭력, 성역할 학습, 학교폭력의 관계. 청소년학연구, 12, 215-241.

김용수(2012). 학교폭력 · 성폭력 관련 법령의 이해. 서울: 진원사.

김용태, 박한샘(1997). 비행청소년 부모교육 프로그램. 청소년상담연구(총서), 1-146.

김은설, 최은영, 조아라(2013). 학교폭력 예방을 위한 영유아기 인성교육 강화방안. 서울: 육아정책연구소.

김정효(2017). 특수학교차원의 긍정적 행동지원: 성베드로학교 이야기. 서울: 학지사.

김종미(1997). 초등학교에서 발생하는 학교폭력의 성격과 유발 요인. 한국심리학회지: 발달, 10(2), 17-32.

김종운(2013). 학교폭력의 예방과 대책. 서울: 학지사.

김주환(2011). 회복탄력성. 서울: 위즈덤하우스.

김창군, 임계령(2010). 소년범죄의 실태와 소년사건 처리에 관한 관찰. 국제법무, 2, 33-59. 제주대학교 법과정책연구소.

김현주(2003). 집단 따돌림에서의 동조집단 유형화 연구. 숙명여자대학교 대학원 박사학위논문.

김혜원(2009). 청소년 부적응행동과 자아존중감 향상 상담프로그램의 구조와 내용 분석. 한국청소년학회, 17(2), 1-33.

김혜원(2013). 청소년 학교폭력: 이해, 예방, 개입을 위한 지침서. 서울: 학지사.

문용린, 김준호, 임영식, 곽금주, 최지영, 박병식, 박효정, 이규미, 임재연, 정규원, 김충식, 이정희, 신순갑, 진태원, 장현우, 박종효, 장맹배, 강주현, 이유미, 이주연, 박명진(2006). 학교폭력 예방과 상담. 서울: 학지사.

문재현, 김명신, 김미자, 김백주, 서영자, 임오규, 최진숙, 한인경, 김수동, 문한뫼(2012). 학교폭력 멈춰! 서울: 살림터.

박범규(2009). 학교폭력의 심리적 원인과 그 대책. 인권복지연구, 5, 27-57.

박경아(2003). 학교폭력 피해자의 학교적응에 관한 연구: 보호요인을 중심으로. 연세대학교 대학원 석사학위청구논문.

박순진(2009). 청소년 폭력에 있어서 피해-가해 경험의 발전. 한국정책연구, 20(1), 71-94.

법무부, 교육과학기술부(2012). 학교폭력에 대한 교사의 역할-교사용.

법제처(2016). 인성교육진흥법. 법률 제14396호, 제2조, 1항 2016.

법제처(2017). 학교폭력예방 및 대책에 관한 법률. http://www.law.go.kr(2017. 7. 18. 인출)

빛고을 유치원(2016).연구학교 운영계획서 체험중심 안전교육을 통한 유아 안전생활습관 형성.

서울특별시 자녀안심운동 서울협의회(2000). 청소년문제행동의 이해.

송재홍, 김광수, 박성희, 안이환, 은혁기, 정종진, 조봉환, 홍종관, 황매향 (2013). 학교폭의 예방 및 대책. 서울: 학지사.

안선욱(1997). 법에 나타난 플라톤의 도덕교육론. 이화여자대학교 대학원 석사학위논문.

양명희(2012). 행동수정 이론에 기초한 행동지원. 서울: 학지사.

양명희(2016). 행동수정 이론에 기초한 행동지원(2판). 서울: 학지사.

양명희, 임유경(2014), 유아행동 관찰 및 평가. 서울: 학지사.

오인수(2010). 괴롭힘을 목격한 주변인의 행동에 영향을 미치는 심리적 요인: 공감과 공격성을 중심으로. 초등교육연구, 23(1), 45-63.

유국화(2011). 초등학생의 집단 따돌림 방관 태도 개선을 위한 집단상담 프로그램 개발. 한국교원대학교 대학원 석사학위논문.

육아정책연구소(2014). 유아교사 52%, 아동 간 따돌림 경향 있다고 밝혀… 유아기 인성교육 절실. 육아정책 Brief, 22. 서울: 육아정책연구소.

이규미, 지승희(2008). 괴롭힘 없는 교실 만들기 2: 교사와 학생의 협동 프로그램. 서울: 시그마프레스.

이규미, 지승희, 오인수, 송미경, 장재홍, 정제영, 조용선, 이정윤, 유형근, 이은경, 고경희, 오혜영, 이유미, 김승혜, 최희영(2014). 학교폭력 예방의 이론과 실제. 서울: 학지사.

이병태(2016). 법률용어사전. 서울: 법문북스.

이상균(1999). 학교에서의 또래폭력에 영향을 미치는 요인. 서울대학교 대학원 박사학위논문.

이소현, 이화영(2004). 가족이 참여하는 긍정적 행동 지원이 정신지체 초등학생의 문제행동에 미치는 영향. 특수교육, 3(1), 103-123.

이순례(2012). 학교폭력의 원인 및 대처방안에 관한 연구. 한국형사정책연구원.

이영애(2012). 아이의 사생활. 서울:지식채널.

이은희, 강은희(2003). 청소년들의 지배성, 우월감, 자기찬미, 신뢰결핍과 집단따돌림 행동간의 관계. 한국심리학회지: 건강, 8(2), 323-353.

이인숙, 조광순(2008). 자폐유아를 위한 가정과 학교의 협력을 통한 긍정적 행동지원의 평가. 유아특수교육연구, 8(2), 65-96.

이종근(2013). 학교폭력의 원인과 대응방안에 관한 연구, 동아법학, 61, 1-27.

이지영(2013). 정서조절 코칭북. 서울: 시그마프레스.

이혜원, 김성천, 김혜래, 노혜련, 배경내(2009). 학생권리와 학교사회복지. 서울: 한울아카데미.

장명림, 최은영, 김미나, 백승선(2012). 취약계층 영유아 통합적 육아지원 방안 연구(IV)−유아기 인성교육 강화 프로그램 개발 및 지원. 육아정책연구소.

장혜순, 박명숙, 최윤정, 손수민(2011). 예비 유아교사를 위한 현장 참여 및 관찰의 이론과 실제. 경기: 공동체.

정대영, 이석진, 정해동, 권오희, 권재남(1994). 사회적 기술훈련 프로그램. 경기: 국립특수교육원.

정제영, 이승연, 오인수, 강태훈, 류성창(2013). 주변인 대상 학교폭력 예방교육 프로그램 개발 연구. 교육과학연구, 44(2), 119-143.

정종진(2012). 제대로 알고 대처하는 학교폭력상담. 서울: 학지사.

정종진, 문은식, 신봉섭, 이근배, 조영종(2014). 학교폭력의 예방과 대책. 서울: 태영출판사.

조운주, 최일선(2016). 유아를 위한 학교폭력 예방 및 대책. 서울: 창지사.

조춘범, 조남흥(2011). 청소년의 가정폭력 노출경험이 학교폭력 가해행동에 미치는 영향 연구. 청소년학연구, 4, 75-102.

존 가트맨, 남은영(2007). 내 아이를 위한 사랑의 기술. 서울: 한국경제신문.

존 가트맨, 최성애, 조벽(2011). 내 아이를 위한 감정코칭. 서울: 한국경제신문사.

청소년폭력예방재단(2012). 2011년 전국 학교폭력 실태조사 연구.

최성애, 조벽(2012). 청소년 감정코칭. 서울: 해냄.

최윤자, 김아영(2003). 집단따돌림 행동과 자아개념 및 귀인성향과의 관계. 교육심리 연구, 17(1), 149-166.

학교폭력근절 종합대책(2012. 2. 6.). 관계부처종합.

학교폭력예방 및 대책에 관한 법률. [시행 2012.5.1. (대통령령 제23689호, 2012.3.30., 전면개정)].

한국보육진흥원(2016). 보육교직원 자기진단 및 인성교육 강사진 매뉴얼. 한국보육진흥원.

한국정보화진흥원(2013). 사이버불링의 이해와 대응 방안.

한국청소년상담원(2009). 한국 청소년 위기상황 실태조사. 한국청소년상담원.

황성숙(1998). 학교 내 집단 괴롭힘에 대한 일 연구: 실태 및 피해−가해의 중첩성을 중심으로. 고려대학교 대학원 석사학위논문.

황혜경, 황혜경, 윤희경, 김지영, 박호정, 김성화(2014). 유아교사를 위한 학교폭력 예방 및 대책. 경기: 양서원.

上野 一彦, 岡田 智 (著)(2006/7/1) 特別支援教育 実践 ソーシャルスキルマニュアル 単行本.

Ainsworth, M. (1978). *Patterns of attachment*. New York: Halsted Press.

Amsterlaw, J., & Wellman, H. M. (2006). Theories of mind transition: A microgenetic study of the development of false belief understanding. *Journal of Cognition and Development, 7*, 139-172.

Bailey, D. B., Harms, T., & Clifford, R. M. (1983). Matching changes in preschool environments to desired changes in child behavior. *Journal of the Division for Early Childhood, 7*, 61-68.

Bambara, L. M., & Kern, L. (2008). *Individualized supports for students with problem behaviors: Designing positive behavior plans*. New York: The Guiford Press.

Bar-Tal, D., Raviv, A., & Goldberg, M.(1982). Helping behavior among preschool Children: An observational study. *Child Development, 53*, 396-402.

Bartsch, K., & Wellman, H. M. (1995). *Children talk about the mind*. New York: Oxford University Press.

Beane, A. L., & Beane, L. (2008). 괴롭힘 없는 교실 만들기: 교사와 학생의 협동 프로그램[Bully free bulletin boards, posters, and banners]. (이규미, 지승희 공역). 서울: 시그마프레스 (원저는 2006년에 출판).

Begun, R. W. (2002). 바로 사용할 수 있는 사회적 기술 향상 프로그램: 유아용[Ready-to-use: Social skills lessons & activities for grades PreK-K]. (송길연, 이지연, 유애영 공역). 서울: 시그마프레스. (원저는 1996년에 출판).

Bell, S. H., & Quinn, S. (2004). Clarifying the elements of challenging behavior. In S. H. Bell., V. Carr., D. Denno., L. J. Johnson., & L. R. Phillip (Eds.), *Challenging behaviors in early childhood settings* (pp. 1-19). Baltimore: Paul H. Brookes.

Berger, K. S. (2007). Update on bullying at school: Science forgotten? *Developmental Review, 27*(1), 90-126.

Blackwell, A. J., & McLaughlin, T. F. (2005). Using guided notes, choral responding, and response cards to increase student performance. *The International Journal of Special Education, 20*(2), 1-5.

Boulton, M. J., & Underwood, K. (1992). Bully/victim problems among middle school children. *British Journal of Eucational Psychology, 62*, 73-87.

Bowlby, J. (1958). The nature of the child's tie to his mother. *International Journal of Psycho-Analysis, 41*, 251-269.

Bushman, B. J., & Huesmann, L. R. (2001). Effects of televised violence on aggression. In D. Singer & J. Singer (Eds.), *Handbook of children and the media* (pp. 225-268). Thousand Oaks, CA: Sage Publications.

Callaghan, T., Rochat, P., Lillard, A., Claux, M. L., Odden, H., Itakura, S., Tapanya, S., & Singh, S. (2005). Synchrony in the onset of mental-state reasoning: evidence from five cultures. *Psychol Science, 16*(5), 378-384.

Cappadocia, M. C., Pepler, D., Commings, J. G., & Craig, W. (2012). Individual motivations and characteristics associated with bystander intervention during bullying episodes among children and youth. *Canadian Journal of School Psychology, 27*(3), 201-216.

Carter, D. R., & Horner, R. H. (2009). Adding functional behavioral assessment to First Step to Success: A case study. *Journal of Positive Behavior Interventions, 11*(1), 22-34.

Cartledge, G., & Milburn, J. F. (1995). *Teaching social skills to children and youth: Innovative approaches* (3rd ed.). Needham Heights, MA: Allyn and Bacon.

Coloroso, B. (2013). 괴롭히는 아이, 당하는 아이, 구경하는 아이: 학교폭력의 이해와 예방을 위한 실천방법[*The bully, the bullied, and the bystander*]. (염철현 역). 서울: 한울. (원저는 2003년에 출판).

Colvin, G., Sugai, G., Good, R. H. III, & Lee, Y. (1997). Using active supervision and precorrection to improve transition behaviors in an elemntary school. *School Psychology Quarterly, 12*, 344-363.

Crick, N. R., & Grotpeter, J. K. (1995). Relational aggression, gender, and social psychological adjustment. *Child Development, 66*, 710-722.

Curry, N. E., & Johnson, C. N. (1990). Beyond selfesteem: Developing a genuine sense of human value. *In Research Monograph of the National Association for the Education of Young Children* (Vol. 4). Washington, DC: NAEYC.

Damasio, A. R. (1994). *Descartes' error: Emotion, reason, and the human brain*. NY: Quill.

Damon, W., & Hart, D. (1988). *Self-understanding in childhood and adolescence*. New York: Cambridge University Press.

Darch, C. B., & Kame'enui, E. J. (2004). *Instructional classroom management: Practical approach to behavioral management* (2nd ed.). Upper Saddle River, NJ: Merrill/ Prentice Hall.

Darley, J. M., & Latane, B. (1970). Bystander intervention in emergencies: Diffusion of responsibility. *Journal of Personality and Social Psychology, 8*, 377-383.

Dinkmeyer, D., & MaKay, G. D. (1976). *Systematic training for effective parenting*. Circle Pines, MN: American Guidance Service.

Dreikurs, R. (1967). *Psychodynamics, Psychotherapy, and counseling*. Chicago: Alfred Adler Institute.

Dobbs, M. (2005, May 17). Youngest students most likely to be expelled. *The Washington Post*, p. A02.

Dodge, D. T., & Colker, L. J. (1996). *The creative curriculum* (4th ed.). Washington, DC: Teaching Strategies, Inc.

Dodge, K., Coie, J., & Trembley, R. E. (2006). Aggression. In W. Damon & R. M. Lerner (Eds.), *Handbook of child psychology, Vol. 3* (6th ed.). New York: Wiley.

Dwyer, K., & Osher, D. (2000). *Safeguarding our children: An action guide*. Washington, DC: U. S. Department of Education.

Dwyer, K., Osher, D., & Warger, C. (1998). *Early warning, timely response: A guide to safe schools*. Washington, DC: U. S. Department of Education.

Eisler, R. M., & Frederiksen, L. W. (1980). *Perfecting social skills*. New York: Plenum Press.

Emmer, E. T., Evertson, C. M., & Anderson, L. M. (1980). Effevtive classroom management at the beginning of the school year. *The Elementary School Journal, 80*(5), 219-231.

Engelmann, S. E., & Becker, W. C. (1978). Systems for basic instruction: Theory and applications. In A. C. Catania & T. A. Brigham (Eds.), *Handbook of applied behavior analysis* (pp. 325-377). New York: Irvington.

Ekman, P., & Davidson, R. J. (1994). Affective Science: A Research Agenda. In Ekman, P. & Davidson, R. (Eds.), *The Nature of Emotion: Fundamental Questions* (pp. 411-430). New York: Oxford University Press.

Evans, G. W. (2001). Environmental stress and health. In A. Baum, T. Revenson, & J. Singer (Eds.), *Handbooks of health* (Vol. 4, pp. 365-385). Hillsdale, NJ: Erbaum.

Evertson, C., Anderson, C., Anderson, L., & Brophy, J. (1980). Relationships between classroom behaviors and student outcomes in junior high mathematics and English classes. *American Educational Research Journal, 17*, 43-60.

Feldman, N. A., & Ruble, D. N. (1988). The effect of personal relevance on psychological inference: A development analysis. *Child Development, 59*, 1339-1352.

Felson, R. B. (1982). Impression management and the escalation of aggression and violence. *Social Psychology Quarterly, 45*, 245-254.

Flynn, J. R. (1999). Searching for justice: The discovery of IQ gains aver time. *American Psychologist, 54*, 5-20.

Frost, J. L., & Kissinger, J. B. (1976). *The young child and the eudcative process.* New York: Rinehart & Winston, Inc.

Gardner, H. (1983). *Frames of mind: The theory of multiple intelligences.* New York: Basic Books.

Gilbert, T. F. (1978). *Human competence: Engineering worthy performance.* New York: McGraw-Hill.

Gilmartin, B. G. (1987). Peer group antecedents of severe love-shyness in males. *Journal of Personality, 55*, 467-489.

Gnepp, J., & Chilamkurti, C. (1988). Children's use of personality attributions to predict other people's emotional and behavioral reactions. *Child Development, 59*, 743-754.

Goldstein, A. P., Sprafkin, R. P., & Gershaw, N. J. (1976). *Skill training for community living: Applying structured learning therapy.* Elmsford, NY: Pergamon Press.

Gopnik, A., & Wellman, H. M. (1994). The 'theory' theory. In L. Hirschfeld & S. Gelman (Eds.), *Domain specificity in cognition and culture* (pp. 257-293). New York:

Cambridge University Press.

Gottman, J. (1997). *Raising an emotionally intelligent child*. NY: Simon & Schuster Paperbacks.

Gresham, F. M., Sugai, G., & Horner, R. H. (2001). Interpreting outcomes of social skills training for students with high-incidence disabilities. *Exceptional Children, 67*, 331-344.

Haggai, J. E. (1999). 미래는 진정한 리더를 요구한다[*Leadership that endures in a changing World*]. (임하나 역). 서울: 하늘사다리. (원저는 1986년에 출판).

Hanbury, M. (2008). 자폐 스펙트럼 장애교육: 현장 지침서[*Educating pupils with autistic spectrum disorders: A practical guide*]. (곽승철 외 공역). 서울: 학지사. (원저는 2005년에 출판).

Harlow, H. F., & Zimmerman, R. R. (1959). Affectional responses in the infant monkey. *Science, 130*, 421-432.

Harter, S. (1990). Issues in the assessment of the self-concept of children and adolescents. In A. LaGreca (Ed.), *Through the eyes of a child* (pp. 292-325). Boston: Allyn & Bacon.

Hawkins, D. L., Pepler, D. J., & Craig, W. C. (2001). Naturalistic observation of peer interventions in bullying. *Social Development, 10*(4), 512-527.

Hazler, R. J. (1996). Bystanders: An overlooked variable in peer abuse. *The Journal for the Professional Counselor, 11*, 11-21.

Heinrich, R. R. (2003). A whole-school approach to bullying: Special considerations for children with exceptionalities. *Intervention in School and Clinic, 38*(4), 195-204.

Horner, R. H., & Sugai, G. (2000). School wide behavior support: An emerging initiative. *Journal of Positive Behavior Interventions, 2*, 231-232.

Huffman, L. C., Mehlinger, S. L., & Kervin, A. S. (2000). *Risk factors for academic and behavioral problems at the beginning of school*. Bethesda, MD: National Institute of Mental Health.

Institute on Violence and Destructive Behavior (1999). *Building effective schools together*. Eugene, OR: University of Oregon.

Janson, G. R., & Hazler, R. J. (2004). Trauma reactios of bystanders and victims to repetitive abuse experiences. *Violence and Victims, 19*, 239-255.

Jensen, W. R. (1996). Reprimands and precision requests. In H. K. Reavis, M. T. Sweeten, W. R. Jensen, D. P. Morgan, D. J. Andrews, & S. Fister (Eds.), *Best Practices: Behavioral and Educational strategies for teachers* (pp. 107-126). Longmont, CO: Sopris West.

Juvonen, J., Graham, S., & Schuster, M. A. (2003). Bullying among young adolescents: The strong, the week, and the troubled. *Pediatrics, 112,* 1231-1237.

Kauffman, J. M. (1993). How we might achieve the radical reform of special education. *Exceptional Children, 60,* 6-16.

Kauffman, J. M. (1994). Taming aggression in the young: A call to action. *Educational Week, 13,* 43.

Kauffman, J. M. (2001). *Characteristics of behavior disorders of children and youth* (7th ed.). Upper Saddle River, NJ: Merrill/Prentice Hall.

Kelling, G., & Wilson, J. (1982). Broken windows: The police and neighborhood safety. *Atlantic Monthly, 249*(3), 29-38.

Kerr, M. M., & Nelson, C. M. (2006). *Strategies for addressing behavior problems in the classroom* (5th ed.). Englewood Cliffs, NJ: Prentice Hall.

Kohlberg, L. A. (1969). Stage and sequence: The cognitive-development approach to socialization. In D. A. Goslin (Ed), *Handbook of socialization theory and research.* Chicago: Rand McNally.

Kostelnik, M. J., Whiren, A., Soderman, A. K., & Gregory, K. M, (2009). 영유아의 사회정서발달과 교육[*Guiding children's social development and learning*]. (박경자 · 김송이 · 권연희 · 김지현 공역). 서울: 교문사. (원저는 2009년에 출판).

Kurdek, L. A., & Krile, D. (1982). A development analysis of the relation between peer acceptance and both interpersonal understanding and perceived social self-competence. *Child Development, 53,* 1485-1491.

Lampi, A. R., Fenty, N. S., & Beaunae, C. (2005). Making the three Ps easier: Praise, proximity, and precorrection. *Beyond Behavior, 15,* 8-12.

Lee, C. (2011). *Preventing bullying in schools: A guide for teachers and other professionals.* LA: Sage.

Legendre, A. (2003). Environmental features influencing toddlers bioemotional reactions in day care centers. *Environmental and Behavior, 35*, 523-549.

Levine, J. (1983). Materialism and Qualia: The Explanatory Gap. *In Pacific Philosophical Quarterly, 64,* 354-361.

Lewin, T. (2005, May 17). *Research finds a high rate of expulsions in preschool.* New York: Guilford Press.

Lewis, C., & Carpendale, J. (2002). Social cognition. In P, K, Smith & C. H. Hart (Eds.), *Blackwell handbook of childhood social development.* Malden, MA: Blackwell.

Lewis, M. (2000). The emergence of human emotion. In M. Lewis & J. Haviland-Jones (Eds.), *Handbook of emotions* (2nd ed.), (pp. 265-280). New York: Guilford.

Lewis, R. B., & Doorlag, D. H. (2011). *Teaching special students in general education classrooms* (8th ed.). Englewood, NJ: Merrill.

Lewis, T., Hudson, S., Richter, M., & Johnson, N. (2004). Scientifically supported practices in emotional and behavioral disorders: A proposed approach and brief review of current practices. *Behavioral Disorders, 29,* 247-259.

Libert, J., & Lewinsohn, P. M. (1973). The concept of social skill with special references to the behavior of depressed persons. *Journal of Consulting and Clinical Psychology, 40,* 304-312.

Loeber, R., & Farrington, D. P. (1999). Serious & violent juvenile offenders: Risk factors and successful interventions. *Children & Society, 13*(5), 407-409.

Maag, J. W., & Anderson, J. M. (2006). Effects of sound-field amplication to increase compliance of students with emotional and behavior disorders. *Behavioral Disorders, 31*(4), 378-393.

Macklem, G. L. (2003). *Bullying and teasing: Social power in children's groups.* Kluwer Academic Pub.

MacLean, P. D. (1993). Cerebral evolution of emotion. In M. Lewis, & J. M. Haviland (Eds.), *Handbook of emotions* (pp.67-86). New York: Guilford.

Main, M., & Solomon, J. (1986). Discovery of an insecure-disorganized/disoriented attachment pattern: Procedures, findings and implications for the classification of behavior. In T. B. Brazelton, & M. Yogman (Eds.), Affective development in infancy (pp. 95-124). Norwood, NJ: Ablex.

Marion, M. (2007). *Guidance of young children.* New York: Macmillon.

Marsh, H. W., & Ayotte, V. (2003). Do multiple dimensions of self-concept become more differentiated with age? The differential distinctiveness hypothesis. *Journal of Educational Psychology, 95*(4), 687-706.

Martellar, R. C., Nelson, J. R., & Marchand-Martellar, N. E. (2003). *Managing disruptive behaviors in the schools.* Boston: Allyn & Bacon.

Mayer, J. D., & Salovey, P. (1993). The intelligence of emotional intelligence. *Intelligence, 17*, 433-442.

Mayer, J. D., & Salovey, P. (1997). What is emotional intelligence? In P. Salovey, & D. J. Sluyter (Eds.), *Emotional development and emotional intelligence.* New York: Basic Books.

McFall, R. M. (1982). A review and reformulation of the construct of social skills. *Behavioral Assessment, 4*, 1-33.

Olweus, D. (1993). *Bullying at School: What we know and what we can do.* Oxford, UK: Blackwell Publishers.

Olweus, D. (1994). Annotation: Bullying at School. *Journal of Child Psychology and Psychiatry, 35*, 1171-1190.

Olweus, D., & Limber, S. P. (2007). *Bullying prevention program, Teacher guide.* Oxford, UK: Hazelden.

O'Neil, R. E., Horner, R. H., Albin, R. W., Storey, K., & Sprague, J. R. (1990). *Functional analysis of problem behavior: A practical guide.* Sycamore, IL: Sycamore.

OSEP Technical Assistance Center on Positive Behavioral Interventions and Supports (October 2015a). *Positive Behavioral Interventions and Supports(PBIS) Implementation Blueprint: Part 1-Foundations and Supporting Information.* Eugene, OR: University of Oregon. www.pbis.org에서 2016. 3. 17. 인출.

Patterson, G. R. (1982). *A social learning approach: Coercive family process.* Eugene, OR: Catalia Press.

Perry, D., Perry, L., & Kennedy, E. (1992). Conflict and the development of antisocial behavior. In C. Shantz & W. Hartup (Eds.), *Conflict in child and adolescent development* (pp. 301-329). New York: Cambridge University Press.

Piaget, J. (1932). *The moral judgment of the child*. New York: Harcourt Brace Jovanovich.

Pianta, R. C., Hamre, B., & Stuhlman, M. (2003). Relationships between teachers and children. In W. M. Reynolds & G. E. Miller (Eds.), Handbook of child psychology: Vol. 7. *Educational psychology*. Hoboken, NJ: Wiley.

Popkin, M. (1983). *Active parenting*. Atlanta: Active Parenting.

Popkin, M. H. (1995). 현대의 적극적 부모역할 훈련: 만2세부터 12세 아동의 부모를 위하여[*Active parenting today*]. (홍경자 역). 서울: 중앙적성연구소. (원저는 1993년에 출판).

Prentice, D. A., & Miller, D. T. (1993). Pluralistic ignorance and alcohol use on campus: Some consequences of misperceiving the social norm. *Journal of Personality and Social Psychology, 64*, 243-256.

Rimm-Kauffman, S. E., Laparo, K. M., Downer, J. T., & Pianta, R. C. (2005). The contribution of classroom setting and quality of instruction to children's behavior in kindergarten classrooms. *Elementary School Journal, 105*(4), 377-394.

Rogenberg, M. B. (2011). 비폭력 대화[*Nonviolent communication: A language of life*]. (캐서린 한 역). 서울: 한국NVC센터. (원저는 2003년에 출판).

Rogers, C., & Freiberg, J. (1994). *Freedom to learn* (3rd ed.). New York: Merrill.

Rubin, K. H., & Krasnor, L. R. (1986). Social-cognitive and social behavioral perspectives on problem solving. In M. Perlmutter (Ed.), *Cognitive perspectives on children's social and behavioral development* (pp. 1-68). Hillsdale, NJ: Lawrence Erlbaum Associates.

Salmivalli, C. (1999). Participant role approach to school bullying: Implications for interventions. *Journal of Adolescence, 22*, 453-459.

Salmivalli, C., Huttunen, A., & Lagerspetz, K. M. J. (1997). Peer networks and bullying in schools. *Scandinavian Journal of Psychology, 38*, 305-312.

Salmivalli, C., Lagerspetz, K., Bjoorkqvist, K., Osterman, K., & Kaukiainen, A. (1996). Bullying as a group process: Participant roles and their reactions to social status within the group. *Aggressive Behavior, 22,* 1-15.

Sandall, S., & Ostrosky, M. (2010). 도전적 행동에 대처하는 실제적 아이디어: 특별한 영유아 모노

그래프 시리즈 1호[*Practical ideas for addressing challenging behaviors*]. (김진희, 김호연 공역). 서울: 학지사. (원저는 1999년에 출판).

Santrock, J. W. (2004). *Essentials of Life-Span Development*. McGraw-Hill College.

Scheuermann, B. K., & Hall, J. A. (2009). 긍정적 행동지원: 행동중재를 위한 최신 이론과 실제 [*Positive behavioral supports for the classroom*]. (김진호, 김미선, 김은경, 박지연 공역). 서울: 시그마프레스. (원저는 2008년에 출판).

Scott, T. M., & Caron, D. B. (2005). Conceptualizing functional behavior assessment as prevention practice within positive behavior support systems. *Preventing School Failure, 50*(1), 13-20.

Scott, T. M., & Shearer-Lingo, A. (2002). The effects of reading fluency instruction on the academic and behavioral success of middle school students in a self-contained EBD classroom. *Preventing School Failure, 46*, 167-173.

Selman, R. (1980). *The growth of interpersonal understanding*. New York: Academic Press.

Shaffer, D. R. (2005). *Social and Personality development* (6th ed.). Belmont. CA: Thomson/ Wadsworth.

Shaffer, D. R., & Kipp, K. (2006). *Developmental psychology: Childhood and adolescence* (7th ed.). Pacific Grove, CA: Brooks/Cole.

Simmons, R. G., & Blyth, D. A. (1987). *Moving into adolescence: The impact of pubertal change and school context*. Hawthome, New York: Aldine & de Gruyter.

Spivack, G., & Shure, M. (1974). *Social adjustment of young children*. San Francisco: Jossey-Bass Publishers.

Sprague, J. R., & Walker, H. M. (2005). *Safe and beauty schools: Practical prevention strategies*. New York: Guilford.

Steinberg, L., & Meyer, R. (1995). *Childhood*. NY: McGraw Hill.

Stephens, T. M. (1992). *Social skills in the classroom*. Odessa, FL: Psychological Assessment Resources, Inc.

Stephenson, P., & Smith, D. (1989). Bullying in two English comprehensive schools. In E. Roland & E. Munthe (Eds.), *Bullying: An international perspective*. London: Fulton.

Sternberg, C. R., & Campos, J. (1990). The development of anger expressions in infancy. In

N. Stein, B. Leventhal, & T. Trabasso (Eds.), *Psychological and biological approaches to emotion*. Hillsdale, NJ: Erlbaum.

Stipek, D. J., & MacIver, D. (1989). Developmental change in children's assessment of intellectual competence. *Child Development, 60,* 521-538.

Stormont, M., Lewis, T. J., Becker, R., & Johnson, N. W. (2012) 프로그램 · 학교 차원의 긍정적 행동 지원 시스템을 실행하기[*Implementing positive behavior support systems in early childhood and elementary settings*]. (노진아, 김연하 공역) 서울: 시그마프레스. (원저는 2008년에 출판).

Sugai, G., & Horner, R. H. (2002). Introduction to the special series on positive behavior support in schools. *Journal of Emotional and Behavioral Disorders, 10*(3), 130-135.

Sugai, G., & Horner, R. H. (2009). Defining and describing schoolwide positive behavior. In W. Sailor, G. Dunlap, G. Sugai, & R. H. Horner (Eds.), *Handbook of positive behavior support* (pp. 307-326). New York: Springer.

Sugai, G., Horner, R. H., Dunlap, G., Hieneman, M., Lewis, T. J., Nelson, C. M., Scott, T., Liaupsin, C., Sailor, W., Turnbull, Q. P., Turnbull III, H. R., Wickham, D., Wiocox, B., & Ruef, M. (2000). Applying positive behavior support and functional behavioral assessment in schools. *Journal of Positive Behavior Interventions, 2*(3), 131-143.

Sugai, G. M., & Lewis, T. (1996). Preferred and promising practices for social skill instruction. *Focus on Exceptional Children, 29*(4), 1-16.

Sugai, G. M., & Tindal, G. A. (1993). *Effective school consultation: An interactive approach.* Pacific Grove, CA: Brooks/Cole.

Sugai, G., Sprague, J. R., Horner, R. H., & Walker, H. M. (2000). Preventing school violence: The use of office discipline referrals to assess and monitor school-wide discipline intervention. *Journal of Emotional and Behavior Disorders, 8,* 94-101.

Thomas, A., & Chess, S. (1977). *Temperament and development.* New York: Brunner/Mazel.

Thompson, R. A. (2006). The development of the person: Social understanding, relationships, conscience, self. In N. Eisenberg, W. Damon, & R. M. Lerner (Eds.), *Handbook of child psychology* (pp. 24-98). Hoboken, NJ: Wiley.

Todd, A. W., Campbell, A. L., Carter, D. R., & Dickey, C. R. (2009). The effect of a targeted intervention to reduce problem behaviors: Elementary school implementation of Check In-Check Out. *Journal of Positive Behavior Interventions, 10*(1), 46-55.

Tremblay, R. E. (2000). The development of aggressive behavior during childhood: What have we learned in the past century. *International Journal of Behavioral Development, 24*(2), 129-141.

Ueno, K., & Okada, S. (2015). 장애아동을 위한 사회성 기술지도 매뉴얼[*Tokubetsu shien kyoiku jissen social skill manual*]. (박재국, 김혜리, 권언남 공역). 서울: 학지사. (원저는 2006년에 출판).

Walker, H. M., Horner, R. H., Sugai, G., Bullis, M., Sprague, J. R., Bricker, D., & Kauffman, M. J. (1996). Integrated approaches to preventing antisocial behavior patterns among school-age children and youth. *Journal of Emotional and Behavior Disorders, 4*, 193-256.

Walker, H. M., McConnell, S., Holmes, D., Todis, B., Walker, J., & Golden, N. (1983). *The Walker Social Skills Curriculum*. Austin, TX: PRO-ED.

Walker, H. M., Ramsey, E., & Gresham, F. M. (2004). *Antisocial behavior in schools: Evidence-based practices* (2nd ed.). Pacific Grove, CA: Brooks/Cole.

Wehby, J. H., Symons, F. J., Canale, J. A., & Go, F. J. (1998). Teaching practices in classrooms for students with emotional and behavioral disorders: Discrepancies between recommendations and observations. *Behavioral Disorders, 24*, 51-56.

Weinstein, C. S. (1979). The physical environment of the school: A review of research. *Review of Educational Research, 49*, 577-610.

Whaley, K. T., & Bennet, T. C. (1991). Promoting engagement in early childhood special education. *Teaching Exceptional Children, 23*, 51-54.

Whitted, K. S., & Dupper, D. R. (2005). Best practices for preventing or reducing bullying in schools. *Children and Schools, 27*(3) 167-175.

Witherington, D. C., Campos, J. J., & Hertenstein, M. J. (2001). Principles of emotion and its development in infancy. In G. Bremner & A. Fogel (Eds.), *Blackwell Handbook of Infant Development* (pp. 427-464). Madden, MA: Blackwell.

Wolery, M., Bailey, D. B., Jr., & Sugai, G. M. (1988). *Effective teaching: Principles and procedures of applied behavior analysis with exceptional students.* Needham, MA: Allyn and Bacon.

Wolke, D., Woods, S., Bloomfield, L., & Schulz, H. (2001). Bullying and victimization of primary school children in England and Germany: Prevalence and school factors. *British Journal of Psychology, 92*(5), 673-696.

Yablon, Y. B. (2010). Student-teacher relationships and students, willingness to seek help for school violence. *Journal of Social and Personal Relationships, 27*(8), 1110-1123.

Zionts, T. J. (2005). Examining student-teacher relationships: A potential case for attachment theory? In K. Kerns & R. Richardson (Eds.), *Attachment theory in middle childhood.* New York: Guilford Press.

Ziv, M., & Frye, D. (2003). The relation between desire and false belief in children's theory of mind: No satisfaction? *Developmental Psychology, 39(5),* 859-876.

찾아보기

인명

내용

저자 소개

양명희(Yang Myounghee)
전남대학교 인문과학대학 영어영문학과 졸업
대구대학교 대학원 특수교육학과 정서 · 행동장애 전공(교육학 석사)
미국 오레곤대학교(University of Oregon) 대학원 행동장애아 교육 전공(문학 석사, 철학 박사)
현 광신대학교 유아교육과 교수

김희정(Kim Heejung)
전남대학교 사범대학 유아교육과 졸업
일본 동경가쿠게이(東京学芸)대학교 대학원 유아교육과(교육학 석사)
전남대학교 대학원 유아교육과(교육학 박사)
현 광신대학교 유아교육과 교수

임유경(Lim Youkyoung)
광주대학교 사회복지학과 졸업
전남대학교 대학원 유아교육과(교육학 석 · 박사)
현 광신대학교 유아교육과 교수

유아교사를 위한 **학교폭력 예방과 학생의 이해**
Prevention of School Violence and Understanding of Students

2018년 3월 2일 1판 1쇄 발행
2020년 4월 20일 1판 3쇄 발행

지은이 • 양명희 · 김희정 · 임유경
펴낸이 • 김진환
펴낸곳 • ㈜**학지사**

        04031 서울특별시 마포구 양화로 15길 20 마인드월드빌딩
대표전화 • 02-330-5114   팩스 • 02-324-2345
등록번호 • 제313-2006-000265호

홈페이지 • http://www.hakjisa.co.kr
페이스북 • https://www.facebook.com/hakjisa

ISBN 978-89-997-1481-8 93370

정가 17,000원

이 도서의 국립중앙도서관 출판시도서목록(CIP)은 서지정보유통지
원시스템 홈페이지(http://seoji.nl.go.kr)와 국가자료공동목록시스템
(http://www.nl.go.kr/kolisnet)에서 이용하실 수 있습니다.
(CIP 제어번호: CIP2018001691)

출판 · 교육 · 미디어기업 **학지사**

간호보건의학출판 **학지사메디컬** www.hakjisamd.co.kr
심리검사연구소 **인싸이트** www.inpsyt.co.kr
학술논문서비스 **뉴논문** www.newnonmun.com
원격교육연수원 **카운피아** www.counpia.com